操盘大智慧系列丛书

伍朝辉精准系列

腾飞点

新编彩图版

伍朝辉◎著

廣東省出版集團
广东经济出版社

图书在版编目（CIP）数据

腾飞点新编彩图版 / 伍朝辉著. —广州：广东经济出版社，2012. 12
（操盘大智慧系列丛书. 伍朝辉精准系列）
ISBN 978-7-5454-1652-7

Ⅰ. ①腾… Ⅱ. ①伍… Ⅲ. ①股票交易—基本知识 Ⅳ. ①F830. 91

中国版本图书馆CIP数据核字（2012）第276660号

出版发行	广东经济出版社（广州市环市东路水荫路11号11～12楼）
经销	全国新华书店
印刷	佛山市浩文彩色印刷有限公司（南海狮山科技工业园A区）
开本	787毫米×1092毫米 1/16
印张	16 2插页
字数	184 000字
版次	2012年12月第1版
印次	2012年12月第1次
印数	1~10 000册
书号	ISBN 978-7-5454-1652-7
定价	88.00元

如发现印装质量问题，影响阅读，请与承印厂联系调换。
发行部地址：广州市环市东路水荫路11号11楼
电话：（020）38306055 38306107 邮政编码：510075
邮购地址：广州市环市路水荫路11号11楼
电话：（020）37601950 营销网址：**http：// www. gebook. com**
广东经济出版社新浪官方微博：**http：// e. weibo. com / gebook**
广东经济出版社常年法律顾问：何剑桥律师

前言　财富是对学习的奖赏

主力最弱的一块就是起涨点和腾飞点，还有一个最高级的环节是伏击圈，伏击圈也是专门去狙击基金、私募、游资等主力的。如果用伏击圈的手法，主力只有跪下向你哀求。主力也有很脆弱的地方，对于我们而讲，技术就是我们的武器。

两军相遇勇者胜。

所有的起涨技术、腾飞技术、伏击技术都是我们生存的技能。

同样的技术，在不同人之间的效果为什么不一样呢？

主要的原因是你不敢做最强的。

如现在的铝业股票起来了，为什么铝业涨起来了，因为美元疲弱，引起大宗商品价格上涨，所有的铝是有色金属里唯一没有炒作过的，主力怎么可能会放弃呢！铜、锌、铬、黄金都炒过了，铅也炒过了，只有铝没有炒过，为什么没有炒，因为库存量太大，供大于求，很多人都不看好，但不代表主力不喜欢，在主力把所有的品种炒过后，铝作为一个唯一的没有热炒过的矿业资源，主力肯定是要炒的，所以要盯住四大铝业股：南山铝业、关铝股份、云铝股份，中国铝业。观察它是不是起涨点，有没有异动，有了敌情就要做。

所以投资需要进行的综合性分析，不是乱做的，通过学习后，就可以减少我们的随意性，减少盲目性，更增加了理性和乐观的情绪，这就是学习的好处。

伍朝辉

2012 年 10 月 28 日

目　录

第一章
关于腾飞点的核心要领

本章学习要点

一、了解腾飞点的基础知识。

二、掌握腾飞点的基本特征。

三、熟悉腾飞点的实战优势。

四、领会腾飞点的估值方法。

五、反复演练腾飞点操作法。

第一节　腾飞点技术概要的四个内容

关于腾飞点技术，我们首先要掌握的是它的技术概要，包括四个内容：

一是腾飞点的名词解释；

二是腾飞点在实战中的优势特点；

三是腾飞点的标准技术特征；

四是腾飞点上升空间的测算。

每一种技术都有它的基本含义、优势特征、技术要领和上升空间测算等核心要领，这是我们学习的时候需要重点掌握的内容，也是学以致用、在实战中赢得胜利果实的重要保障。

一、什么是腾飞点

所谓腾飞点，就是指股价经过充分的调整、并且完全化解和消除前方区域的重要压力之后，于当天展开加速放量上涨的信号，这个信号点就是腾飞点。腾飞点是主力加速拉高股价，脱离持仓成本区的重要手段，腾飞点是波段行情进行到高潮时期的重要体现。

在这个高潮阶段，一般的人都比较害怕，不敢参与的。

腾飞点一般都是高手所为。

究竟什么是腾飞点呢？先看图例 001 显示的走势特征。

> 不是每一个人都能成为短线操盘高手的。如果你的能力与潜质可以成就你成为中线波段王，那么，说明你是有慧根的，每年清明节，你应该多到你的祖上去烧高香。
>
> 有读者问：伍老师，是不是我不应该一味追求短线收益啊？
>
> 我说，是的。要根据你个人情况来决定。

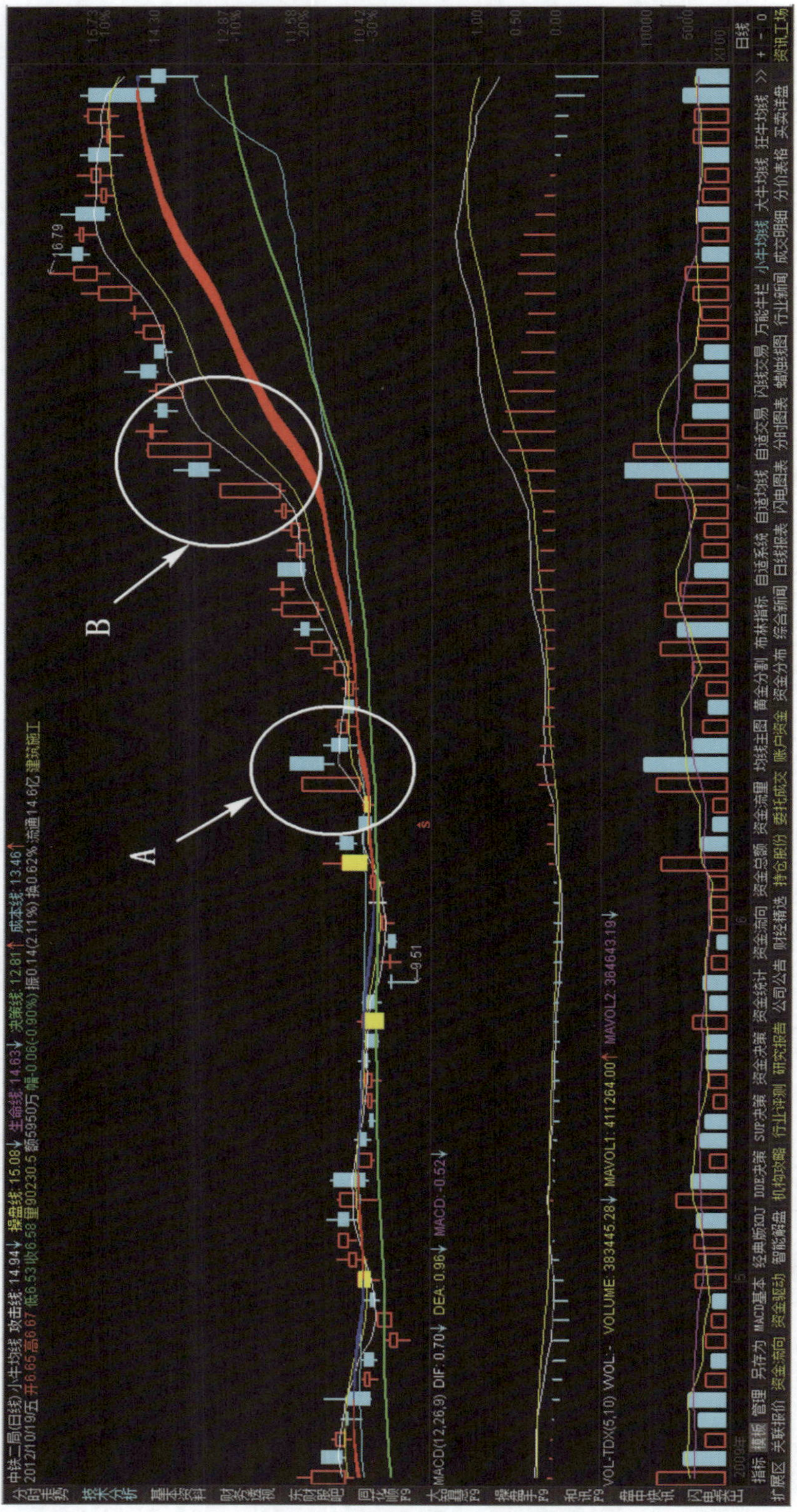

图 001

从图例001来看，图上A标注的大阳线，貌似突破，但是，因为没有充分化解前方的压力，所以它不是腾飞点。因此主力会再次挖坑，所以图例001中挖出了一个坑。只有充分化解了前方的压力，才可以算腾飞点的。图例001上B点前一根大阳线已经充分化解了前方的压力，并放量上涨，所以这根大阳线才是标准的腾飞点。艺高人胆大！胆大的投资者在B点第二根大阳线出现时，早已满仓进场了，哪里还容它再回来。当前边所有的阻力都化解了，就是海阔天空的世界。主力有所为，有所不为。我们也是一样。腾飞点出现了，就要有所为！

为了加强大家的感性认识，再看几个属于腾飞点的例子。图例002、003、004、005、006都是非常典型的腾飞点，请各位反复揣摩，领会其中的奥秘所在。

我有一个学生，他说自己不适合做短线。是他主动说的。

他私下找到我说，伍老师，你看这样好不好。我发现自己总是在短线的买点上把握不准，一买进就挨套。但是，如果时间稍微放长一点，比如一个月，或者两个星期，我就会赚钱。

我说，嗯，完全可以放弃短线交易模式。根据自己的性格、生活环境、工作环境等情况来决定自己的交易风格是对的。一般情况下，我不太赞成持股时间过长。因为那样，容易离开这个市场，成不了职业交易高手。如果做波段，持股时间在3－5周左右，资金收益率在20%以上，我是很认同这一交易模式的。

这个学生听从了我的建议，改为中线波段交易模式。毫无疑问，他也获得了巨大的成功！资金收益率在去年年底春节以来至今已经达到了数倍之巨！

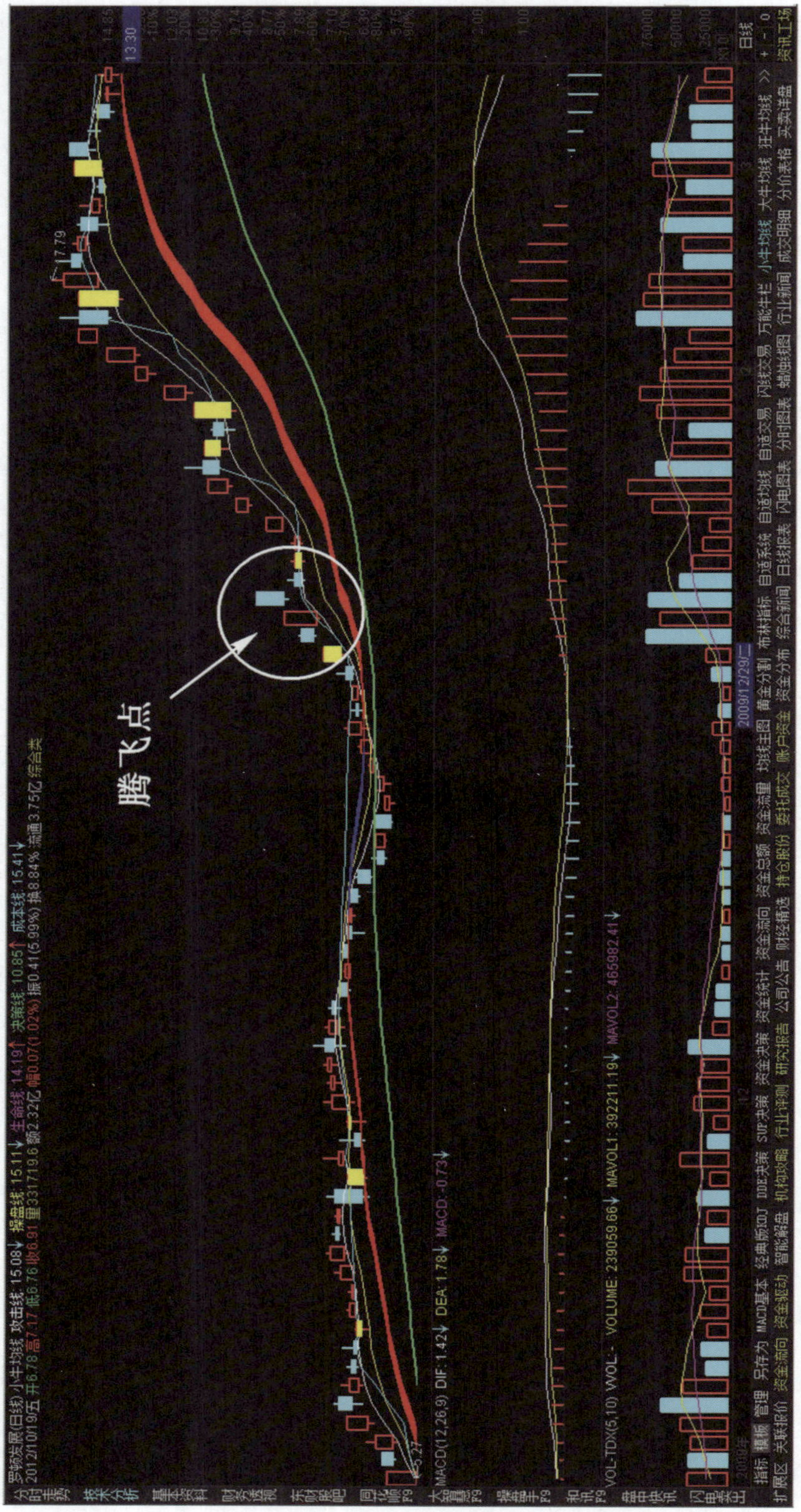

图例 002

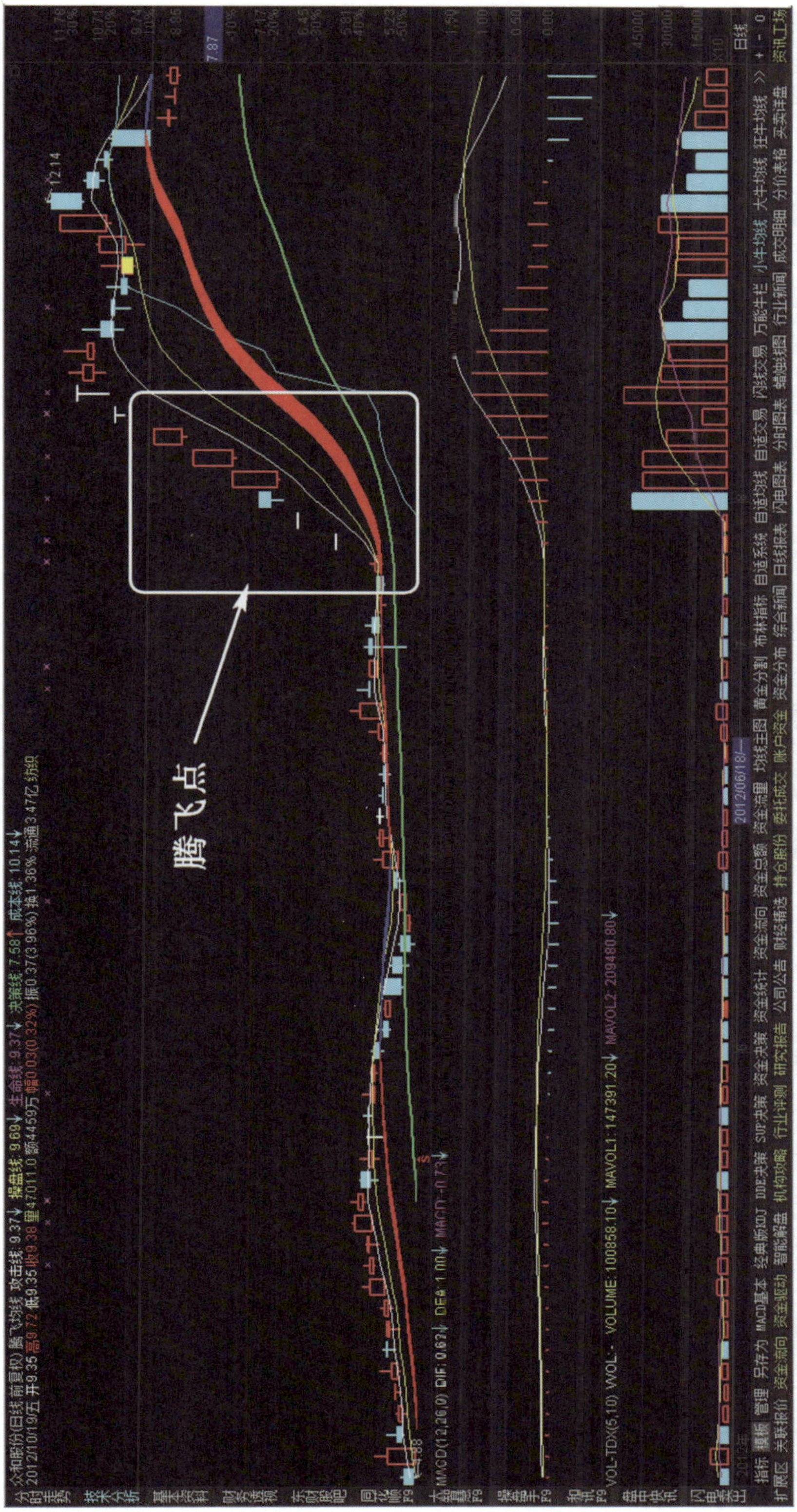

图例003

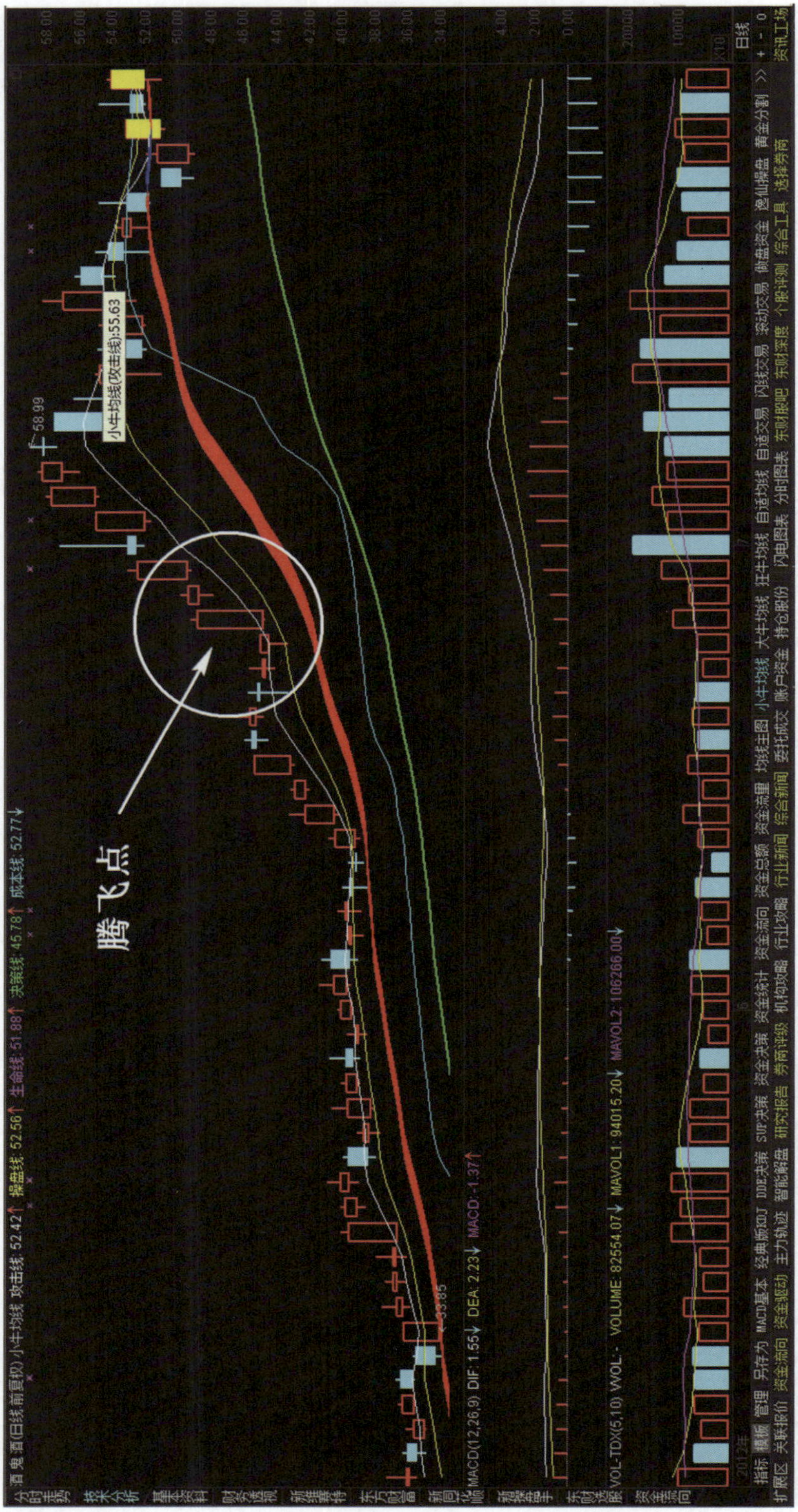

图例 004

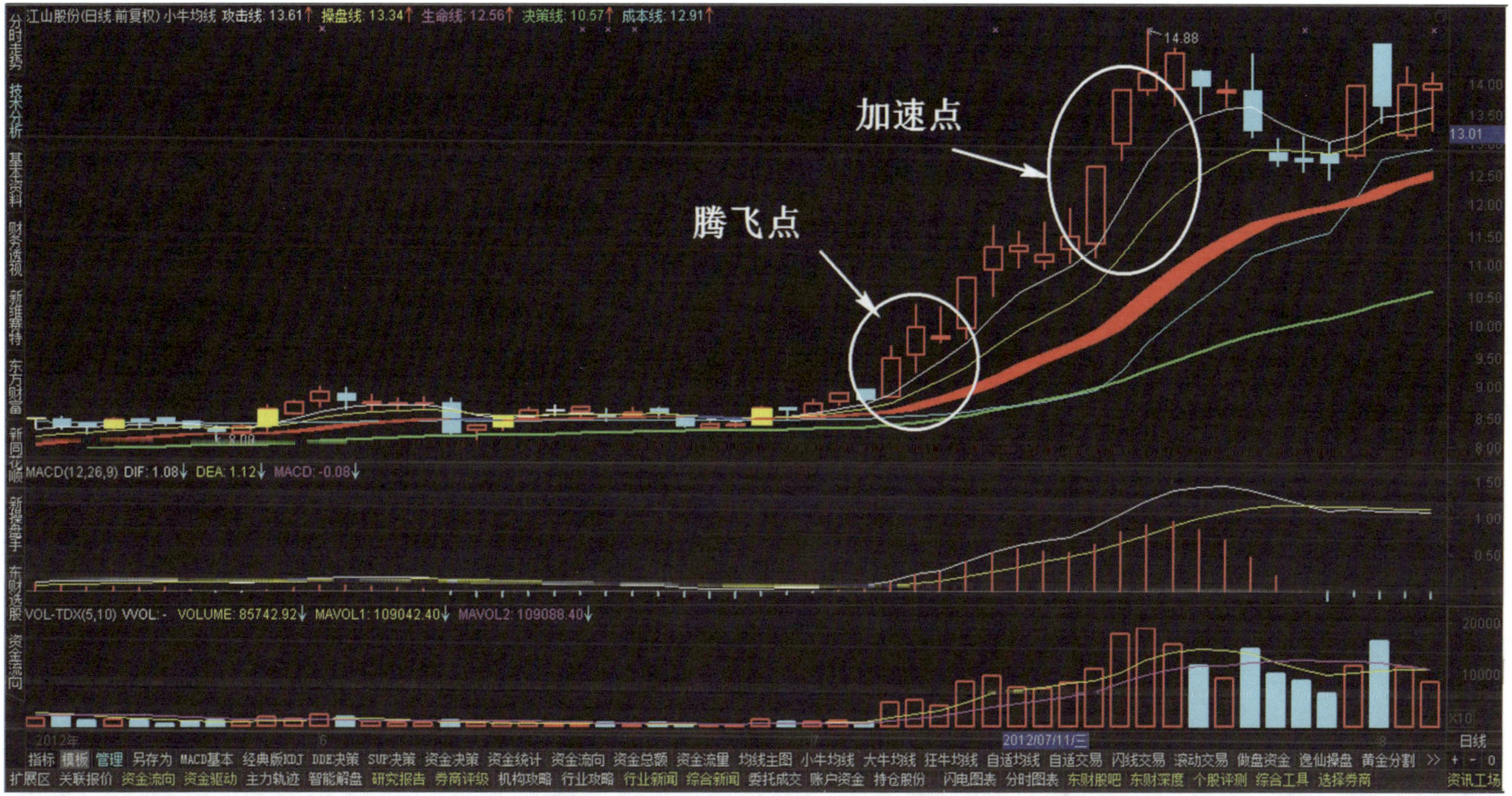
江山股份(日线,前复权) 小牛均线 攻击线: 13.61↑ 操盘线: 13.34↑ 生命线: 12.56↑ 决策线: 10.57↑ 成本线: 12.91↑
加速点
腾飞点
14.88
8.09
MACD(12,26,9) DIF: 1.08↓ DEA: 1.12↓ MACD: -0.08↓
VOL-TDX(5,10) VVOL: - VOLUME: 85742.92↓ MAVOL1: 109042.40↓ MAVOL2: 109088.40↓
2012/07/11/三
日线

图例 005

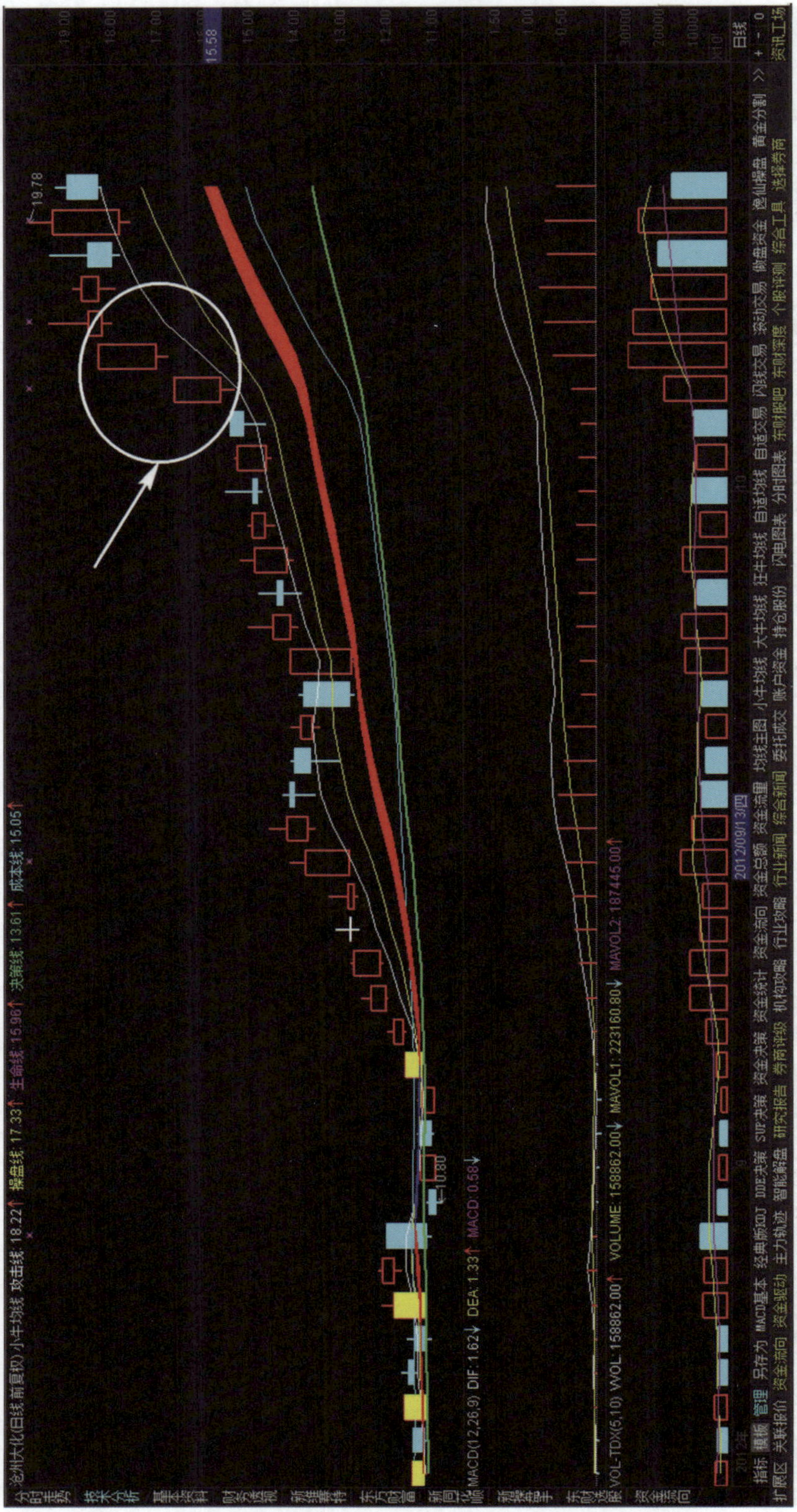

图例 006

二、腾飞点在实战中的优势特点

腾飞点技术在实战中具有非同凡响的优势特点，比如说：

（一）股价刚刚进入加速上涨状态，无需参与不确定的振荡整理行情；

（二）股价已经进入波动的高潮期，投资者可以轻松获利；

（三）直接参与主力第二波拉升行情，操作节奏完全与主力同步。

（这时主力也希望散户来参与，因为主力当天投入的资金是有限的）

关于这个优势特点，我们以下边的例子来讲解一下。

给大家讲个故事吧。

我在广州曾经遇到一个朋友，他告诉我他以前是怎么亏过来的，后来又是怎么赚回来的。他在 2005 年进入股市，当时的行情已经开始反弹走好了。在那个时候，一开始进去还能赚钱。但到了 2007 年年底，他发现自己总在亏钱。他弄不明白究竟是为什么？于是，他做了一个决定，把这两年来的所有交易流水想办法全打印出来。每一笔每一笔地对照现在的价格图谱进行总结检查。这样大概花了两个星期的时间，一直把自己关在房间里。他发现了一个问题，就是当时自己所买的股票在斩仓卖出后，有大约 30% 的股票在两个月内涨了 50% 以上，有大约 50% 的股票在半年内涨了 50% 以上，还有大约 50% 的股票在一年内涨了 1 倍以上！这个结果让他很惊讶。如果当时自己不斩仓，可能自己的总资金至少已经赚了 50%。如果时间再放长一点，以一年为限，那么则至少会赚一倍以上。2008 年 6 月底，他开始实施这一投资方案。他精选了三只能源股，一只煤炭股、一只太阳能股和一只锂电池股。（未完待续）

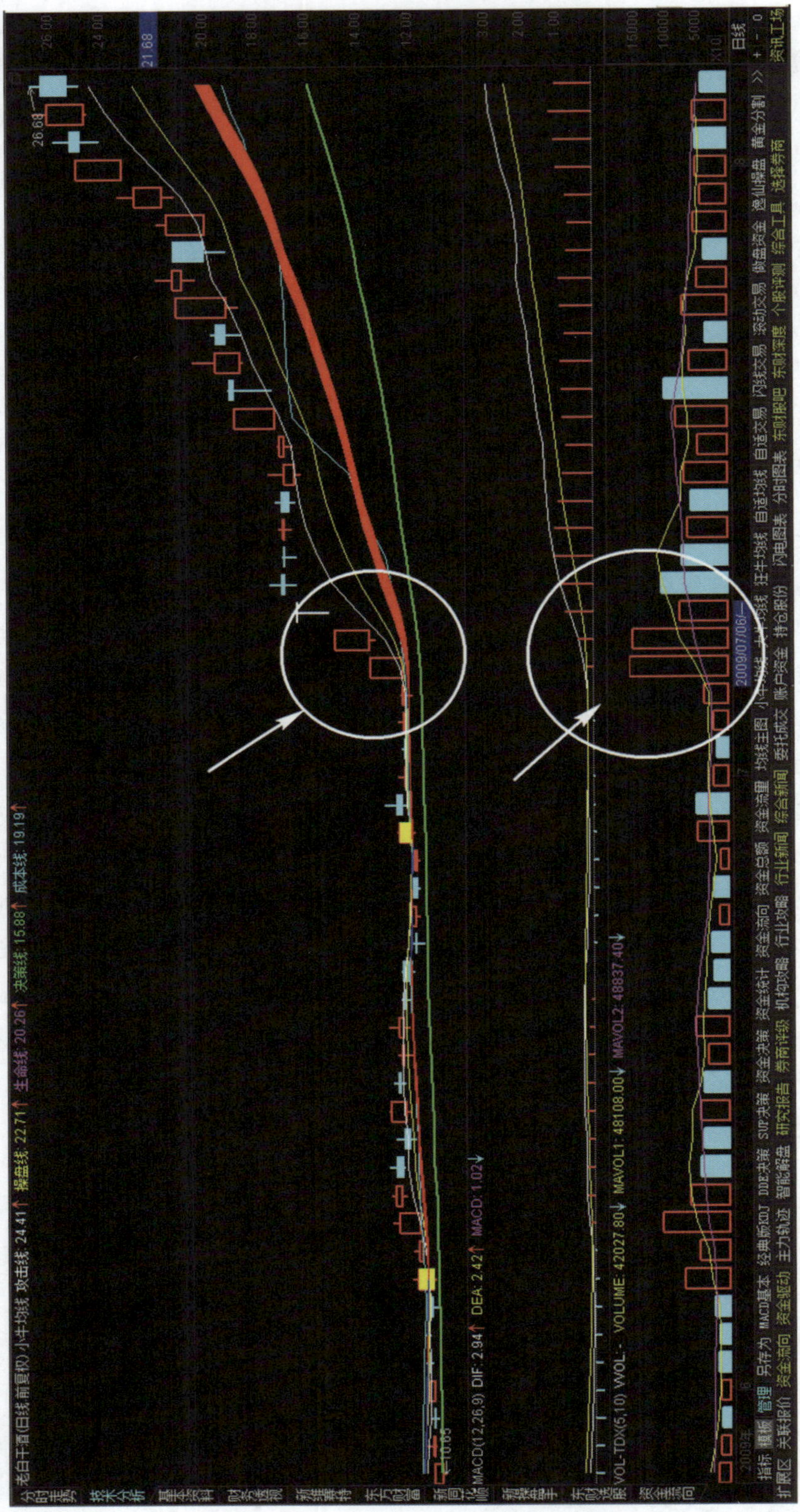

图例 007

如图例007所示，老白干酒（600559），出现腾飞点的当天，长阳巨量，这个量是以前没有的，这个量气势非凡，惊天动地，一口气把前边平台所有的阻力都化解了，遇到这种走势图，当天绝对要进入搞一下，要不然就枉费人生，白活了。

这是波段行情的腾飞点。

这是赚取大钱的绝佳时机。

你不用怕，无需害怕，也不必害怕。

要知道，腾飞点出现后，股价再出现大幅度调整的可能性极小。

即使偶尔出现的回调，也只是普通的洗盘行情，洗洗而已。洗一洗，更舒服。

这种洗洗，通常会在五个交易日内结束。五个交易日后再观望，再分析，再决策。

如果是腾飞型的起涨点，把它的洗盘时间暂定为5、13个交易日，在洗盘的过程当中，股价于收盘前主力不会轻易跌破日线的五日线（也就是攻击线）。这是关键点所在。关于这个问题，可以参见图例008，我们把普通均线和神奇均线合并在一起，组成新的魔鬼均线交易系统，只要你看一眼，就能发现主力在使诈。一目了然啊。参见图例008、009、010等。

对付主力的洗盘，有的技术会反其道而行，专门吃定它，攻击它的软肋。我们通过学习，就会用此法，专门等待主力完成洗盘后攻击它。高潮期洗盘，必在三日内拉回。这是我们操盘手的规矩。所以要仔细的看，仔细的辨认，睁大眼睛看清楚。

有的人就是扛不过黎明前最黑暗的时期。今天学习了腾飞点技术的的人，就不会去受折磨，不会被主力所蒙骗。那些后知后觉来学习的人，恐怕还要吃点亏才行。而那些不肯学习的人，不愿意投资于学习的人，恐怕只有死翘翘的份了。学然后知不足啊。

（上接11页的故事）他的策略如下：第一，能源战略在全球都是重点，既要发展新能源，更要依赖传统能源。煤炭是传统能源的重点，新能源重点看好太阳能，新型应用能源重点看好锂电池。在这三个领域，国家应该会出台政策扶持。第二，每个行业只选最优秀的上市公司。第三，彻底抛弃过去短线快进快出的不理智交易方式，采用价值投资中长线配置的投资策略。上述三个策略可以说是一种投资观念的革命。他的投资成功之路告诉我们：你如果不适合做短线，就不要在里面死扛着。价值投资的模式你不妨好好借鉴研究一下，说不定，你会在这方面获得成功。

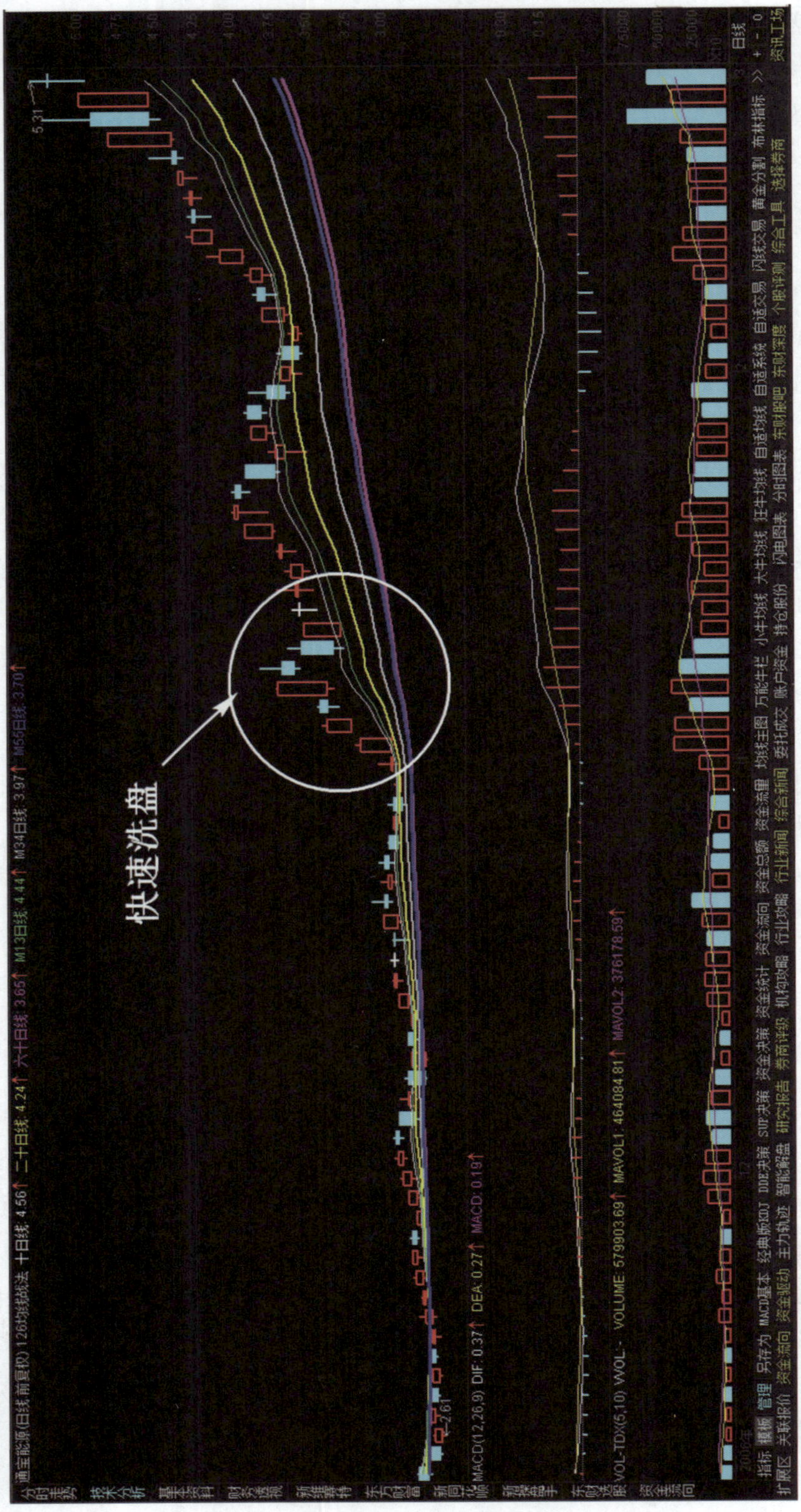

图例 008

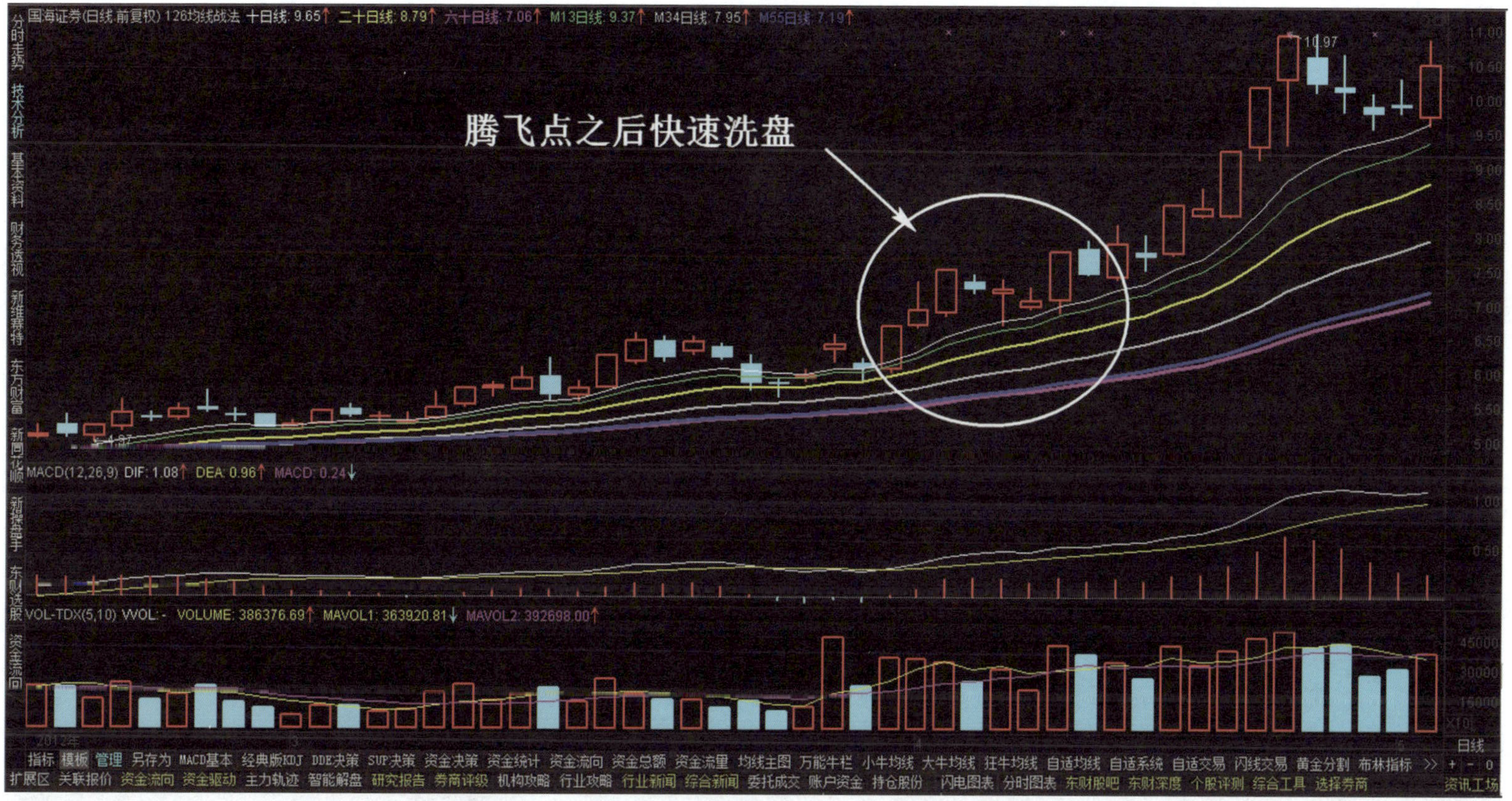
国海证券(日线,前复权) 126均线战法 十日线: 9.65↑ 二十日线: 8.79↑ 六十日线: 7.06↑ M13日线: 9.37↑ M34日线: 7.95↑ M55日线: 7.19↑
腾飞点之后快速洗盘
10.97
4.97
MACD(12,26,9) DIF: 1.08↑ DEA: 0.96↑ MACD: 0.24↓
VOL-TDX(5,10) VVOL: - VOLUME: 386376.69↑ MAVOL1: 363920.81↓ MAVOL2: 392698.00↑
日线

图例 009

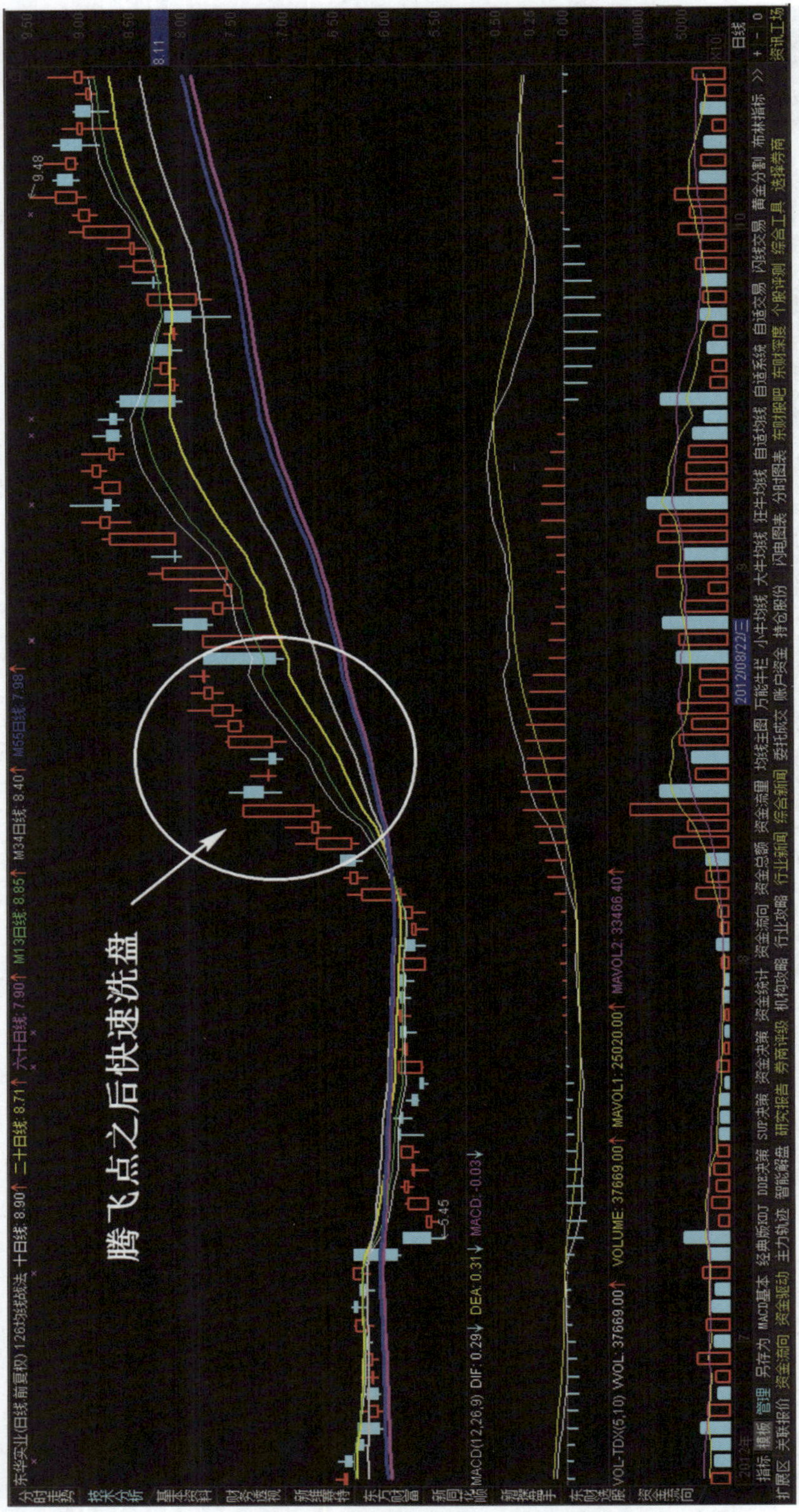

图例 010

三、腾飞点的标准技术特征

（一）关于腾飞点技术的 K 线结构

腾飞点技术的 K 线结构，具有以下特征，请各位学员认真学习，牢记于心。

第一点：标准的腾飞点是：大阳线，涨幅达到 7～10% 之间；

第二点：非标准的腾飞点：中阳线，涨幅在 4%～5% 以上。

第三点：如果是阴线式的黑太阳 K 线结构，需要谨慎，不可妄动。

现在我们来看几个例子。例如，图例 011 所示的南京熊猫（600775），就是黑太阳式 K 线结构组成的腾飞点，随后横盘整理了 7 天，一直到变盘的时间之窗，也就是神奇数列的第 8 天，才正式出现标准的腾飞点。很多人没有耐心，等不到这一天就跑掉了。可惜吧？

有读者问：伍老师，做短线好不好呢？

无疑是非常好的！如果你的技术能够做到今天买进，明天就能涨停的话，短线投资是你的最佳选择。当然，如果周一买进，在周五就能获得 10% 以上的利润，那你也是短线高手。

有人问我，伍老师，你都已经这样成功了，为什么还要在股市里这么辛苦地工作？

我说，在股市交易，是人生乐趣的一部分。我的理想与欢乐都建立在这里，离开它，我无所适从。你明白吗？

朋友释然。

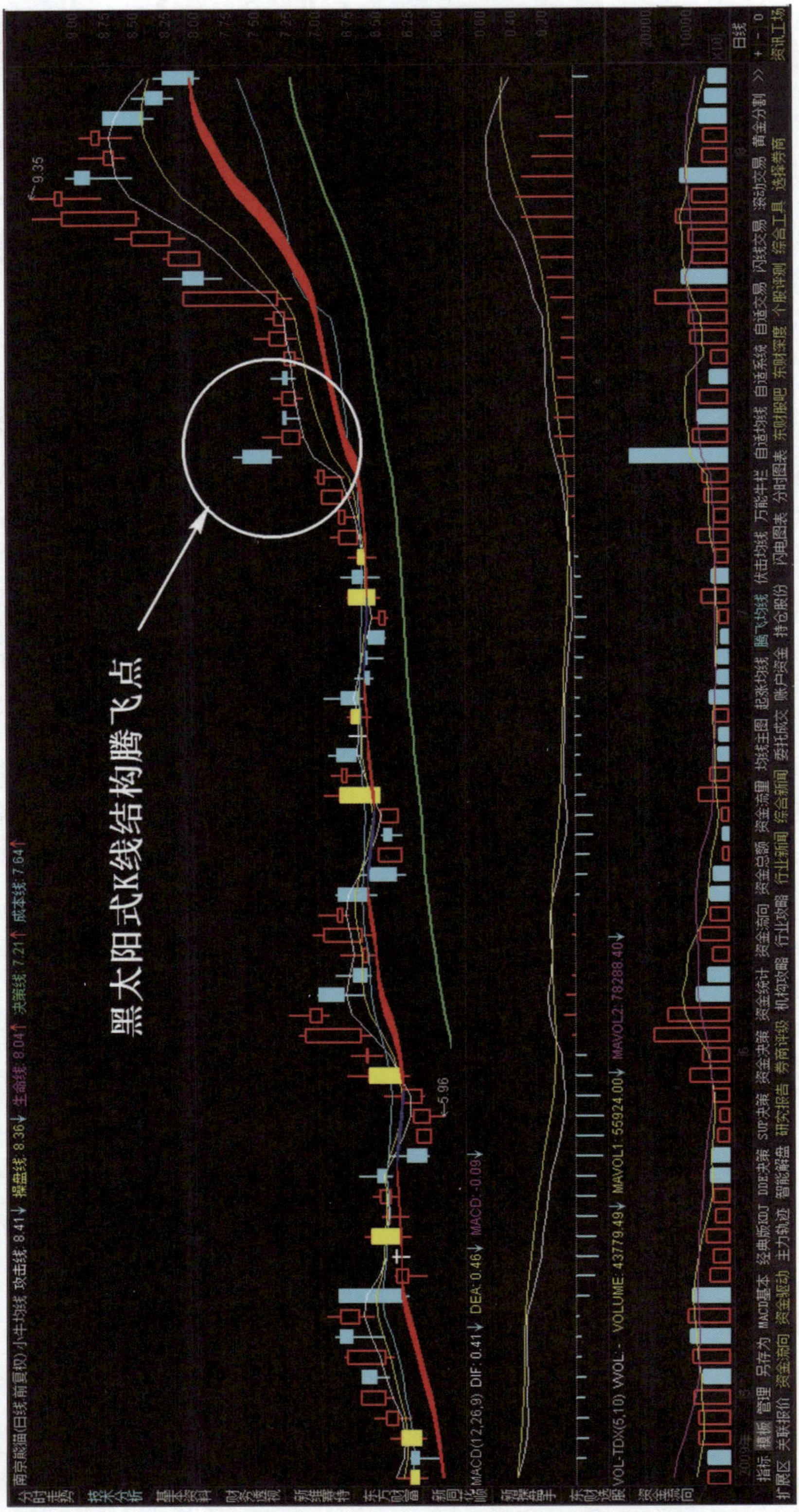

图例 011

回头再看前边的中铁二局（600528），也跟这个南京熊猫（600775）相似。

由于它的第1根阳线不是腾飞点，所以第一轮拉起来后要进行调整，回调了6个交易日，第7个交易日就涨停了。注意，在回调时它是缩量的，缩量的2根小阳线是地量，回调时都是靠近操盘线，然后就是涨停突破。对于最后这根阳线，就是腾飞点。

要特别注意，这根K线的实体很长，对于这类股票，当天就可以买入。也可以在突破前面价格区时买入。这是很好、很标准的腾飞点经典走势。请各位学员背下来。

对于这类腾飞点，下面会讲是什么类型的腾飞模形。

腾飞点案例001：大连控股（600747）

如图例012所示，大连控股（600747）释放巨大成交量突破前面的整理平台，突破前期高点，化解了所有的阻力，并用连续两个涨停板刺激前边的套牢盘，从而构成当天标准的腾飞点突破形态，这是非常典型的腾飞点走势。这支股后面走出了一段漂亮的波段行情。

案例思考题：

（1）突出突破走势之前，该股的均线系统有什么特点？

（2）放量突破之前，经典操盘指标MACD中的DIF和DEA两条指标线是什么结构？

（3）腾飞点走势形成的当天，成交量属于什么结构？均量线有什么特点？

通过思考上边的三个问题，各位学员就很容易明白，标准的腾飞点走势具有什么样的技术特征。我们平时复盘选股的时候，应该从哪些方面入手，操作流程才是正确的。

接触佛学已有经年，自认为对浩瀚如烟海的大乘佛法知之不多，一部《金刚经》在手已经够毕生之受用。与别的居士们不同，我对佛法的理解归纳为四个字，即：戒、定、真、慧。

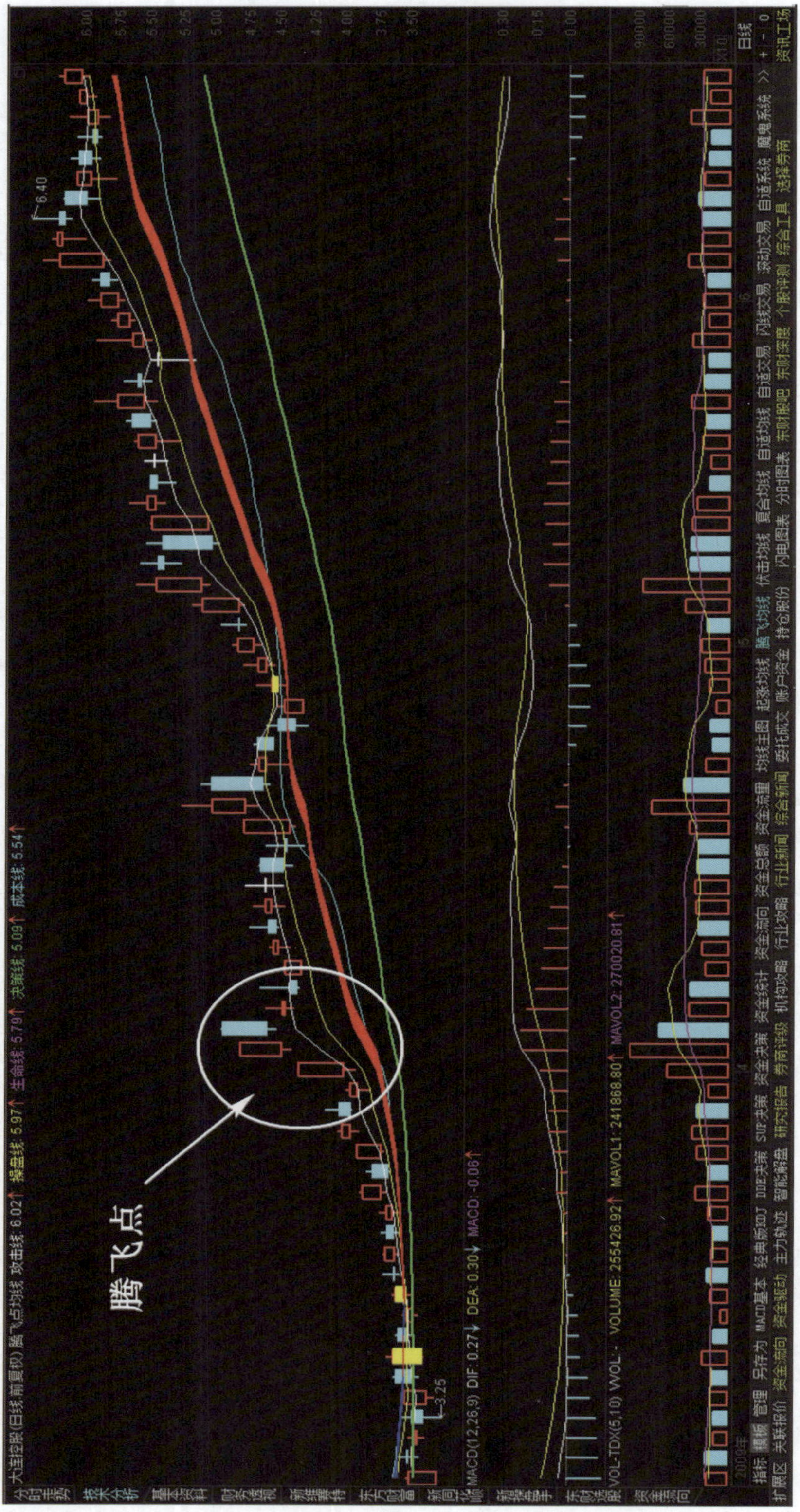

图例 012

腾飞点案例 002：维柴动力（000338）

如图例 013 所示，潍柴动力（000338）当天低开高走，当天涨幅达到 9.72%，振幅达到 11.94%，虽然是小幅度低开，但是走势却非常强劲，走出一根上影线不是很长的大阳线，突破了前面所有的价格阻力，换手率只有 4 个多点，属于有点偏小。

按道理来说，这是不符合腾飞点经典形态的要求，是不能做的，但是这支股有点特殊，我们应对市场上的一些品种要了解透，看它是谁的股票，属于什么的股票，再下结论。

维柴动力（000338）是属于动力型的股票，它的资产质量是非常好的，净资产 10.13，非常之高，基金扎堆在里面。像这样的品种，就要特殊情况特殊分析了。凡是这种基金扎堆的股票，突破的时候换手率就不需要太大了。有 4% 的换手率已经足够了，这类型的主力已经对它完成了完全控盘的操盘模式。也就是说，只要基金大佬们不砸盘，换手率是不会大的。这种类型的品种，一旦形成腾飞点，即使再洗下盘，上涨也只是时间的问题，一旦向上突破，就不会停止上涨的脚步的。所以对这类股票要熟悉，做到胸有成竹。

在这里再选几个案例，请各位自己分析。

> 我和我的操盘手们都是经历这样一个历练的过程，这个过程就叫：“修行”。
>
> 因而，我可以这样说：炒股，是一种修行！
>
> 我们在修什么？我们每天都在修：戒、定、真、慧这四个字。
>
> 一切股市投资的大乘佛法，皆从此四字出。

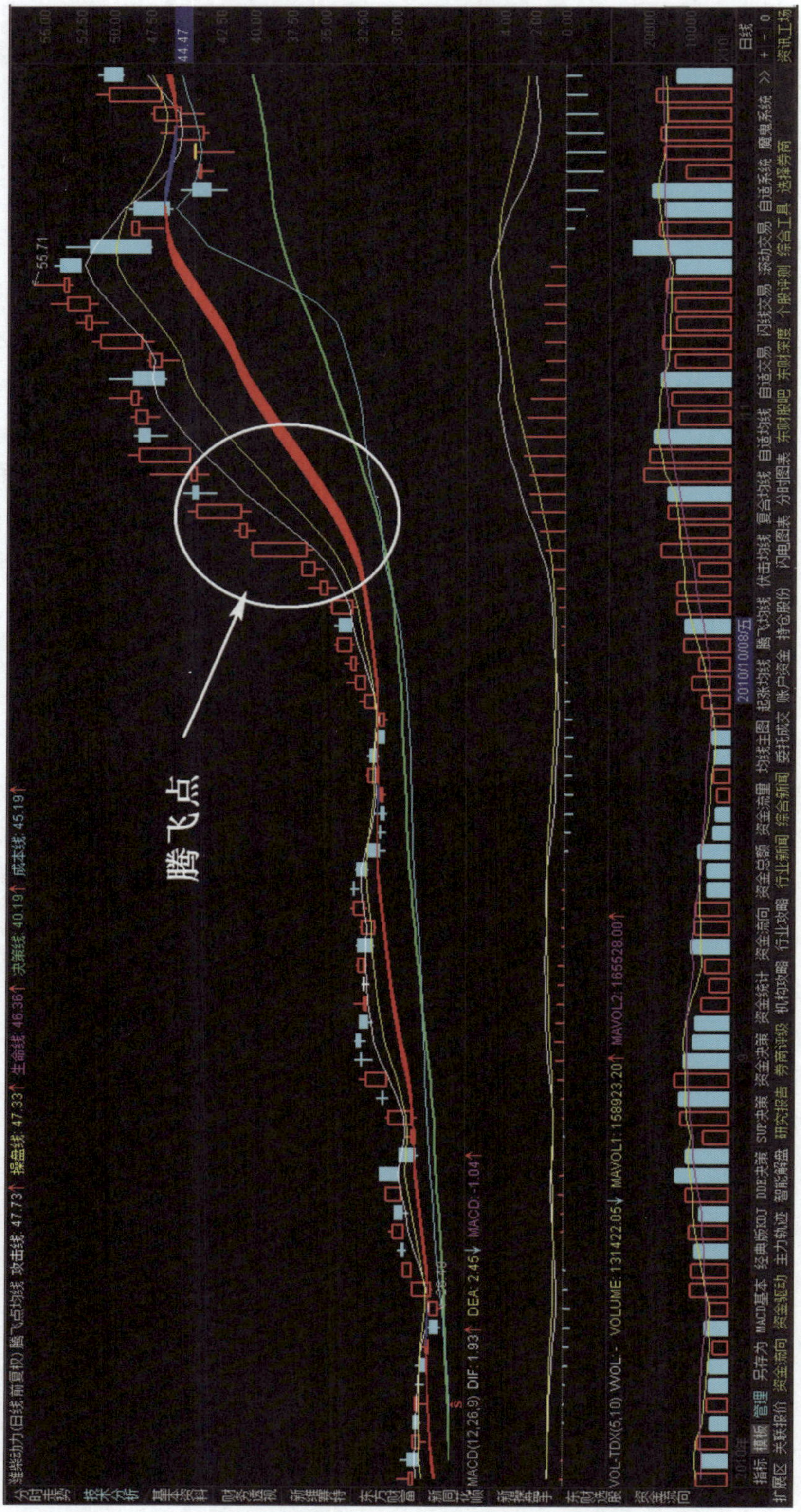

图例013

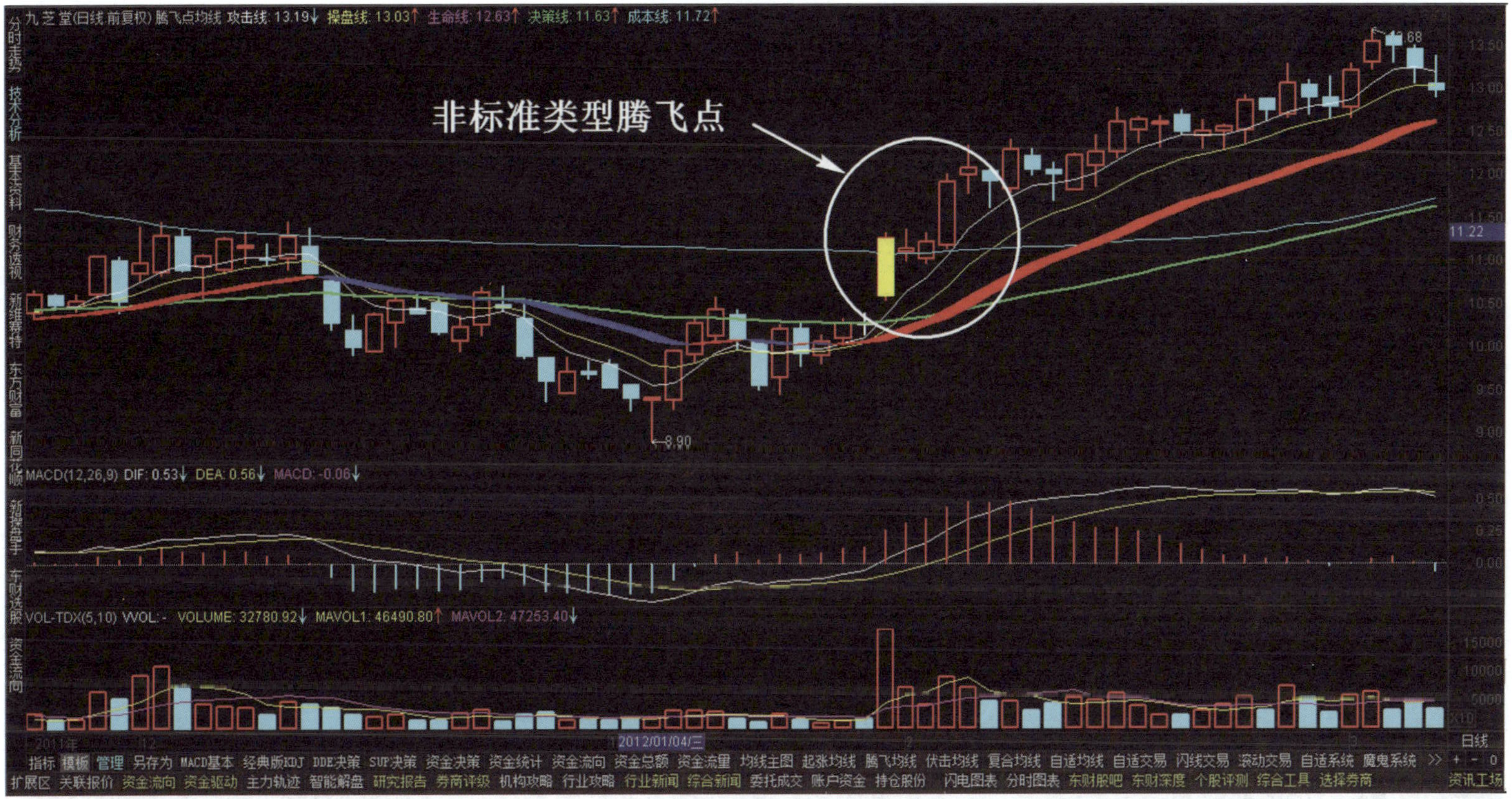
九芝堂(日线 前复权) 腾飞点均线 攻击线: 13.19↓ 操盘线: 13.03↑ 生命线: 12.63↑ 决策线: 11.63↑ 成本线: 11.72↑
非标准类型腾飞点
8.90
MACD(12,26,9) DIF: 0.53↓ DEA: 0.56↓ MACD: -0.06↓
VOL-TDX(5,10) VVOL: - VOLUME: 32780.92↓ MAVOL1: 46490.80↑ MAVOL2: 47253.40↓
2012/01/04/三

图例 014

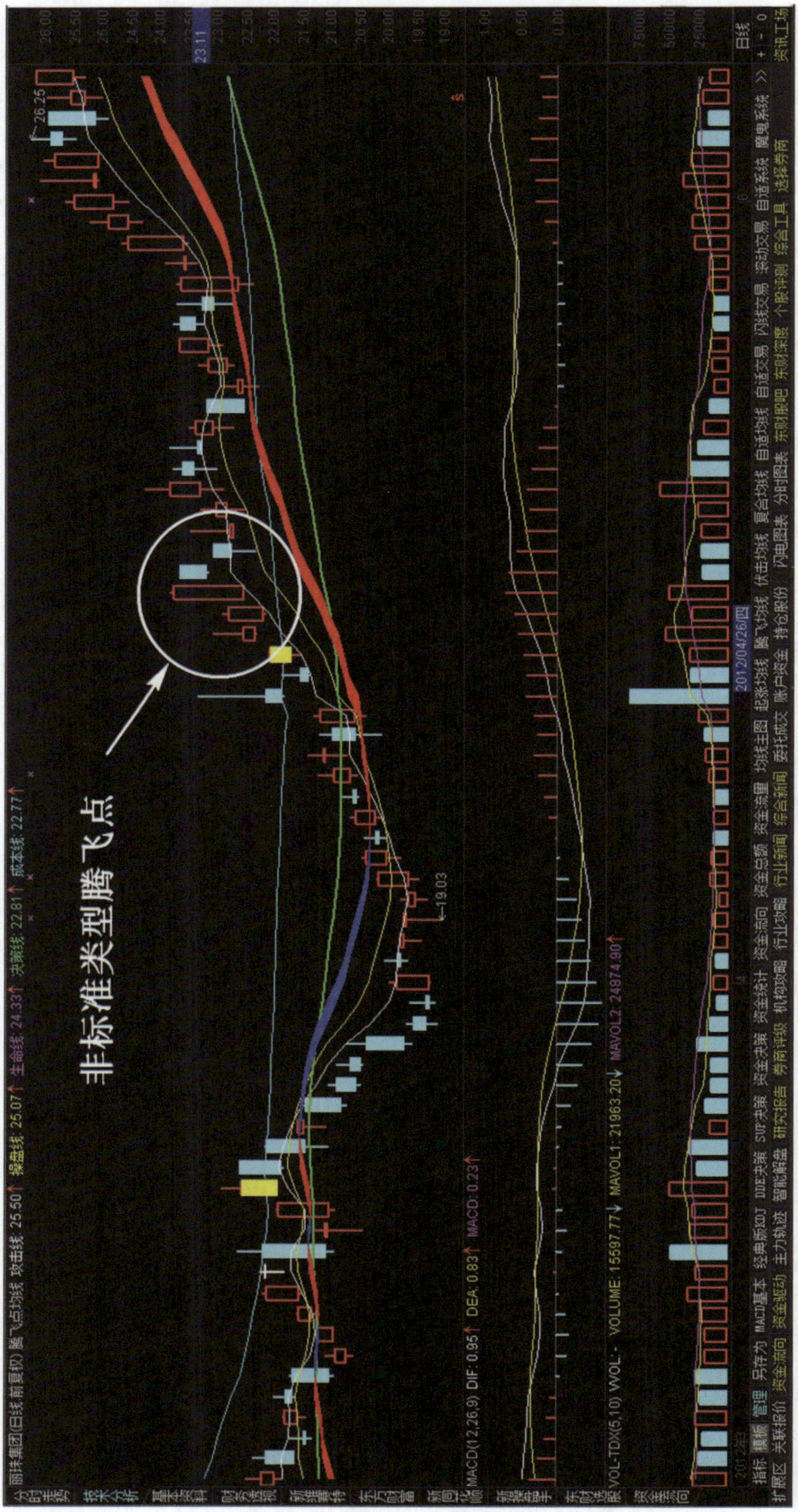

图例 015

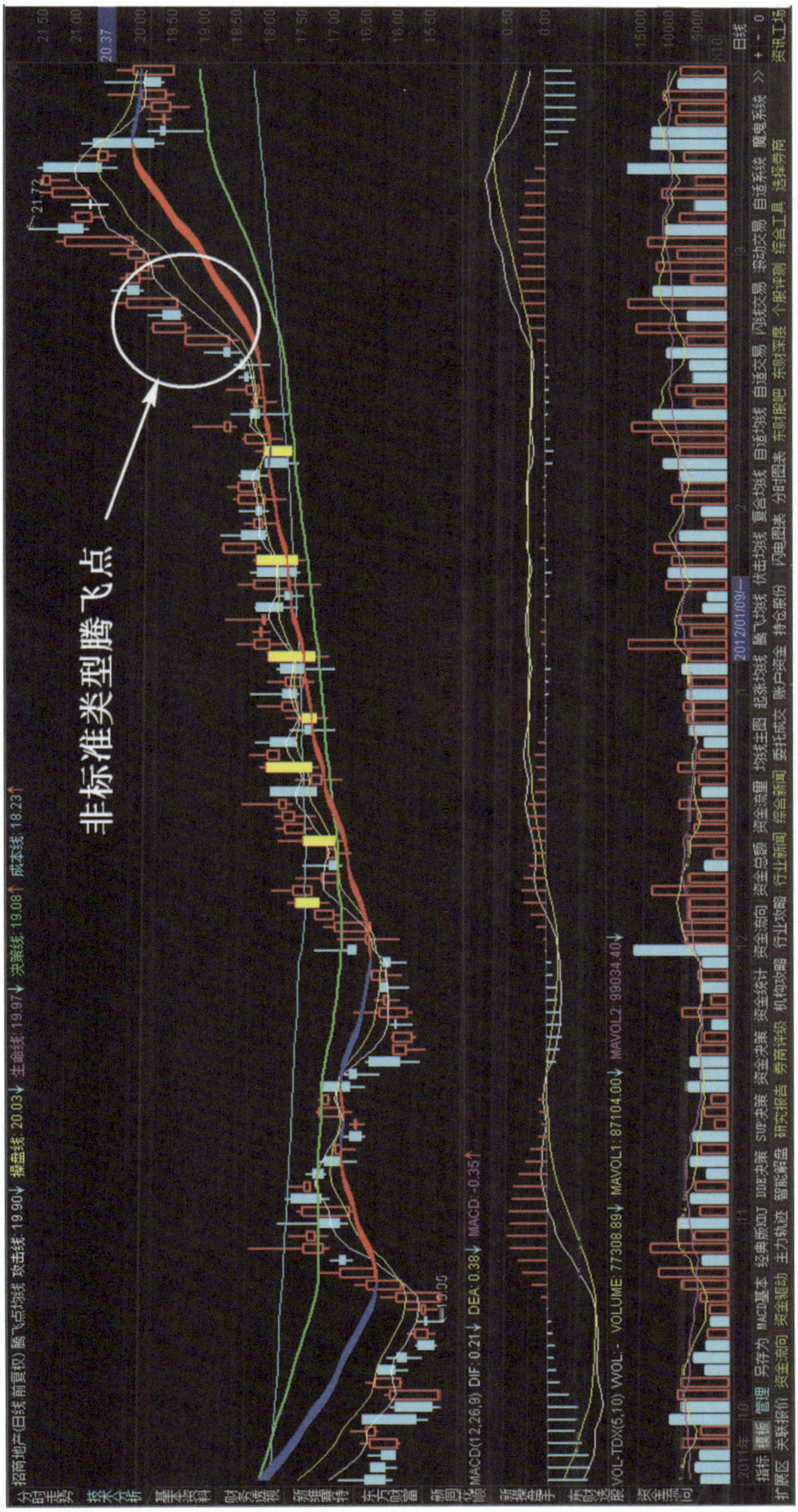

图例 016

从图例 014、015、016 三个来看，都属于非标准的腾飞点模型，但它们都具有共同的特征，这和潍柴动力（000338）很相似。请各位思考一下，究竟是什么呢?

（二）腾飞点技术的量能特征

腾飞点技术的量能特征，有 3 个方面的要点，介绍如下：

第一点：资金量大幅增加（VOL）；

第二点：当天盘中的交易大单和特大单急剧增多（DDX）；

第三点：盘中的成交手数大幅增加（SS）。

下边我们来看几个实战案例，学习和掌握腾飞点技术的量能特征。

腾飞点技术案例 003：国恒铁路（000594）

假设一下，盘中 1 秒钟出现上百万手（500 多 W），这是什么样的概念呢?

我们经常可以看到这样的例子，主力为了突破阻力位，释放出惊人的成交量。这是即时放量突破，卖单通杀。这是何等气概?！这是何等胸襟！

如此大手笔，非大庄而不能为也。

所以，腾飞点能不能成立，不是嘴上吹出来，靠的是资金实力。

而一旦这么大的资金投进去，就不会是开国际玩笑的。

同样的例子，可以参见图例 018，从图上我们可以看到，主力为了突破多条均线的阻力，实现腾飞的梦想，那天投入了多少兵力啊。看到那拔地而起的红柱子，禁不住对主力的豪气肃然起敬。这才叫大手笔，大胸襟和大气魄就体现在那量柱里。

很多人以为一进寺庙，烧香叩头就是学佛了，其实大错而特错。更有甚者，有些人去寺庙烧又长又粗的高香，以求神佛的保佑，实则愚昧之极！学佛不是这样学的。

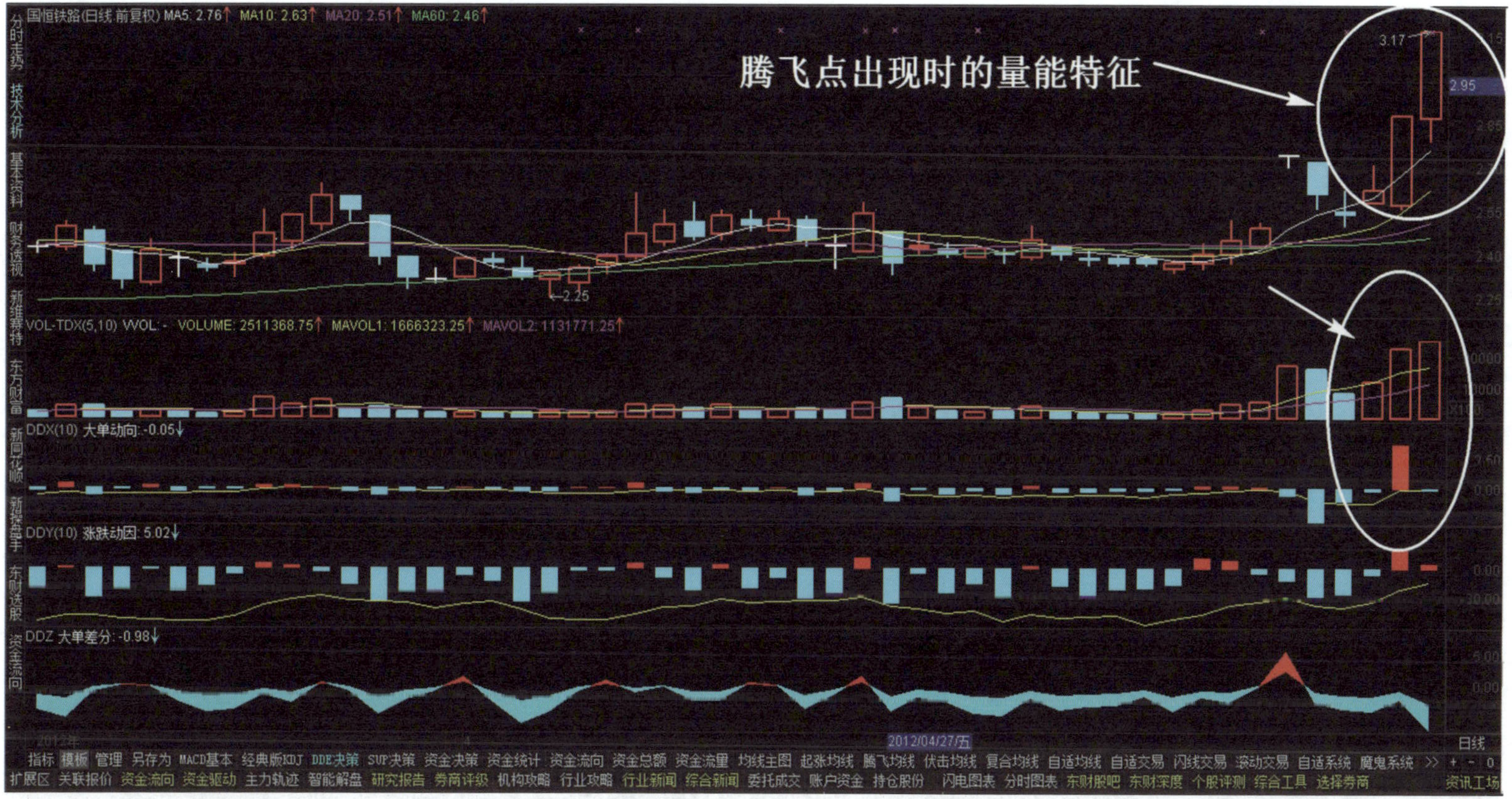
国恒铁路(日线 前复权) MA5: 2.76↑ MA10: 2.63↑ MA20: 2.51↑ MA60: 2.46↑
腾飞点出现时的量能特征
3.17
2.95
2.25
VOL-TDX(5,10) VVOL: - VOLUME: 2511368.75↑ MAVOL1: 1666323.25↑ MAVOL2: 1131771.25↑
DDX(10) 大单动向: -0.05↓
DDY(10) 涨跌动因: 5.02↓
DDZ 大单差分: -0.98↓
2012/04/27/五
日线

图例 017

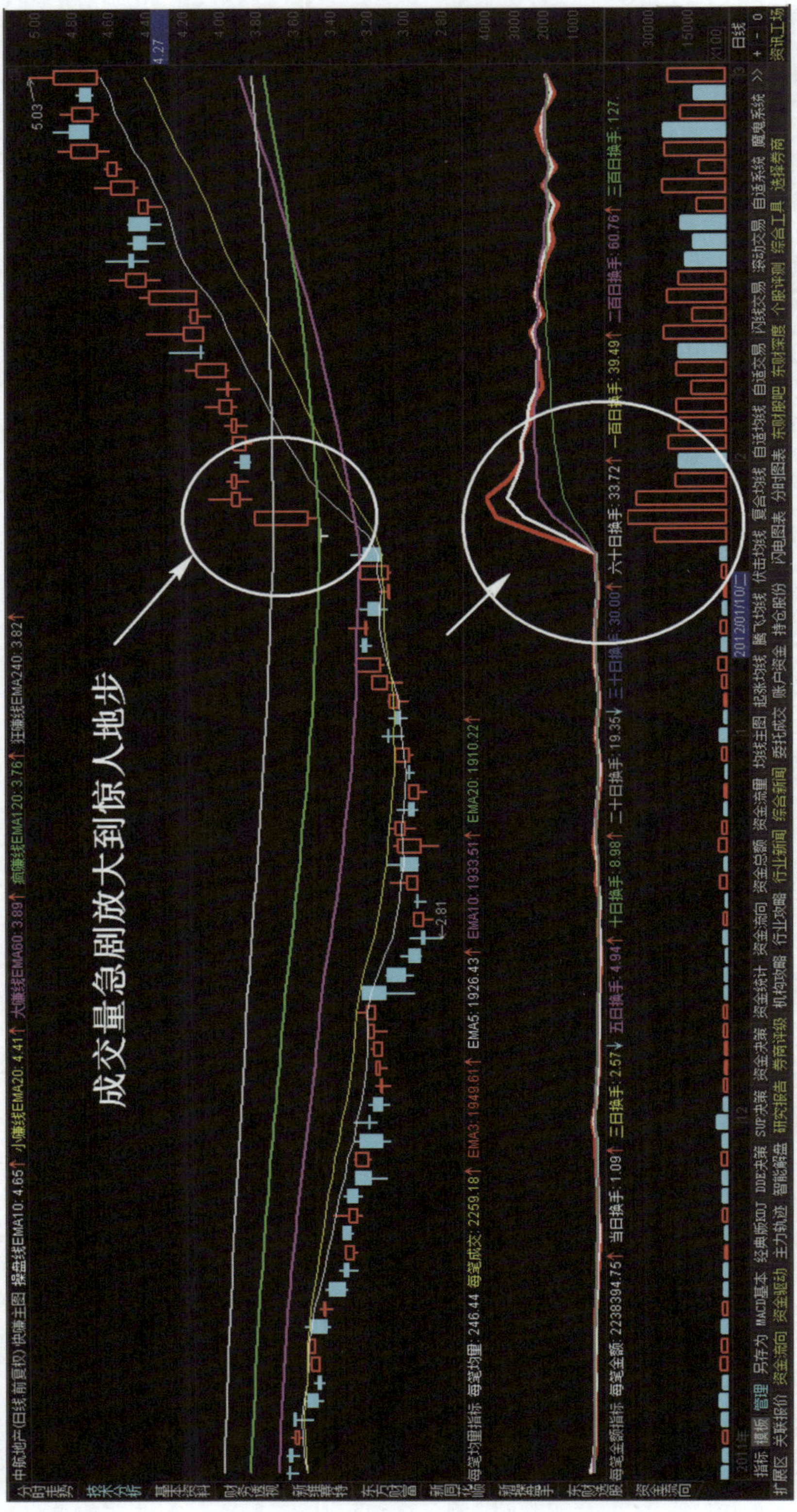

图例018

腾飞点技术案例 004：英力特（000635）

图例 019 是一个非常标准的腾飞点技术模型，连续两天集中出现放量涨停，成交量急剧放大，流通盘只有 1.37 亿，最高股价只有 14.41 元，而当天成交金额高达 2.35 亿元，成交手数达到 155838 手。第二个涨停的量柱大致相当。这种资金投放很紧凑，当天的巨量突破，能够有效化解前面整理平台的阻力，当天的换手率超过在 11 个点，换手很充分。像这种股票的爆发力是很强的。这样的腾飞点是成立的，不要犹豫，当天就要敢于进场，坚决买进。

腾飞点技术典型的选股模型（大单、缩量回调、过平台）在这里体现的淋漓尽致。

佛教作为一门宗教哲学体系，它的核心是教化世人多行善莫作恶。
一部《金刚经》里面讲了许多做人做事方面的修行知识。
在电影《非诚勿扰 2》中有一段经典的台词，即：
人生是一种修行。
这是非常有意思的！
那么，学佛学到什么呢？
很简单，就四个字，即：戒、定、真、慧。

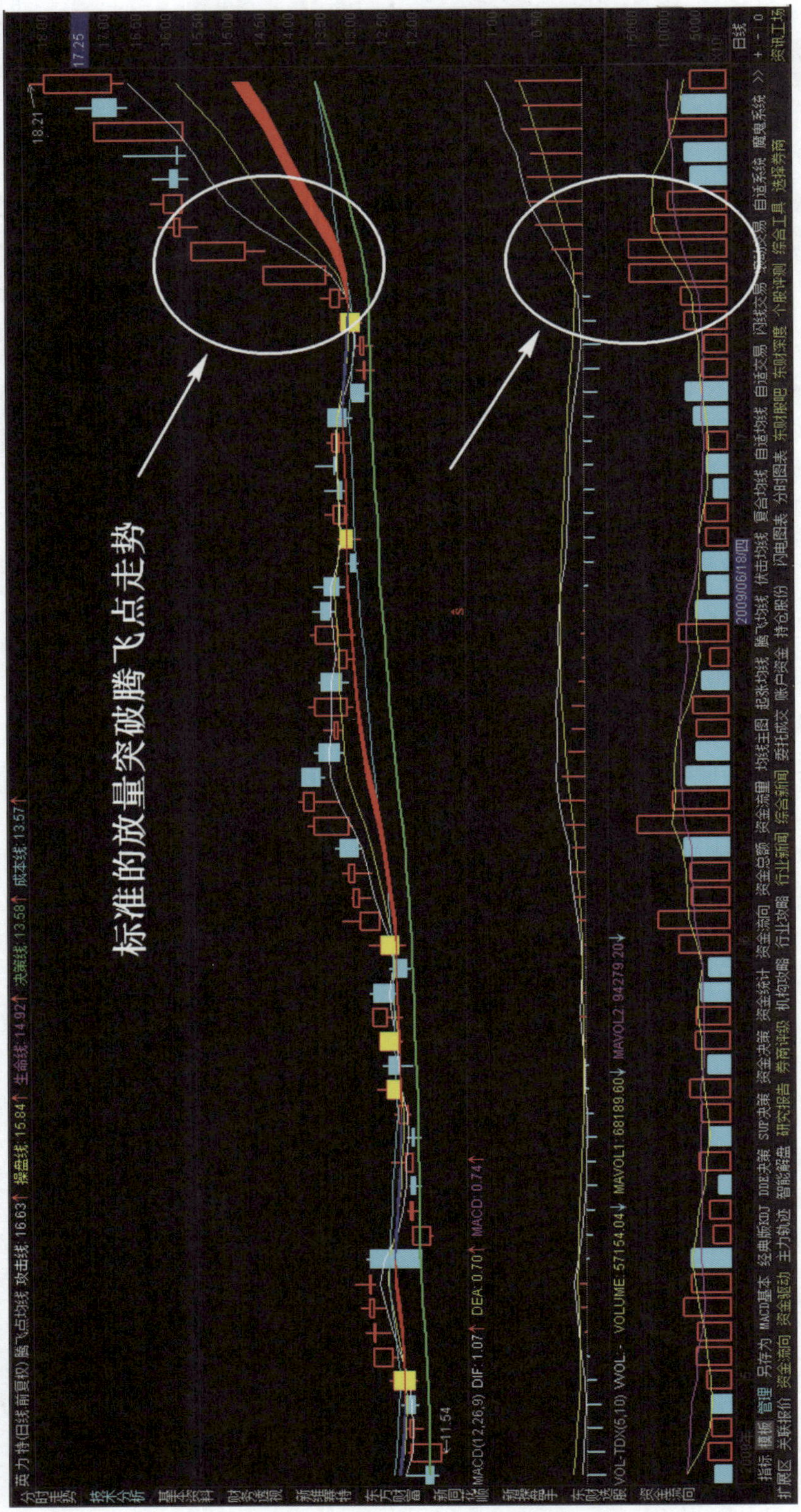

图例 019

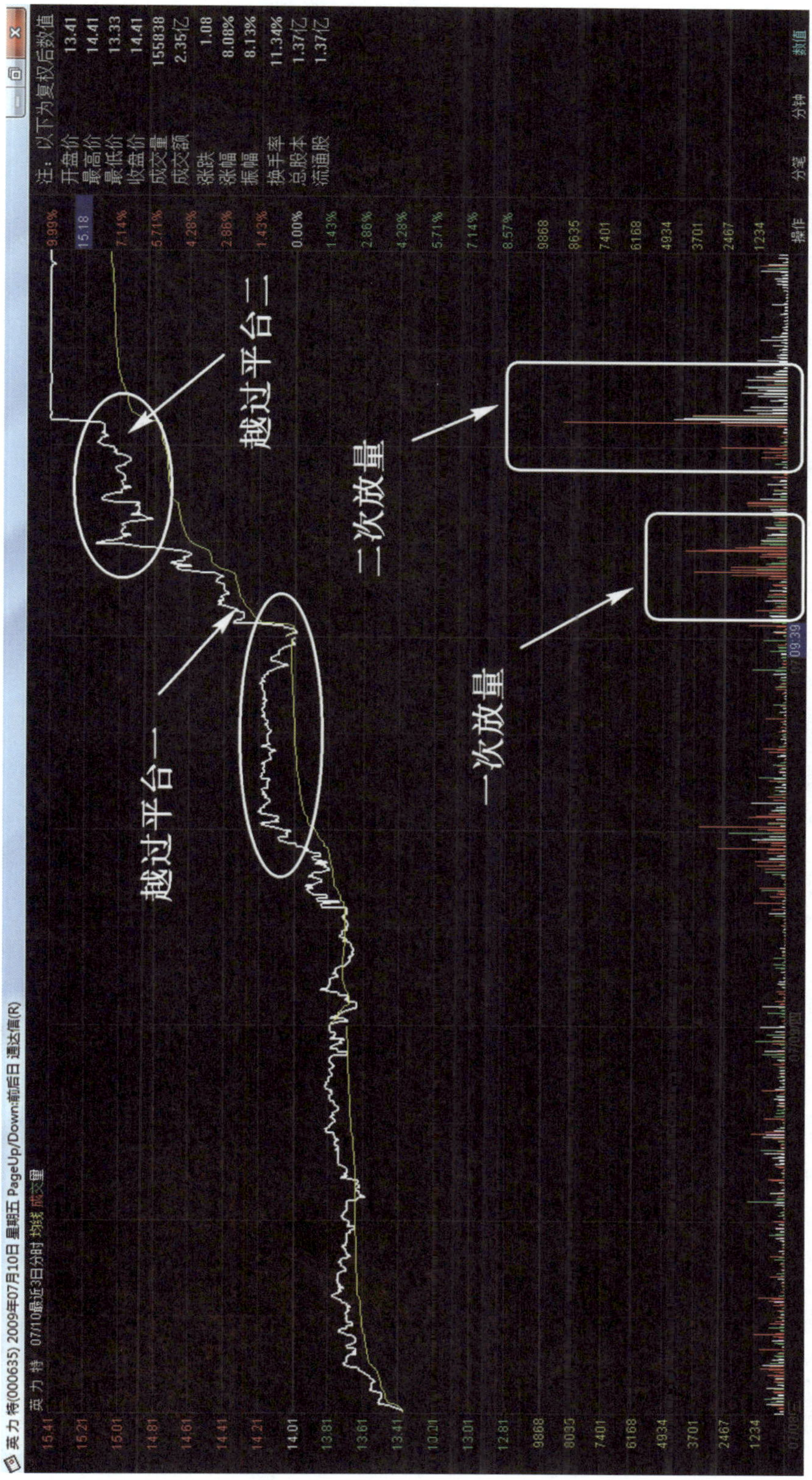
英力特(000635) 2009年07月10日 星期五 PageUp/Down:前后日 通达信(R)
越过平台一
越过平台二
一次放量
二次放量

图例 020

在这里我们总结一下腾飞点技术的重要操作模型。从图例 020 可以看得很细致，很明白。

启动的当天，先是第一次放量，穿越前期的整理平台，形成有效突破。这第一次成功突破，缩量回调，就是腾飞点的第一类买点。注意这里要敢于买进，不要犹豫。

下午形成的第二次放量突破当天的分时图整理平台，直接巨量大单牢牢封住涨停。封板之前，出现了非常典型的穿越平台经典走势。这是盘中洗盘的走势，也是腾飞点成立之前的最后一次洗盘。这时候敢不敢买进，就体现出一个人的胆识和智慧来。

试想一下，人家主力上千万就这么扎进去了，砸的连眼睛都不眨一下，你还怕什么呢？你要是有种的，就赶紧买。否则，就是孬种，不算高手，更算不得好汉。

（三）量峰结构特征

腾飞点技术信号出现的时候，表现在量峰上，属于典型的攻击型量峰，持续攻击的时候量峰的波形特征非常明显。当股价还处于起涨点的时候，还可以有冲击型的量峰出现，到了腾飞点后就没有了其他的量峰。只有攻击型量峰。这是非常经典的技术特征。

比如图例 021 所示的天津磁卡（600800），这是近来最经典的大牛股腾飞点走势，从出现腾飞点之后，所对应的量峰全都是以攻击型量峰为主的。具体的量峰结构，参见图例 022 所示。请各位学员自己反复查对它的量峰结构，做到心中有数。

再例如前边我们讲到的英力特，大家可以看它的量峰结构，都是非常明显的攻击型量峰。参见图例 023 所示。看盘的时候，要看它的资金投入节奏。投放的资金出来的时候都是一波大于一波，一轮大于一轮，它的每一个时间点的投放都是很有讲究的，有目的的、有计划的、有预谋的。我们在训练操盘手的时候，会详细讲解这些内容。为什么要在这个时间点投入巨量资金呢，为什么要如此攻击性操盘呢？这是操盘的艺术。根据操盘的计划，在这个点投入资金才能起到“核电”的效果。钱不能乱花，球也不能乱踢。操盘的道理也一样。

> 做人做事，首先要讲规矩，遵守纪律，所谓没有规矩不成方圆就是这个道理。

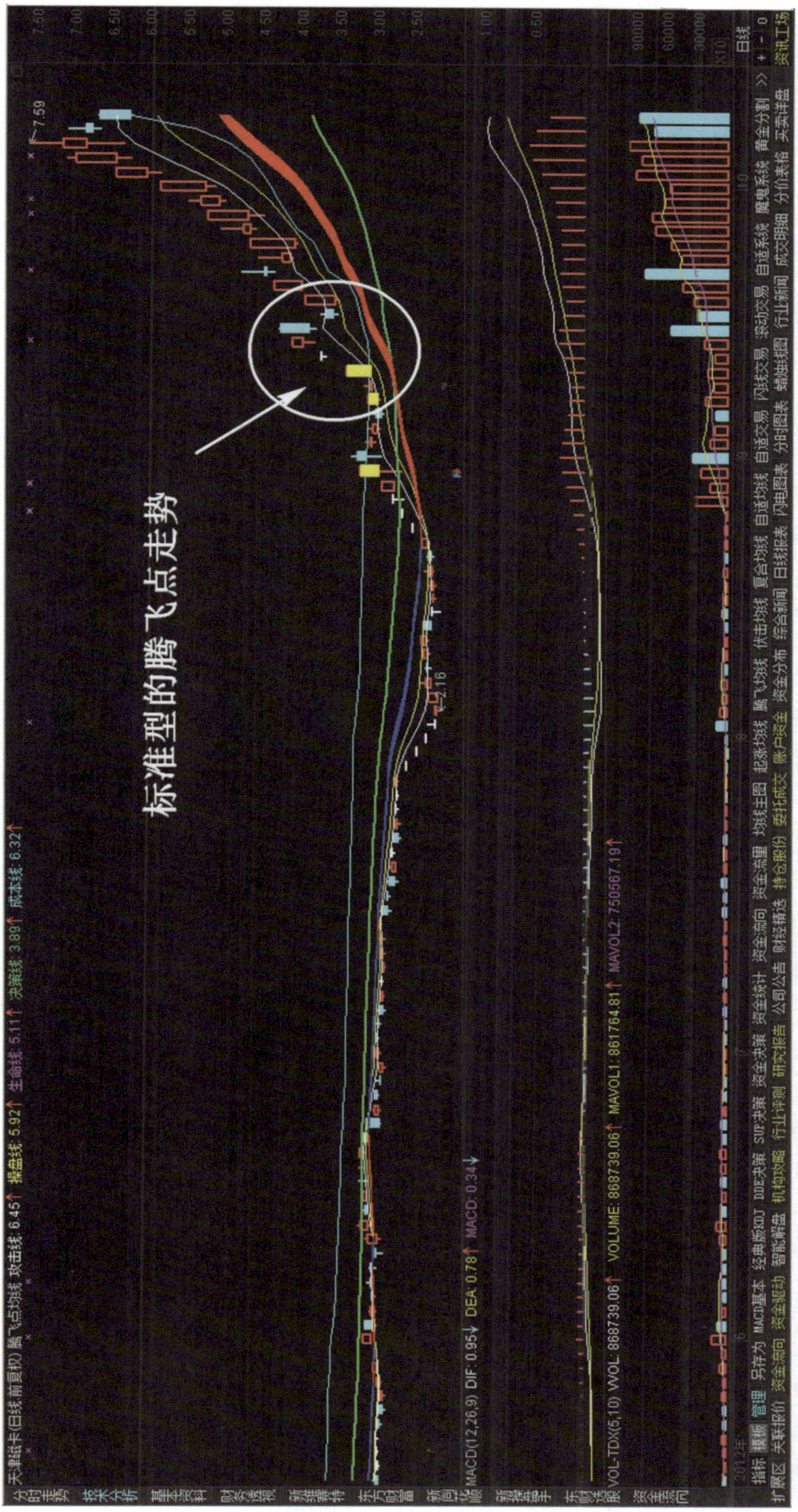

图例 021

天津磁卡(600800) 2012年09月11日 星期二 PageUp/Down:前后日 通达信(R)
攻击型量峰
注：以下为复权后数值
开盘价 3.10
最高价 3.41
最低价 3.09
收盘价 3.41
成交量 190049
成交额 6394万
涨跌 0.31
涨幅 10.00%
振幅 10.32%
换手率 3.13%
总股本 6.11亿
流通股 6.08亿

图例 022

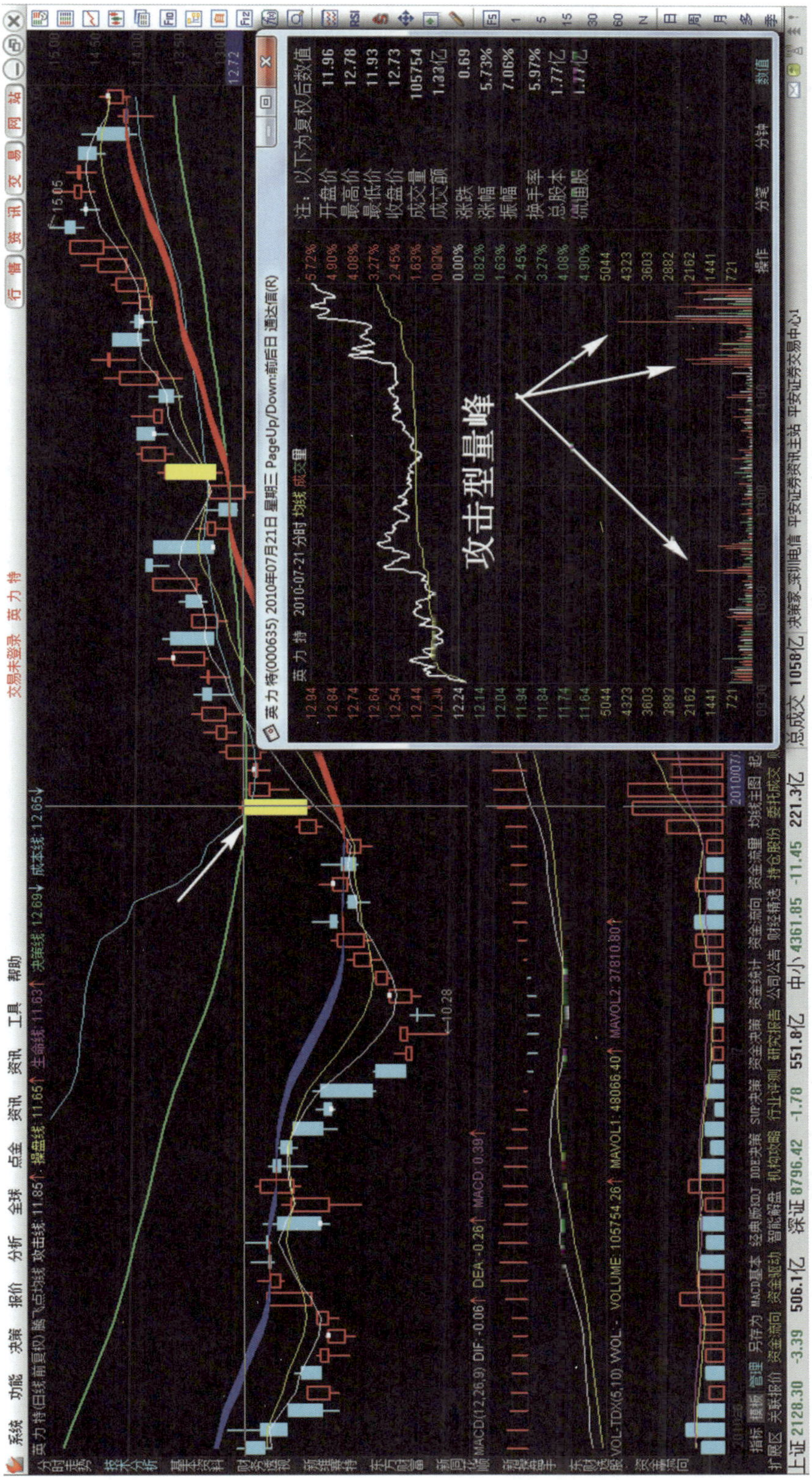
攻击型量峰
注：以下为复权后数值
开盘价 11.96
最高价 12.78
最低价 11.93
收盘价 12.73
成交量 105754
成交额 1.33亿
涨跌 0.69
涨幅 5.73%
振幅 7.06%
换手率 5.97%
总股本 1.77亿
流通股 1.77亿

图例 023

（四）波形结构特征

腾飞点技术信号出现的时候，分时走势图上的波形，主要是以标准的攻击波为主，或者以冲击型的攻击波为主。这两种波形的特点都偏重于攻击，这是主力攻击性拉升的表现。

腾飞点技术案例005：伊利特（600197）

比如图例024所示的伊力特（600197），出现腾飞点走势的时候，盘口出现典型的攻击波型，早盘小幅度低开之后，快速拉升，突破昨天的收盘价时稍稍回落就直接拉起来了，之后每一波攻击波都很流畅，很赏心悦目。每一次回调都没有出现幅度很深的下挫，下午的走势甚至越来越强劲，连均价线都不再触及。这是强势攻击的典型特征，请各位慢慢体会。

从这个例子可以看到，腾飞点的波形结构具有以下特点：

第一点：快速拉升，干脆利索，绝不拖泥带水。

第二点：波形很长、或者比较长。长波攻击涨停的走势经常出现。

第三点：节奏明快，韵律感强，显示出主力操盘很有计划性和目的性。

（五）腾飞点的均线结构特征

我们在判断腾飞点技术信号的时候，可以选择不同的均线系统来衡量，鉴别。这些均线可以是算术平均线，也可以是加权平均线，还可以是自适应均线。不管是哪一种类型的平均线，我们都可以用来判断股价运动的趋势，并辨别腾飞点是否成立。先看图例。

> 规律是什么？意即自然而然，凡事凡物都有它的自然规律，你不要想着超越或打破这个规律，否则就不和谐了。

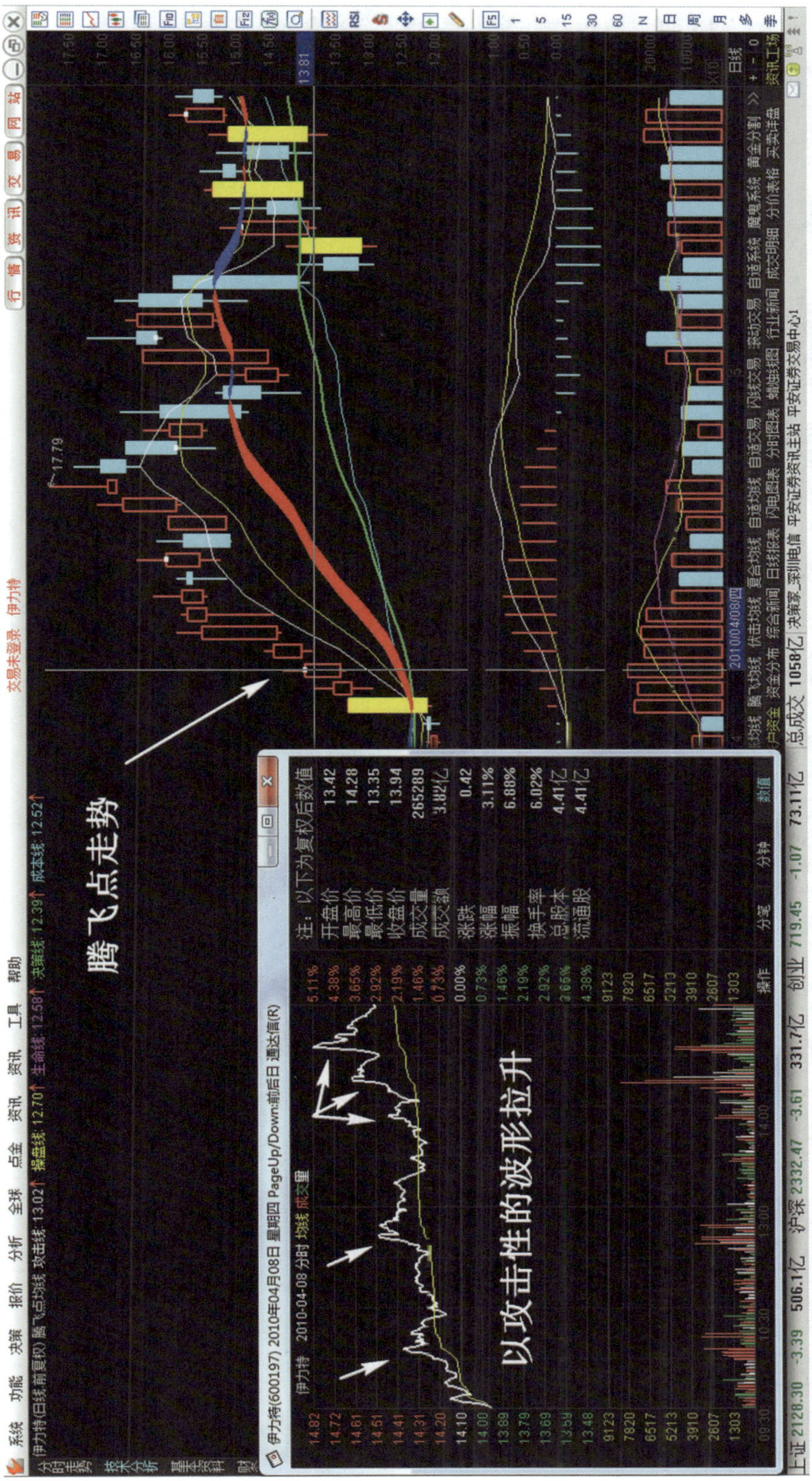

图例 024

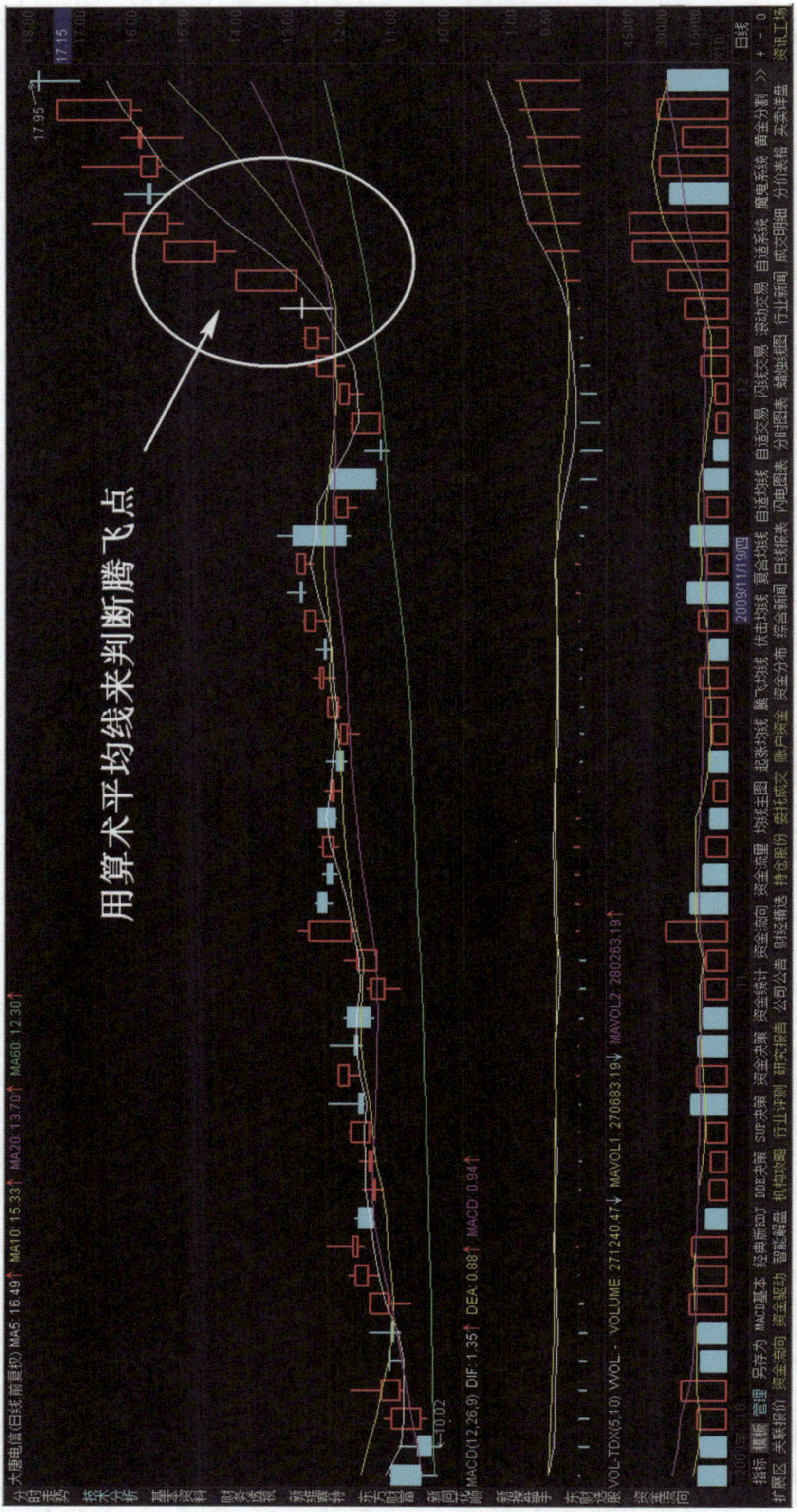
用算术平均线来判断腾飞点
大唐电信(日线前复权) MA5: 16.49 MA10: 15.33 MA20: 13.70 MA60: 12.30
MACD(12,26,9) DIF: 1.35 DEA: 0.88 MACD: 0.94
VOL-TDX(5,10) VVOL: - VOLUME: 271240.47 MAVOL1: 270683.19 MAVOL2: 280263.19
17.95
10.02
2009/11/19/四
日线

图例 025

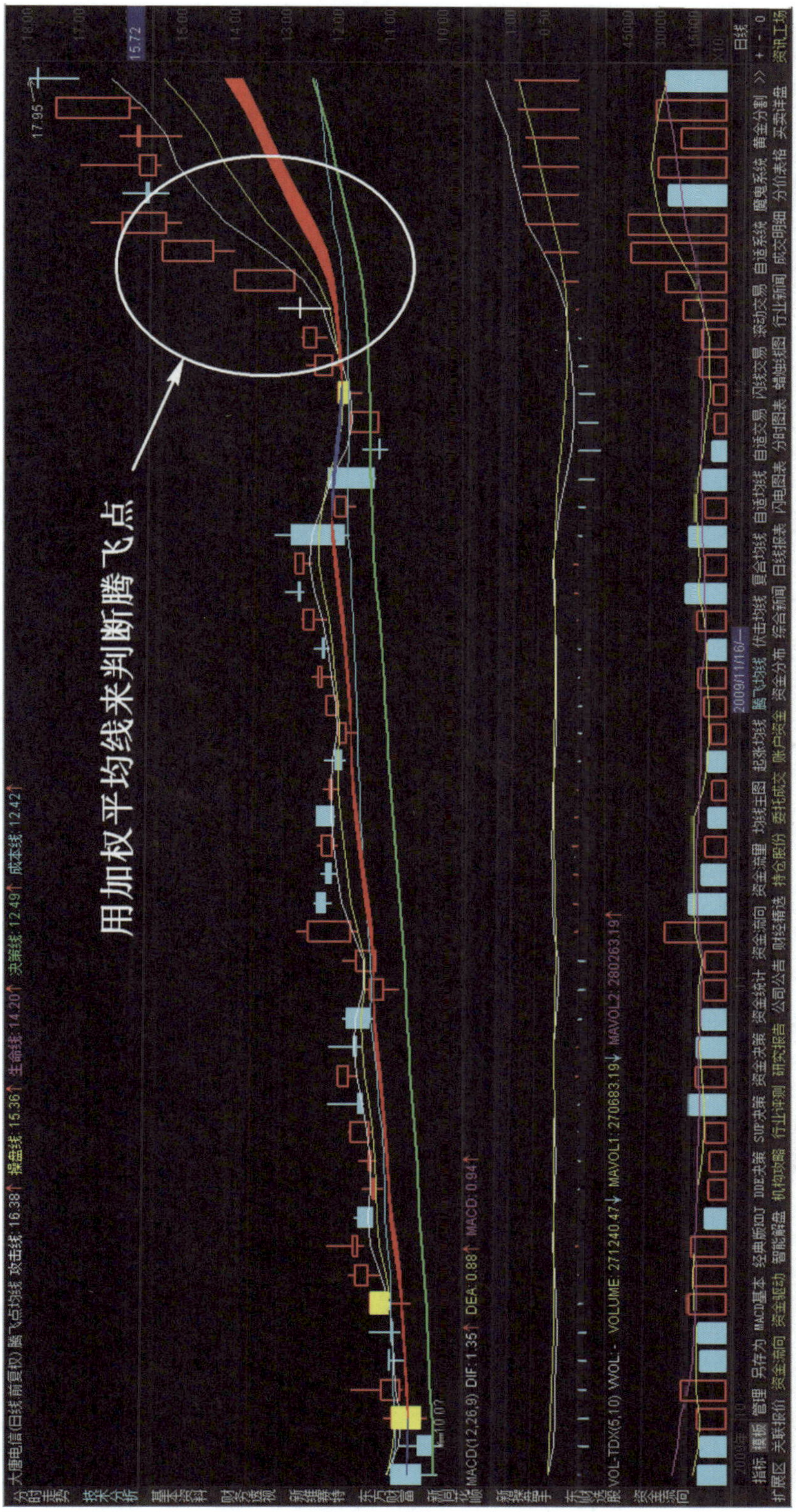

图例 026

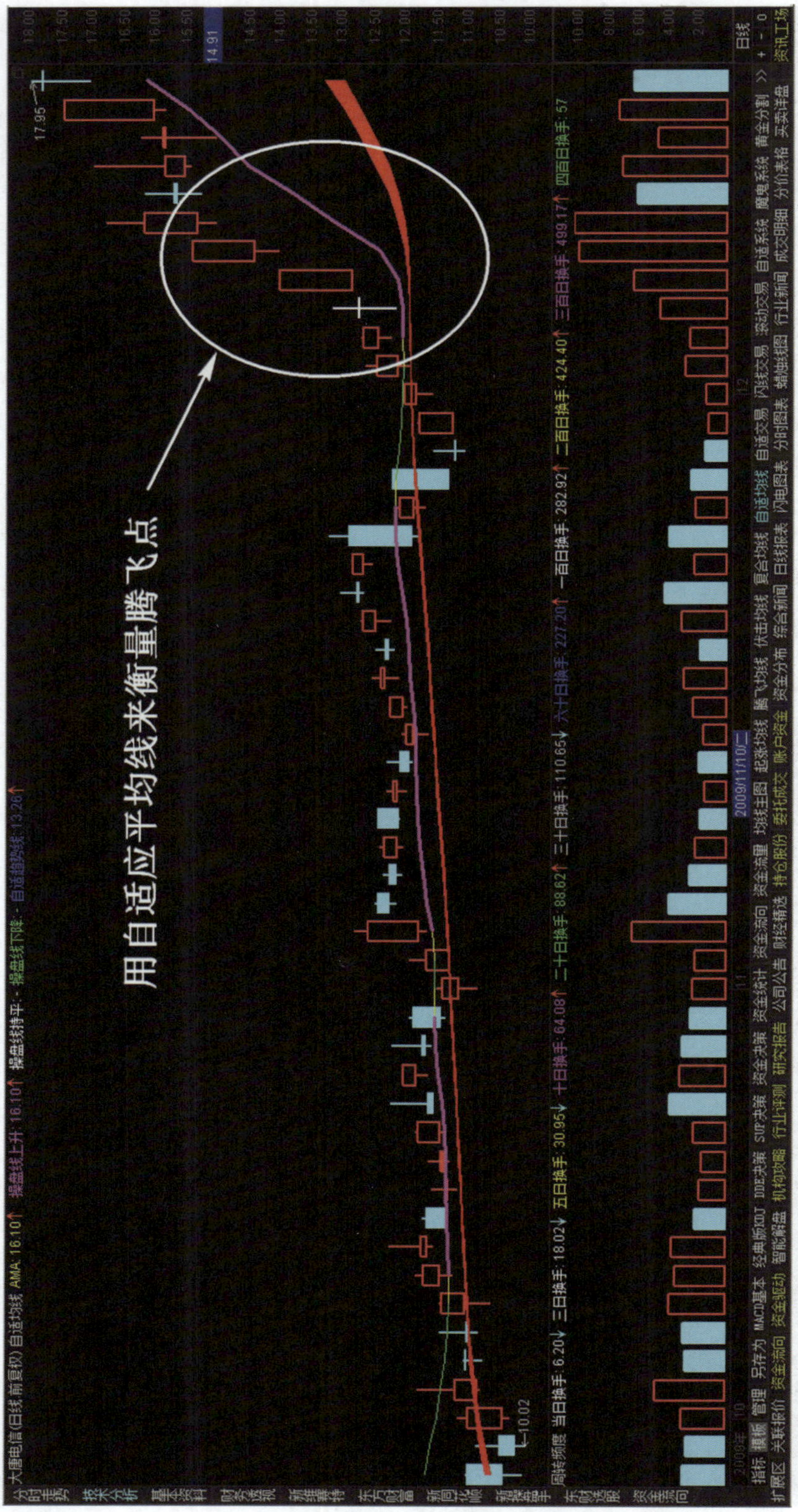

图例 027

从图例025、026、027可以看到，不管是用算术平均线、加权平均线还是用自适应平均线来构建均线交易系统，判断腾飞点是否成立的原理是一样的。这些原理可以归纳为：

第一点：均线系统中的每一条均线必须是从小到大依次排列。极有秩序的多头排列。

第二点：攻击线和操盘线必须是金叉在前，从下方向上穿越的。

第三点：均线对应的成交量必须是同步放大的，没有出现背离走势。

从图例027这个例子来看，这是运用自适应均线系统来判断腾飞点技术信号，这是目前最先进的分析技术之一。均线的参数可以设为N=10，也就是相当于操盘线。注意这里一个非常重要的特征，就是自适应均线必须是走平的，股价从下方向上放量穿越才有效。

四、腾飞点技术信号上升空间的初步测算

首先说明一下，这里所说的上升空间，是指理论上的量度涨幅，至于实际走势是不是能够完成这样的涨幅，不能教条地理解。因为，凡是职业投资者都知道，影响股价实际走势的因素是多方面的，主力也是根据大盘环境的变化而不断地修正操盘计划的。所以，我们在学习的时候，既要对腾飞点走势的上升空间有一个清晰的认知，又不要拘泥于此。

（一）普通型腾飞点上升空间测算方法

我们把腾飞点划分为两种，一种是普通型的腾飞点，另一种是强势型的腾飞点。

普通型的腾飞点上升空间计算公式如下：

未来目标价 = 当期腾飞点价位加上当期腾飞点价位的0.382或0.5倍之和

假设未来目标价是P，当期腾飞点价位是M，那么，计算公式如下：

$P = M + (M \times 0.382)$ 或 $M + (M \times 0.5)$

（二）强势型腾飞点上升空间测算方法

强势型的腾飞点上升空间计算公式如下：

未来目标价 = 当期腾飞点价位加上当期腾飞点价位的0.618或1.618倍之和

假设未来目标价是P，当期腾飞点价位是M，那么，计算公式如下：

$P = M + (M \times 0.618)$ 或 $M + (M \times 1.618)$

在上边的公式中，当期腾飞点价位的取值，可以是当天的开盘价（OPEN），也可以是四个价格的平均数，即收盘价（CLOSE）、最高价（HIGH）、开盘价（OPEN）和最低价（LOW）相加后的平均值，即当期腾飞点价位 =（CLOSE + HIGH + LOW + OPEN）/4。

腾飞点技术案例006：广州冷机（000893）

出现腾飞点当天的开盘价是12.15元，参见图例028所示。

这个腾飞点属于普通型腾飞点，上涨空间测算系数取值为0.382。

未来可能到达的价位计算如下：

当期腾飞点价位12.15加当天开盘价12.15乘以0.382等于16.79元。

也就是说，我们可以把这个16.79元作为腾飞点可能达到的空间来写进交易计划。

再来看它的实际走势。它的第一个腾飞点出来时，以当天的开盘价乘以0.382，就是16.79元，最终实际走势是16.73元，误差只有0.06元。当股价达到这个数值的时候，这波就走完了，说明腾飞点行情结束了。后边的走势属于另一种行情，另当别论。

定是指定位、恒定、坚定、执行。定位，是要求每个人都要给自己定位，你是做什么的，你该干什么，要想清楚。恒定，就是指意志要坚强要稳定，做事要有恒心，要精进；而坚定是什么，关键是立场与信念要坚定，你认可的事与真理，一定要坚持到底，不可东摇西摆。最后就是要执行，执行是定的一解读方式，意指坚定的执行力。

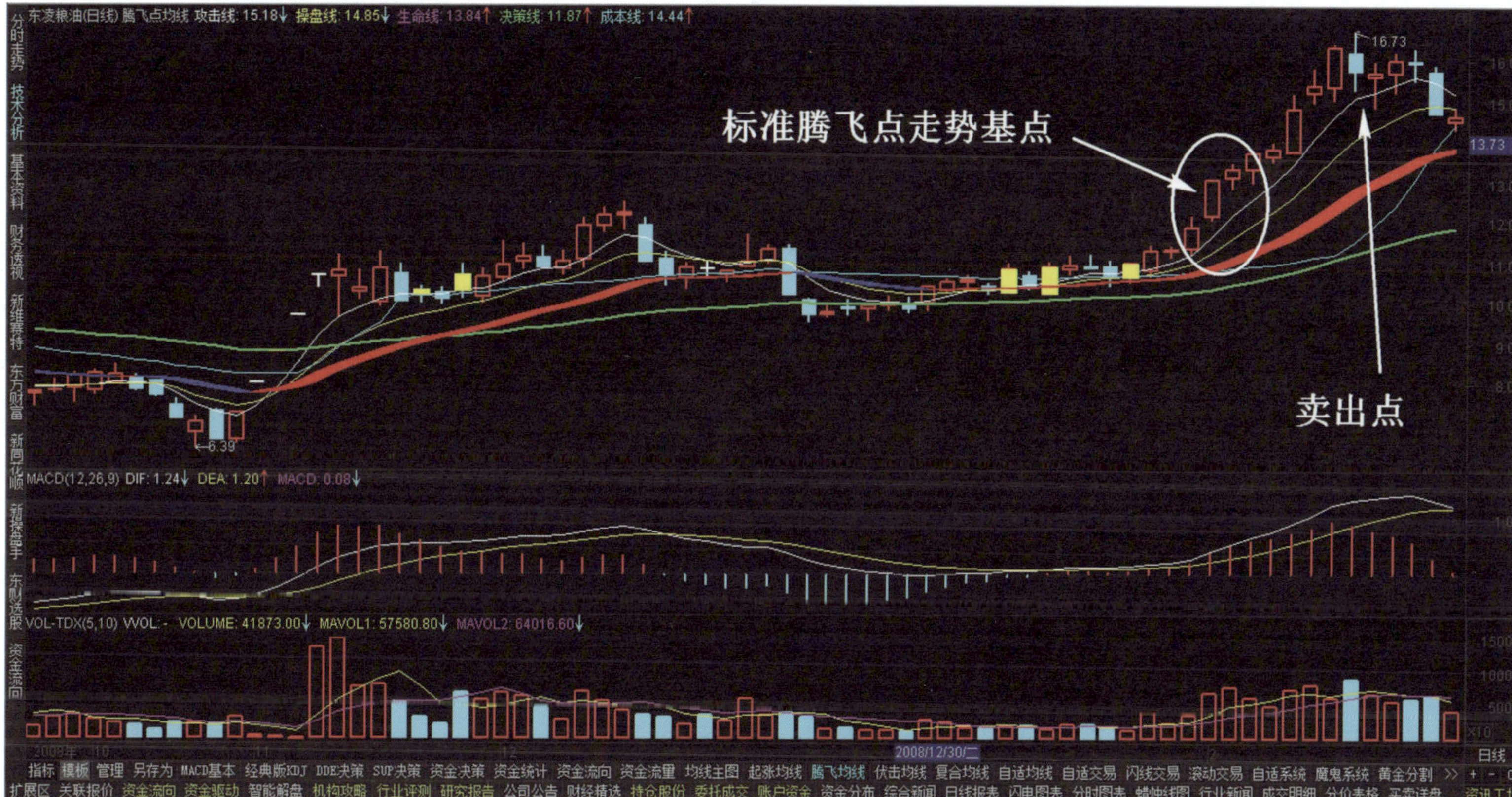

图例 028

腾飞点技术案例007：芜湖港（600575）

芜湖港（600575）出现腾飞点当天的开盘价是4.78元，参见图例029所示。

这个腾飞点属于强势型腾飞点，上涨空间测算系数取值为1.618。

未来可能到达的价位计算如下：

当期腾飞点价位4.78加上当天开盘价4.78乘以1.618等于12.51元。

也就是说，我们可以把这个12.51元作为腾飞点可能达到的空间来写进交易计划。

也就是说，芜湖港（600575）腾飞点的开盘价4.78乘以1.618加上4.78等于12.51，这个数值可以作为这一波的预期空间，如果达到了，后面即使再涨都不用去看，因为很快就可能要调整了。这样一来，我们的操作就是心中有数的。

真是指本我、真实、真心。本我，是指你一定要认识到自己是什么人？要还原自己，要从内心深处去发现自己。很多人都披着一个面具在虚假地工作生活，我们的本我是什么，我们从何处来要向何处去？你一定要找到本我，别在茫茫人生中迷失了自己。真实是什么呢？我们说话、做事要力求真实，要能发现事物的真相，找到他的本质。真心则是指我们对人处事一定是真心实意的，没有半点虚假，而学佛，也要以真实心去接受去研究去体验，不可利用“佛”。

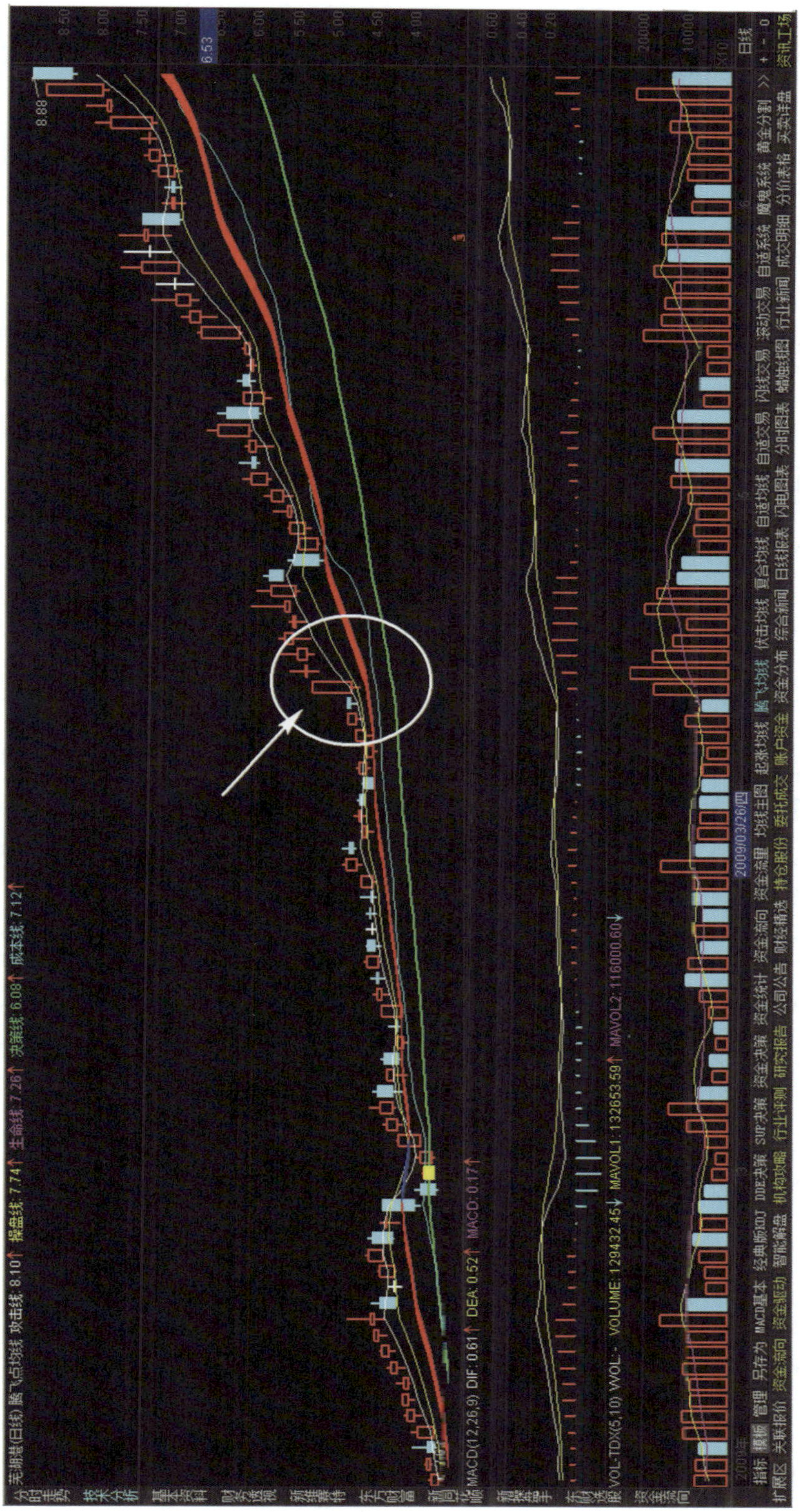
芜湖港(日线) 腾飞点均线 攻击线 8.10↑ 操盘线 7.74↑ 生命线 7.26↑ 决策线 6.08↑ 成本线 7.12↑
8.88
6.53
MACD(12,26,9) DIF 0.61↑ DEA 0.52↑ MACD 0.17↑
VOL-TDX(5,10) VVOL VOLUME 129432.45↓ MAVOL1 132653.59↑ MAVOL2 116000.60↓
2009/03/26/四

图例 029

腾飞点技术案例 008：中粮地产（000031）

中粮地产（000031）出现腾飞点当天的开盘价是 6.98 元，参见图例 030 所示。

这个腾飞点属于强势型腾飞点，上涨空间测算系数取值为 1.618。

未来可能到达的价位计算如下：

当期腾飞点价位 6.98 加上当天开盘价 6.98 乘以 1.618 等于 18.27 元。

也就是说，我们可以把这个 18.27 元作为腾飞点可能达到的空间来写进交易计划。

而实际上，中粮地产（000031）走到 16.07 元的时候，行情就结束了。是先于大盘结束上升行情，这时候，就不要死脑筋，而要根据当前的 K 线结构做出灵活的判断，否则，就会得出错误的结论。如果一味以为行情还没有完、还会上 20 元的。那么，这就是刻舟求剑、缘木求鱼，是死板、呆板、刻板。这种死脑筋不是合适在股市生存的。

慧是指开悟、智慧。开悟，是指明白、发现、了然的意思。你没有开悟，说明你没有守戒、生定，没有还原本我，因而无法开悟。所谓定能生慧就是这个意思。无定，则无慧！智慧是什么意思？很简单了，就是聪明了，且具有渊博的知识，佛经云：具足智慧也。

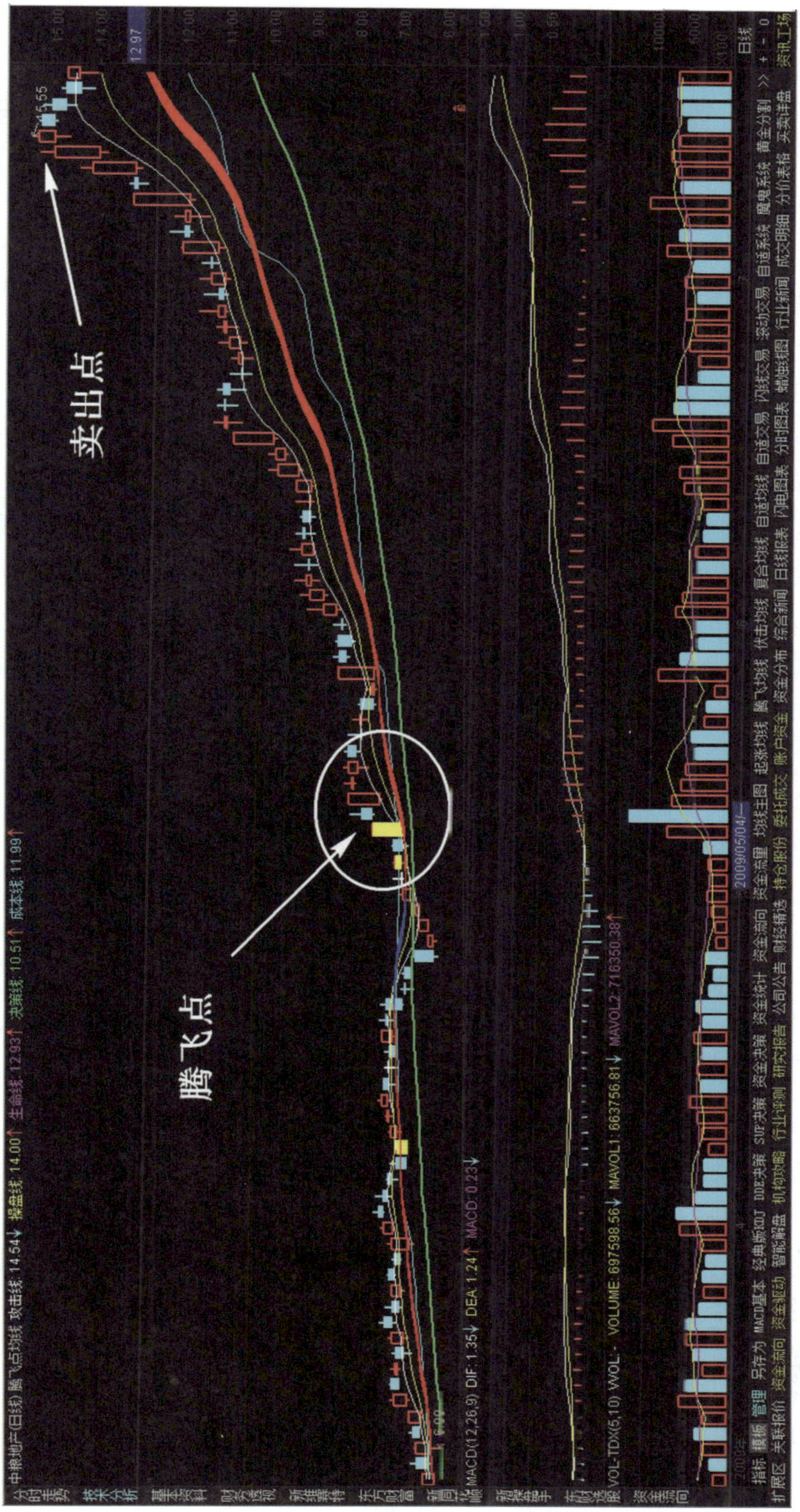

图例 030

第二节　如何正确理解腾飞点的上升幅度预估值

一、操盘线在波段行情的重要作用

关于这个问题，还要总结几句，请各位耐心多看几眼，牢记于心。

判断波段行情上升空间力度与空间的大小，要以操盘线（即10日平均线）的实际走势为标准，作为判断的基准点。我们要明白，所有的未来走势预判数据值都仅仅是基于理论的判断，并不能代表实际，更不能等同于实际走势。最终行情的走向，究竟会发展到什么阶段才结束呢，要以操盘线的实际走势作为标准。如果操盘线在收盘的时候没有打穿，因为这轮行情始终是沿着操盘线向上运行的，那么这个波段行情就还没结束，甚至没完没了，哪怕是走10年8年也是有可能的。记住，如果一波行情当中，股价始终不能击穿操盘线向下，这个就是强势行情，如果收盘时放量打穿了操盘线，而且在3日内不能顺利收复，这就是极为普通的行情。这是我们在判断腾飞点行情的时候，要特别注意的地方。

在这里郑重提醒：一波行情起来的时候，如果这支股票把操盘线打穿了，你还没有卖，那么等待三天，看看是不是有效击穿了。如果三天之内并没有拉回来，也不要着急，必然在8个交易日内、或13个交易日之内，再次回到操盘线上来，构成第二个头部，这时候你还是可以卖在高点的。这种走势是很经典的，是操盘手出货未完，再次拉升出货的表现。这样的走势很有梅开二度的意思，前度刘郎今又来也。

但是，如果第二个头部出现的时候你还没有卖的话，就不要抱有任何幻想了！

各位注意这点就行了，不要在第一次打穿操盘线的时候，一出现急跌就急急忙忙赶快卖了，结果你一卖就卖在最低价，结果它一反弹就上去了，你又着急死了。

任何一支股票，主力不会迅速的用尖刀底跌破所有支撑直接下跌，因为主力要出货，出货没有那么快，主力必然要构筑一个小型的平台才能走掉。为什么呢？这是因为对方资金量大了，如果在这个高价区集中出货，就会导致前面白掏钱了。没有赚到钱的事，主力是不会干的。所以主力必须把股价再次拉上去，做一个头出来，让散户对主力抱有幻想，继续追高买进，或者死死抱住不出来。这样的走势对主力来说，出起货来就比较容易一些。各位一定要注意这点，在整个的操盘过程中，这波行情的走势就是以操盘线为标准的。

比如芜湖港（600575），第一个腾飞点回调缩量打破操盘线，第二天就拉上去了。拉上去后又突破新高，再回调后，之后操盘线就不跌破了，接着以小阳线慢慢的向前推进，到最后以疯牛般的速度线收尾。对付这种主力的运做就要注意操盘线。实际上，对任何一个主力来讲，操盘线都是非常重要的。请各位务必记住这一点。

二、关于主力在盘头阶段的出货方式

在盘头阶段，主力往往还要出三头峰，也就是三重顶。假如你没有在第一次十字星卖出，那么在第二次上影线也要卖出了；如果你还没有卖出，那么在第三次也要卖出了。这是对付三重顶走势的基本操作思路，这是最基本的交易思想。我们来看几个例子。参见图例 031、032、033、034、035、036 等，这些都是很常见的 N 重顶走势，或者叫做复合顶走势。

大乘佛法与股市投资有没有密切的关系？有，简直太有了！比如戒。我想，这个戒包含有：股市运行规律、股价波动规律、个人投资纪律等等要素。进入这个市场，我们首先要遵守这个市场的规矩，要了解股市运行的规律，了解股价波动的规律，同时，要严格制定自己的投资纪律。我要求我的操盘手们都要制定自己的交易模型，其实就是要他们制定交易策略，这个策略就是纪律！学会了“戒”字，就是迈向成功的第一步！

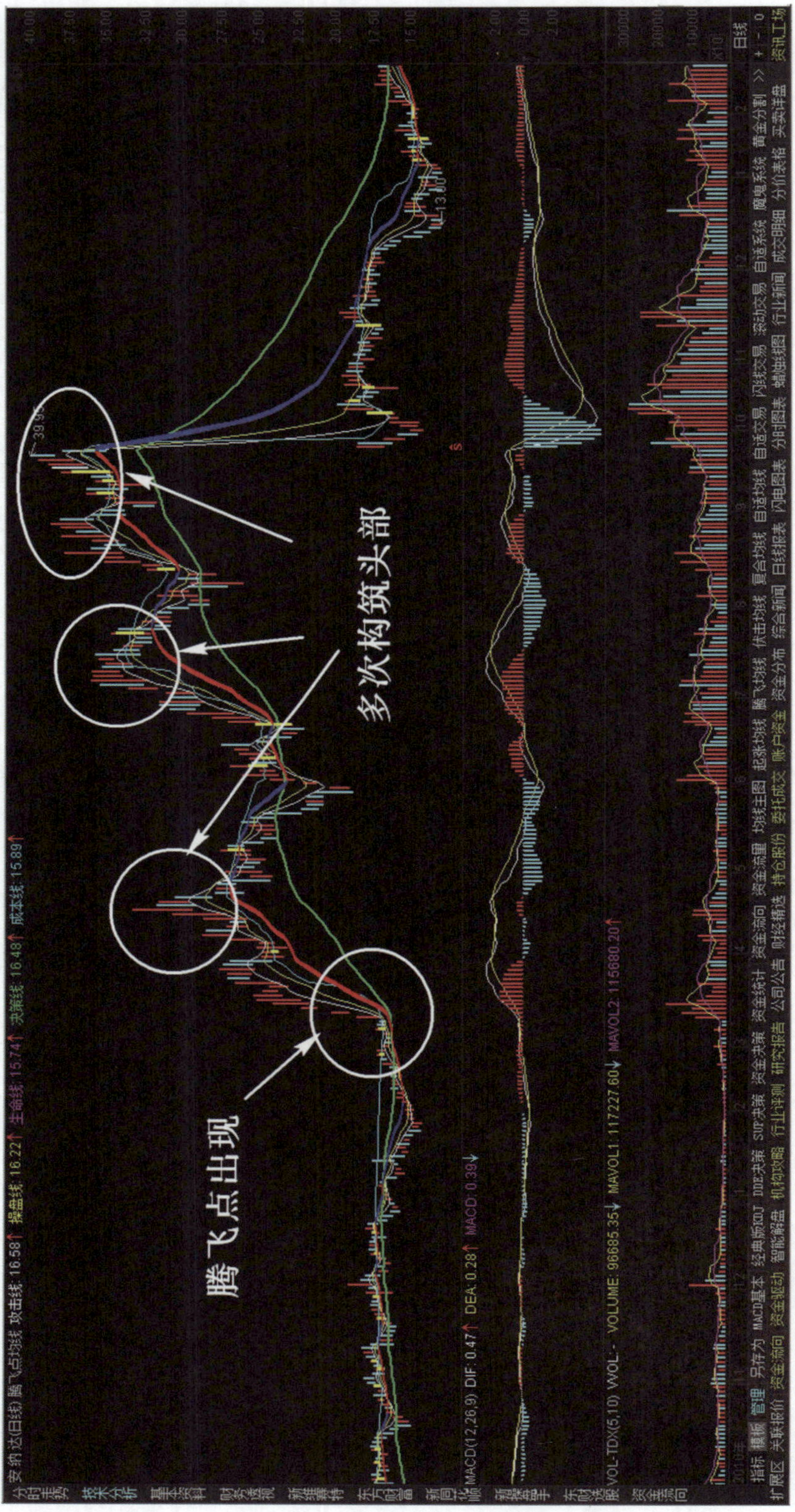

图例 031

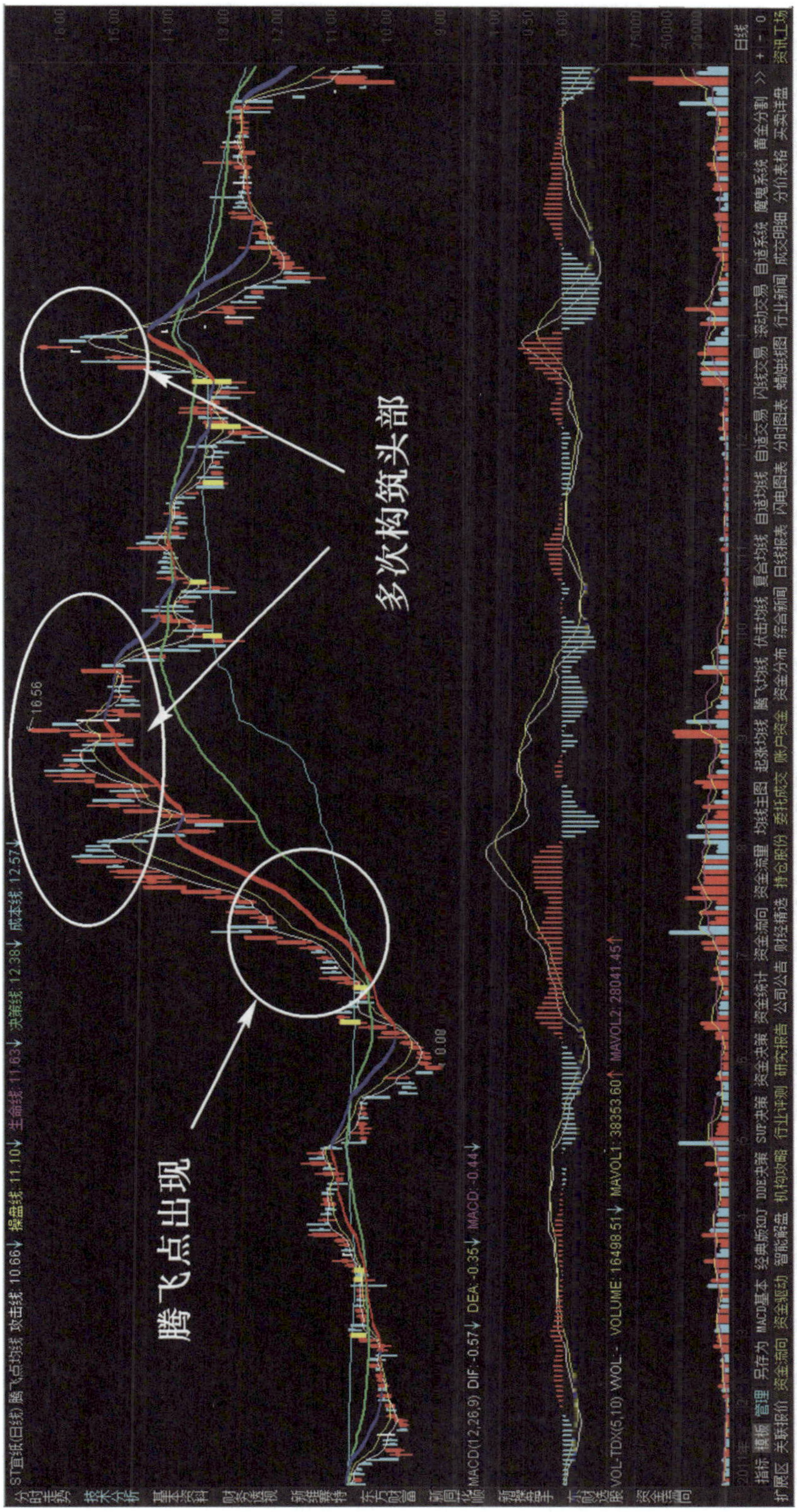

图例 032

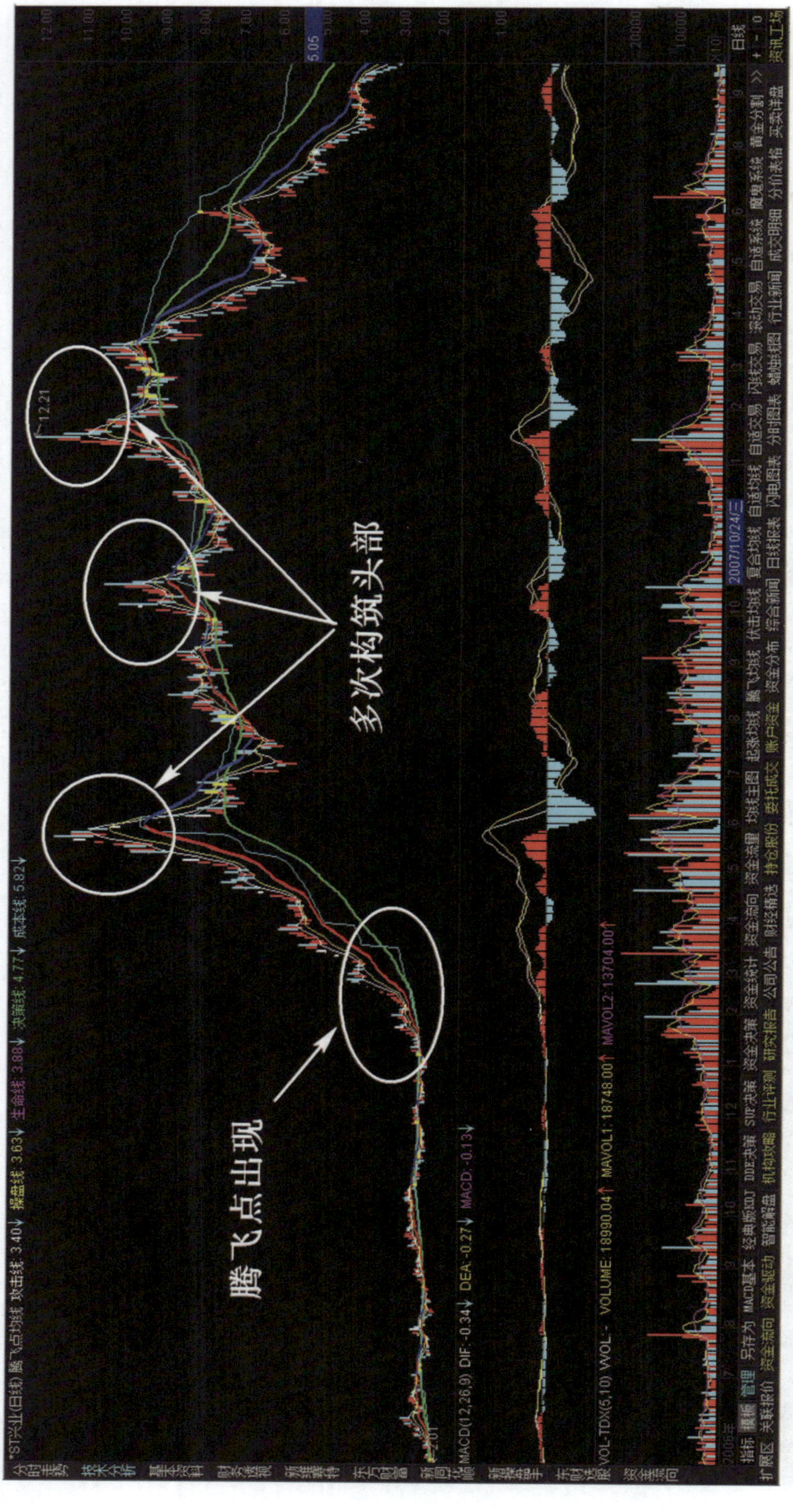

图例 033

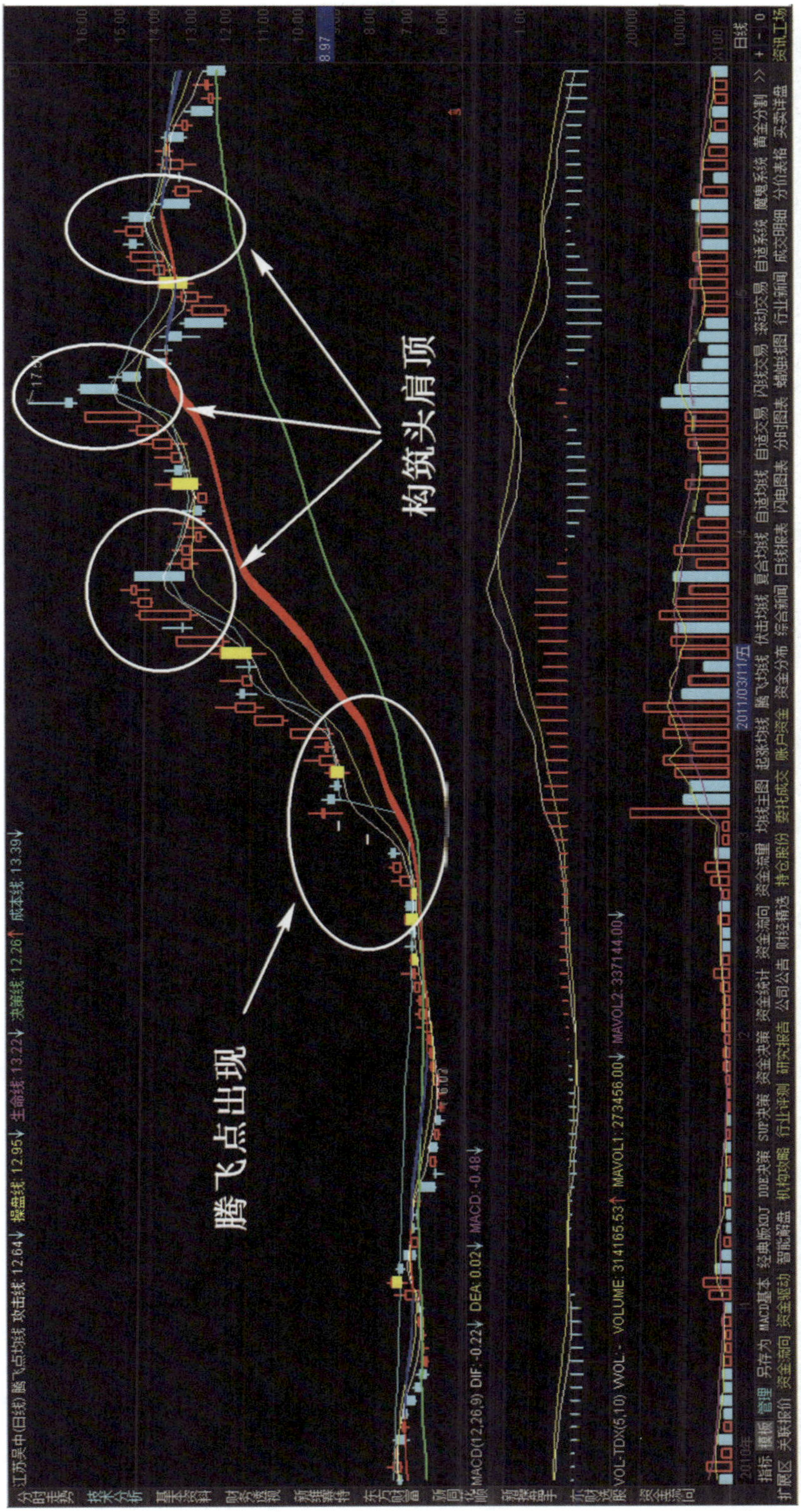

图例 034

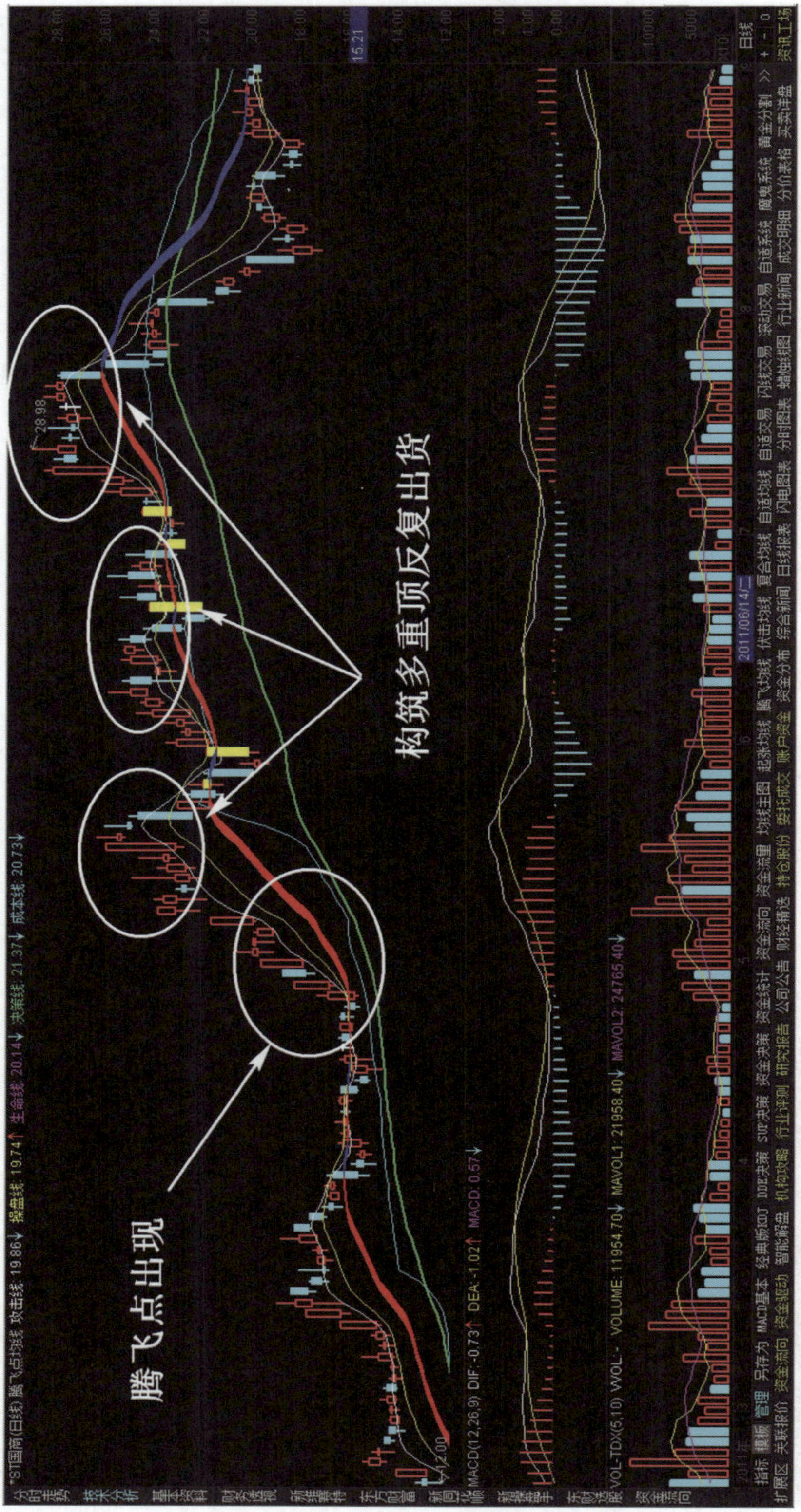

图例 035

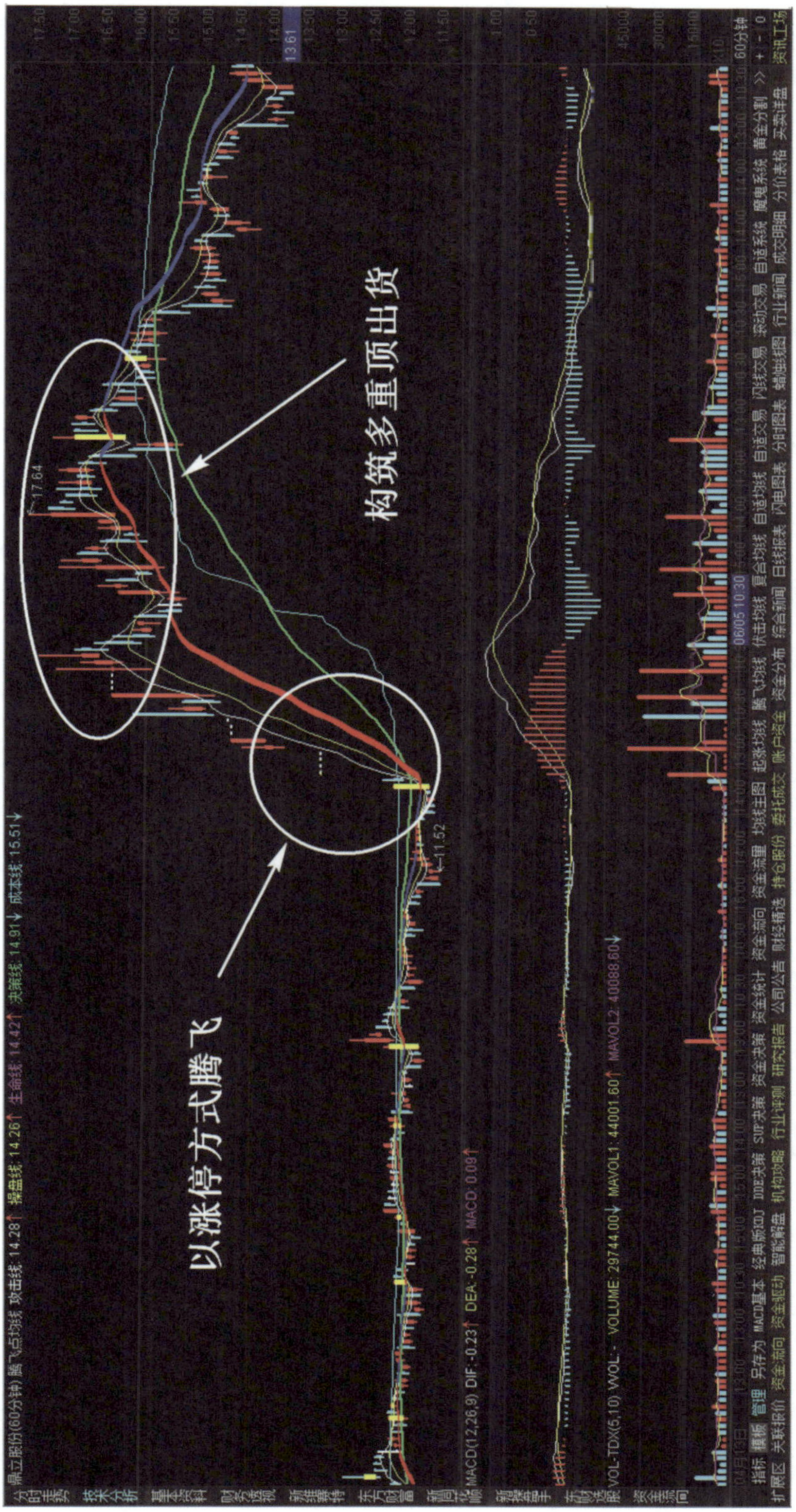

图例 036

第二章
腾飞点技术信号的盘口特征

本章学习要点

一、理解腾飞点的标准波形。

二、理解腾飞点的标准量峰。

三、理解腾飞点的买卖挂单。

四、掌握腾飞点的盘口特征。

五、反复演练腾飞点操作法。

第一节　腾飞点盘口特征的 4 个要点

关于腾飞点技术的盘口特征，主要包括以下 4 各方面：

一是出现标准的攻击波；

二是出现冲击型的攻击波；

三是出现标准的攻击型量峰；

四是独具特色的五档买卖盘。

以上这四个方面，构成了腾飞点技术特有的盘口特征，请各位反复熟悉。

一、出现标准的攻击波

所谓出现标准的攻击波，是指股价腾飞的当天，盘口出现标准攻击波型，说明主力属于主动攻击性拉高阶段，加速上涨趋势明显。同时也说明主力第一阶段仓位结构已经完成标准的重仓配置（一般都是 60 – 70% 的仓位），因此股价上涨的高度以强势的大波段行情为测算标准，测算的系数可以取值为 0.618。

当我们监控目标股票，在盘口发现这种攻击波的时候，要马上想到它的的攻击力度是很强的，展开强势大波段行情的可能性很大，要高度重视它。我们来看图例 037 神马实业。

> 很多人失败就是败在这个定字上，心不定，个人投资没有定位，不知道自己是干吗的。譬如有些人做短线，结果一套牢，他就变成了中线，甚至长线。而有些人做长线，结果赚了点小钱，就变成了短线。一天到晚都在瞎忙。不能给自己一个合适的定位，心乱如麻，早晚都是庄家的炮灰。

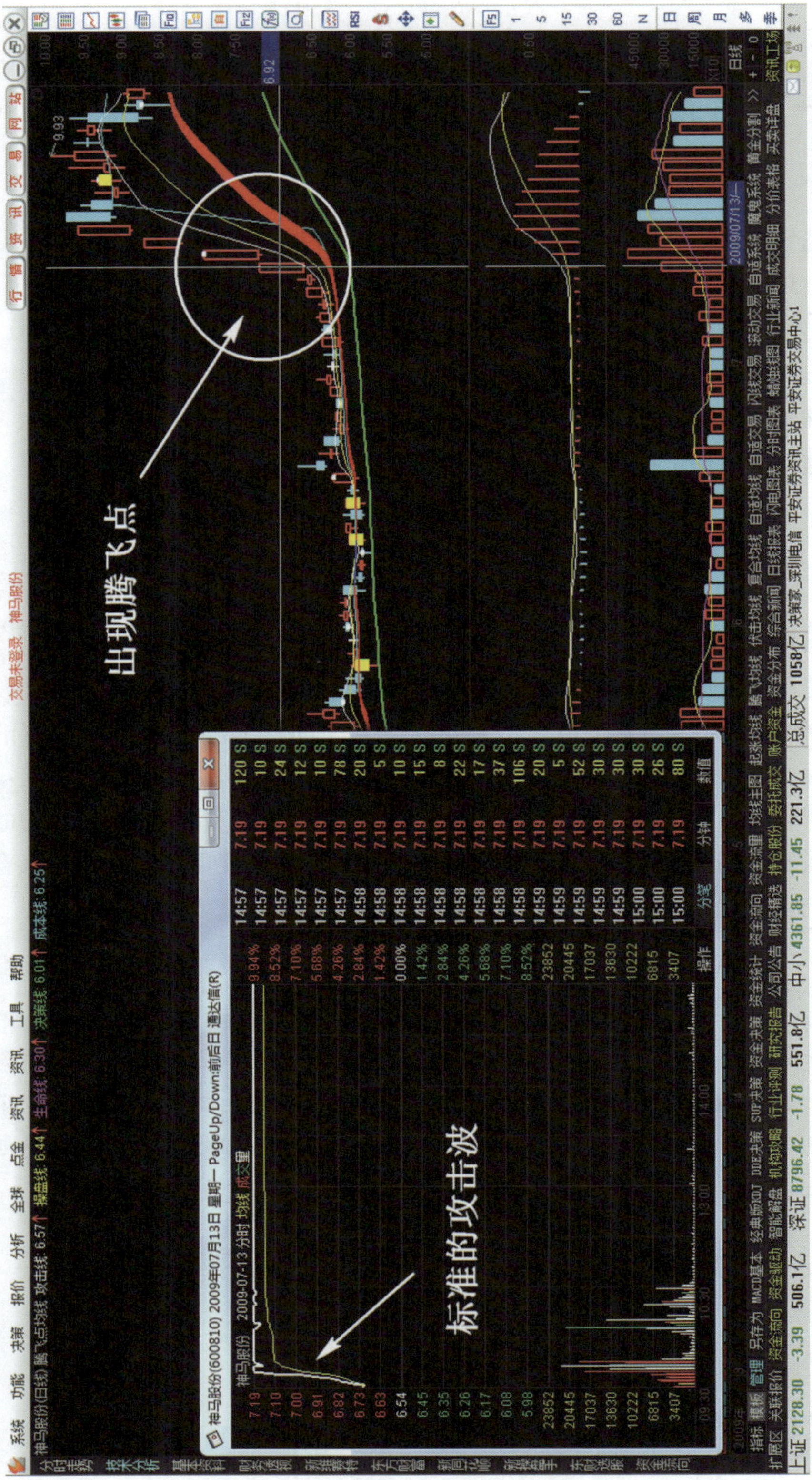

图例 037

从图例 037 可以看到，出现腾飞点当天高开，直接高走，一举突破，盘口还开了三个小口，一个口子比一个口子小，当天标准攻击波，长波攻击涨停，这种长波攻击有个缺点，就是一波拉高后，中间没有停顿，导致短线的技术过热，不利于第二天的上涨，所以主力一般都会开口，封停 5 分钟后打开口子，当时的抛盘肯定也是比较大的，主力这时是借机开口洗盘，这种洗盘一般对 5、10 分钟的过热指标如 KDJ 进行消化，马上让它调节一下，然后再次封停，再次打开，再次封停，反复几次。那么几次反复之后，牢牢封住啦。刚才的抛盘一看抛错了，门又关了，进不去了。就会非常后悔，咬牙切齿，骂自己愚蠢。

注意观察它的操盘过程：开第二个口的时候，下跌幅度很有限，很浅，几乎在 2 分钟内结束，又封死了，第二次开封的时候抛压就减少了，当时第一次没有抛出的人总算出了口气，不会再开板了吧。过了半个小时，上面的五档买盘又慢慢的没有了，又开口了，好了二次不封涨停，必然要卖出来。这些人就这样被骗出来了。主力就经常采用三次不封涨停的方法来进行洗盘，通过三次封停后就把门关上，绝尘而去。封死之后成交量就很少了，三次的开板也是在为一些关系户在开板。这是主力的一石多鸟之计。

腾飞点盘口技术特征案例 001：芜湖港（600575）

从图例 038 可以看到，在第四时间段，下午 1 点半之后，三波攻击涨停，标准攻击波，姿态优美，没有大阻力之优美形态。就好像飞机起飞一样的，跑道很好，主力一拉就上去了。跑道中没有石子、小鸟，没有任何大的障碍物，腾空而起，非常顺利。

再看几个腾飞点出现标准攻击波的例子，参见图例 039、040、041、042 等。

你在这个市场混，你要能发现这个市场的本质是什么？价格为什么会产生剧烈的波动？它背后包含了什么样的信息？你要懂得还原这个市场的真实“本我”。然后，你的投资策略中要力求真，找到它的命门，出手就赢！

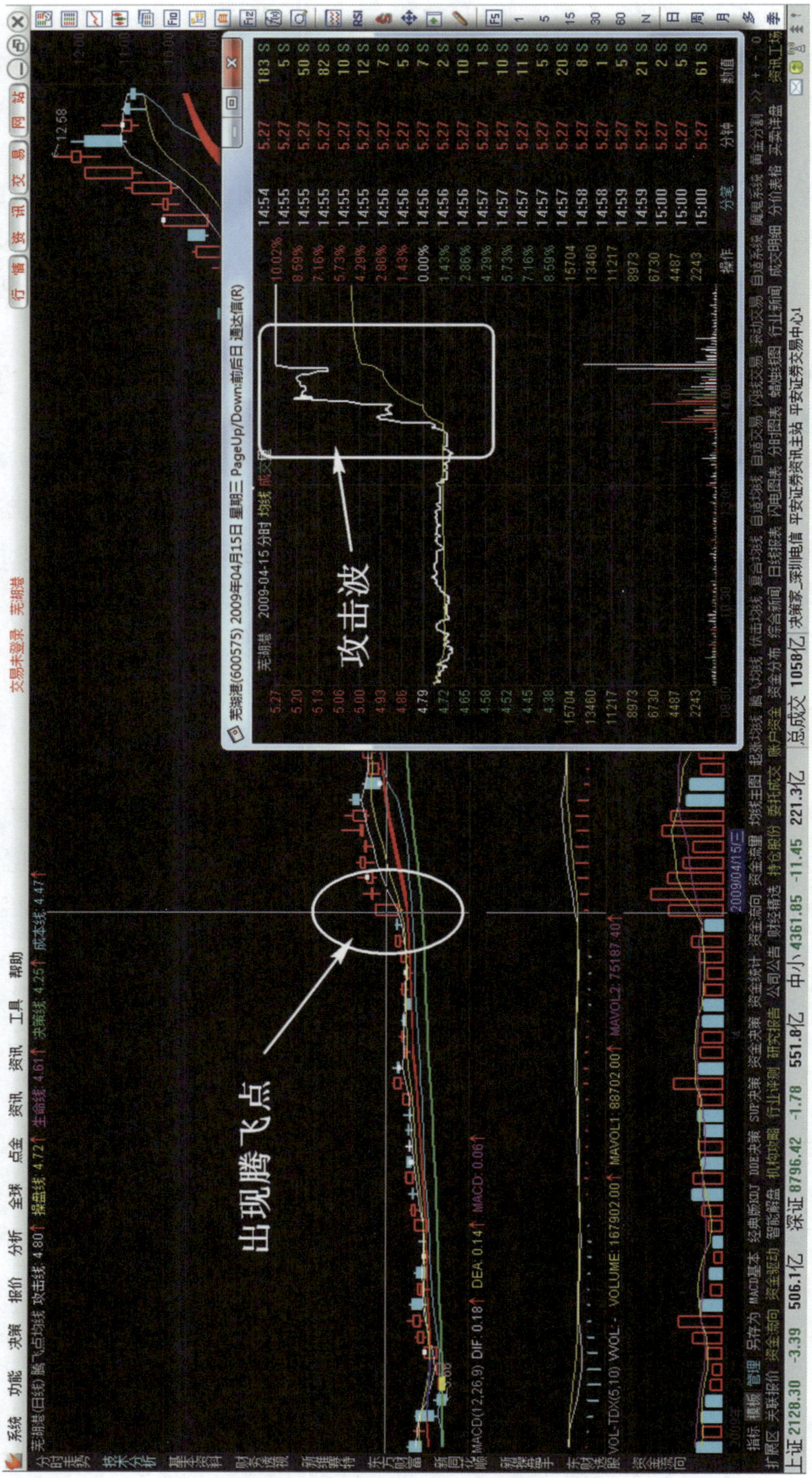

图例 038

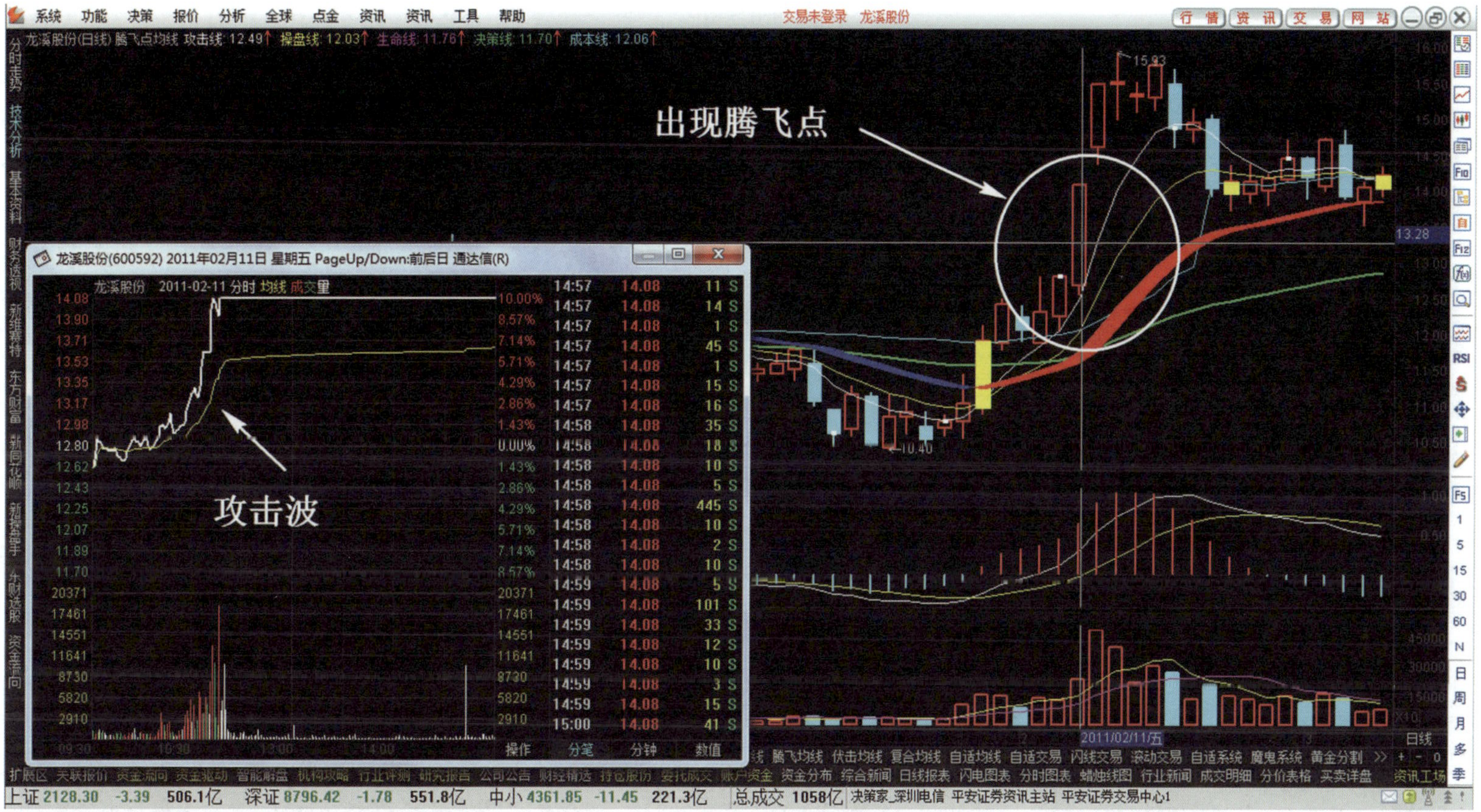
龙溪股份(日线) 腾飞点均线 攻击线: 12.49↑ 操盘线: 12.03↑ 生命线: 11.76↑ 决策线: 11.70↑ 成本线: 12.06↑
出现腾飞点
龙溪股份(600592) 2011年02月11日 星期五 PageUp/Down:前后日 通达信(R)
攻击波
上证 2128.30 -3.39 506.1亿 深证 8796.42 -1.78 551.8亿 中小 4361.85 -11.45 221.3亿 总成交 1058亿

图例 039

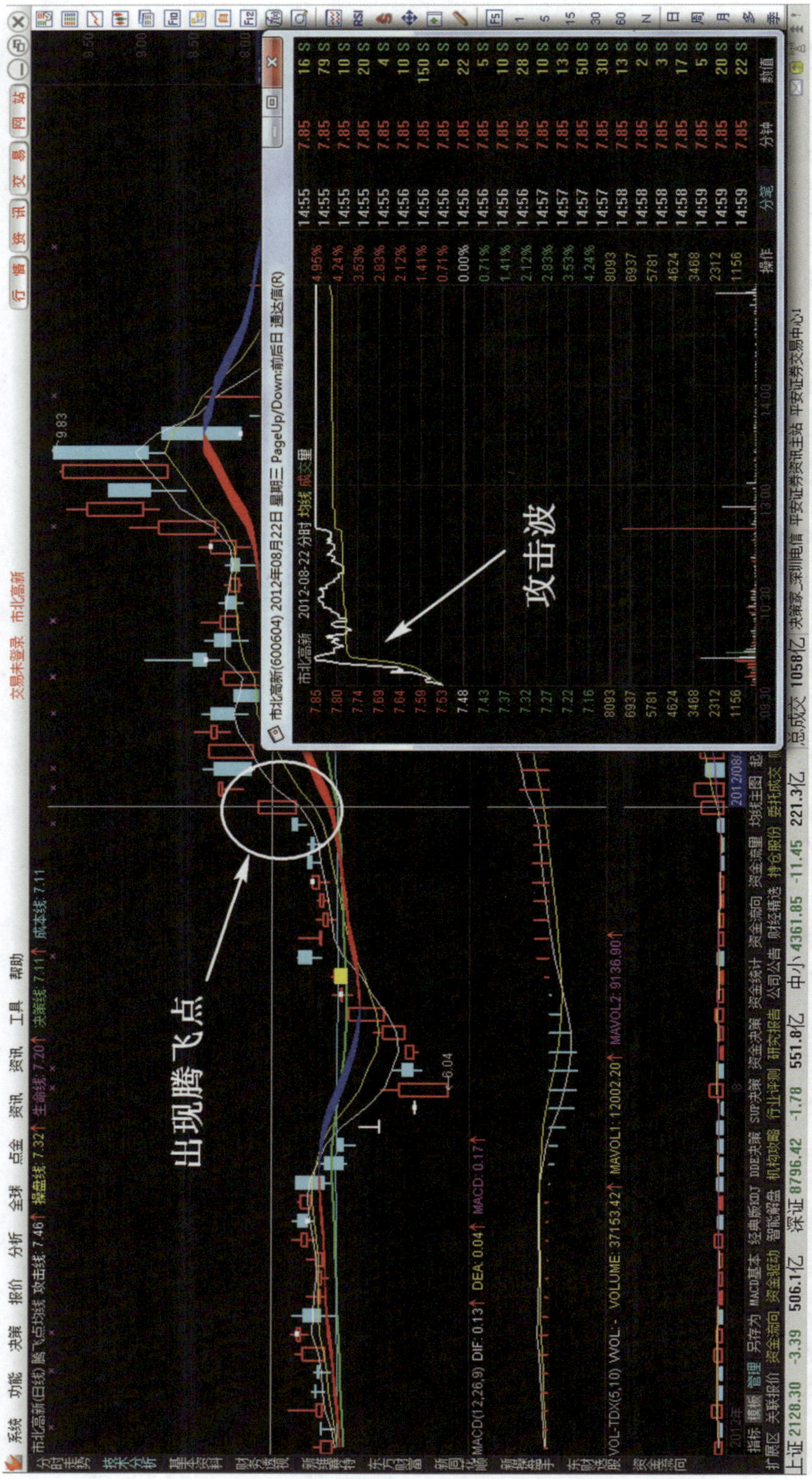

图例040

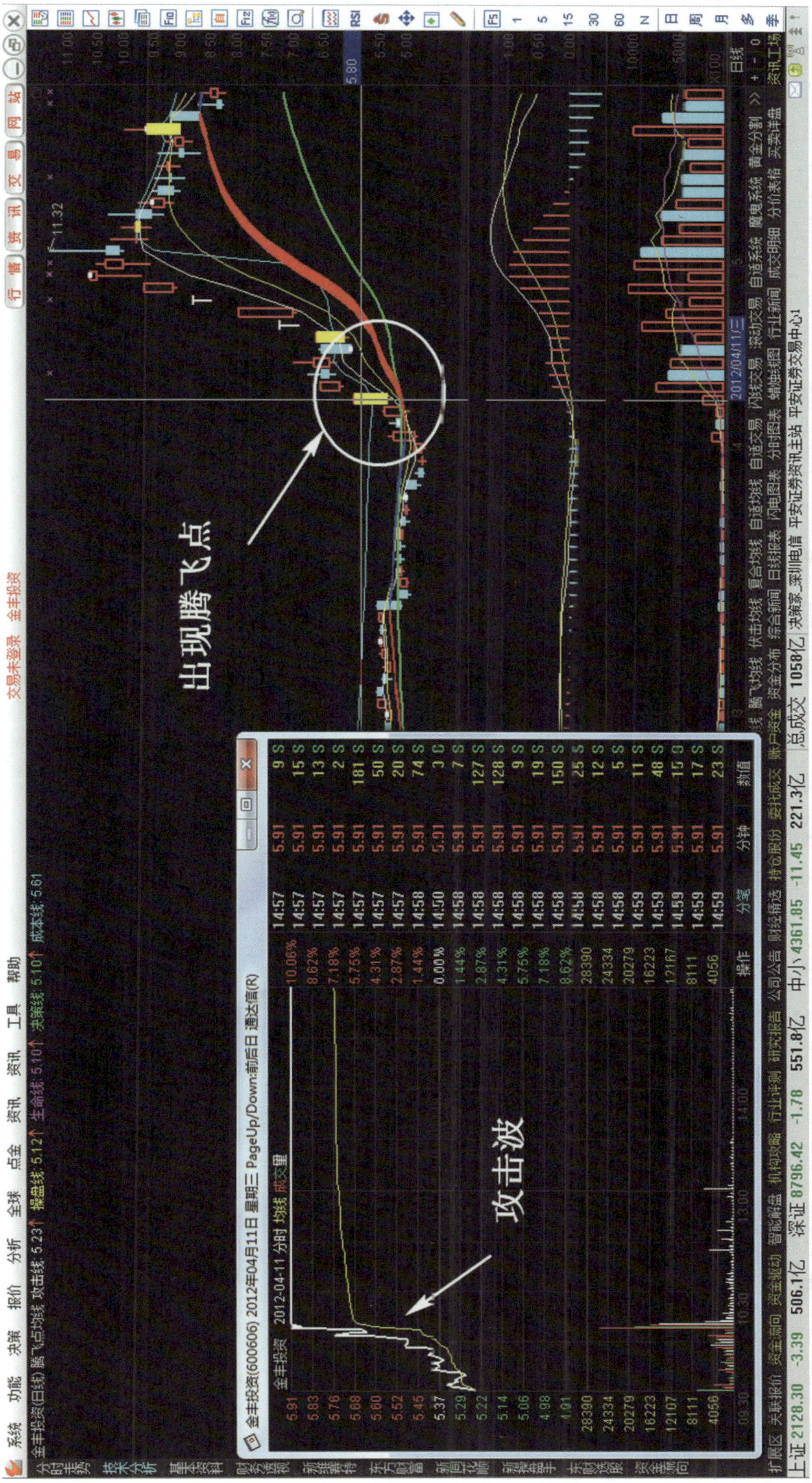

图例041

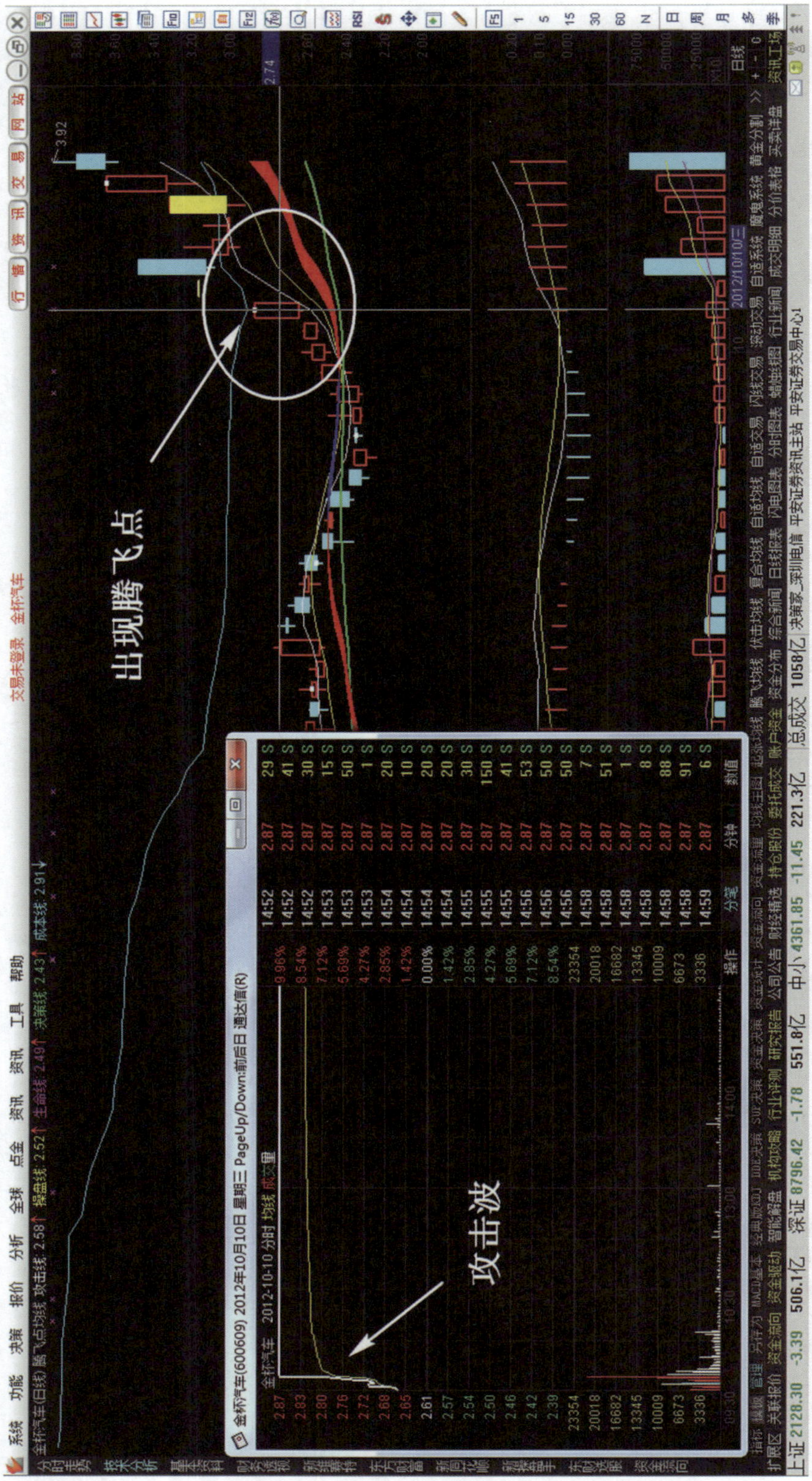

图例 042

二、出现冲击型的攻击波

股价腾飞的当天，如果盘口出现冲击型攻击波，说明主力处于滚动操盘阶段，不是建仓，注意是滚动操盘，主力第一阶段的仓位尚未完成标准的重仓配置，因此必需通过第二阶段的滚动操盘来弥补第一阶段的仓位不足所造成的缺憾，这是主力的主要用意。因此股价上涨的高度，以普通的中小行情波段为测算标准。测算系数可以定义为0.382。

请看下边的例子。参见图例043所示。

参见图例043所示，这是洪都航空（600316）出现腾飞点时的走势。盘口出现标准的冲击型攻击波，拉高滚动操盘，我们在计算它的高度时，只能按普通型腾飞点来计算。

再看图例044韶能股份（000601）：出现腾飞点的时候，盘口出现很多带尖角状的冲击波，但是，当天是攻击波中出现的带冲击波，这是拉高滚动操盘的常见特征。这个股票不断的上涨，后来的涨幅相当巨大，是我们研究腾飞点的重要案例之一。

> 这个时候，你开悟了。你开悟是因为你严格遵守了交易模型所规定的纪律，然后，你严格坚定地执行了你所要交易的策略，在不断成功与失败的交易过程中，你不断总结经验，最后，你终于完善了你的交易模型。在这个阶段，你突然开悟，突然生慧。你发现，这个市场原来不过如此，赚钱原来如此简单！

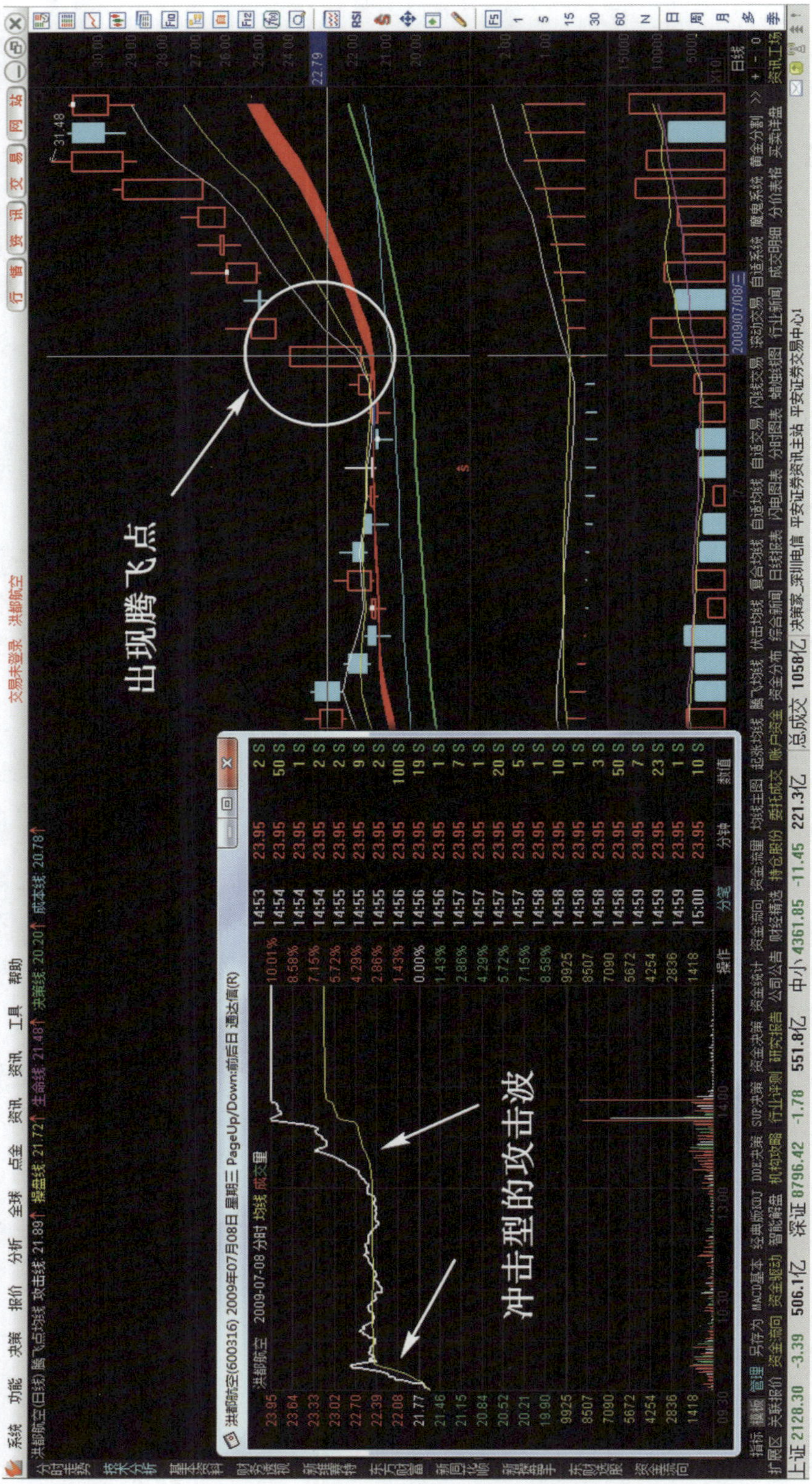

图例 043

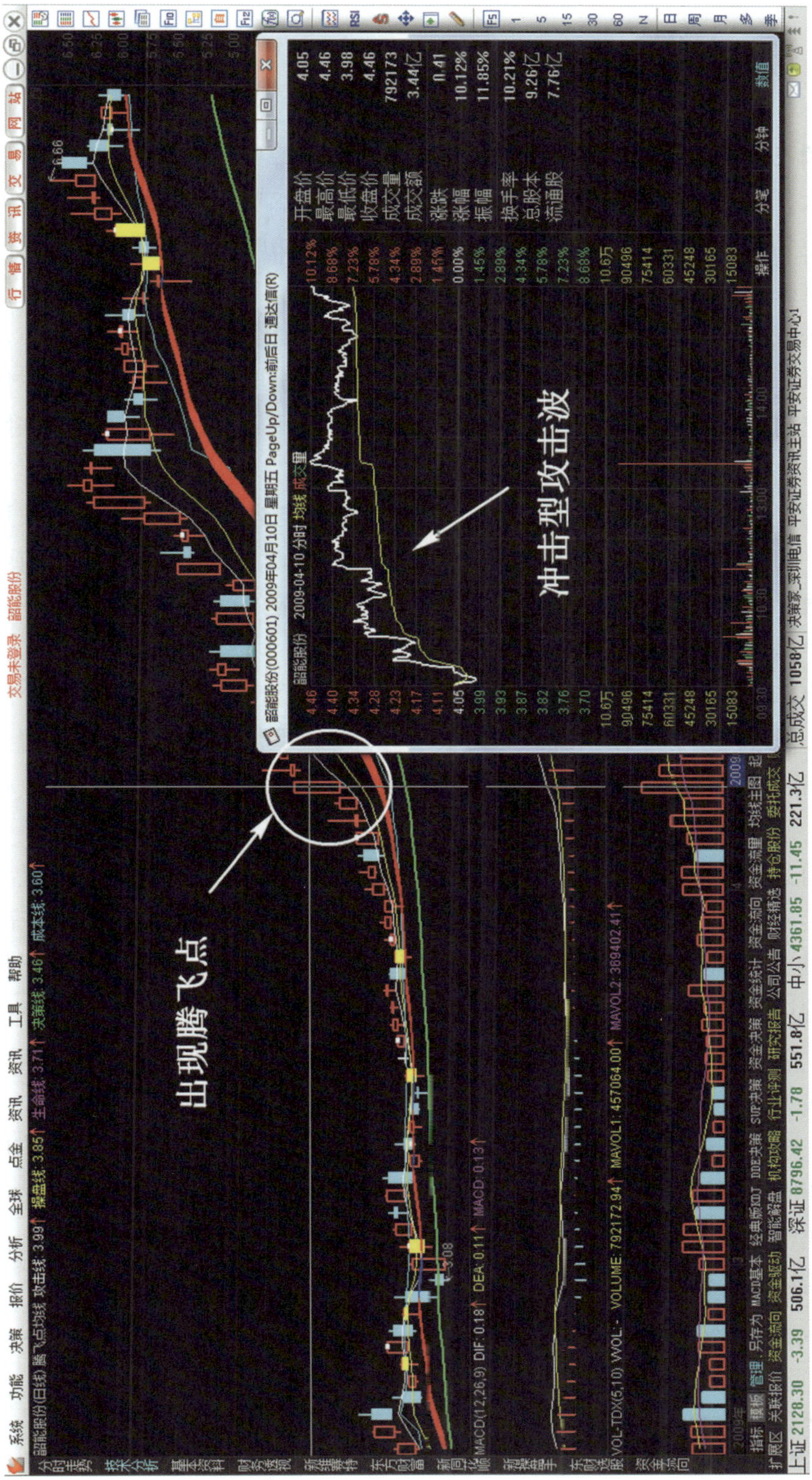

图例 044

三、出现标准的量峰

出现腾飞点技术信号的时候，如果盘中出现标准的攻击型量峰，标志着主力投入资金巨大，说明主力正在用实力操盘，而不是投机取巧。这是我们最愿意看到的腾飞点，也是最具有实战意义的腾飞点。因此，此时的腾飞点上涨高度要以强势波段行情标准来测算。

出现腾飞点技术信号的时候，如果盘中出现的不是标准的攻击型量峰，而是冲击型的量峰，说明主力投入资金的力度较小，带有投机取巧的成分，说明盘中还属于滚动操盘阶段。这时候就要谨慎对待，千万不可盲目乐观，要提防腾飞失败的情形出现。

比如前边我们讲解的韶能股份（000601），这种走势从波形上来看，波形虽然有攻击波，但是攻击波底下对应的的量峰却是冲击型的，量峰很单一，没有纵向的和横向的放大。纵向中只有一笔或二笔大单，这是危险的征兆，说明主力在用技巧操盘，而不是用实力操盘。

我们再来看一下前边介绍过的洪都航空（600316），也是这样的类型，除了早上有攻击型量峰之外，中间出现的的是单一型量峰，不是标准的攻击型量峰。这也是危险的盘中量峰结构，不是强势操盘的特征，而是运用技巧来做盘。这一点要特别注意啊。

再看前边讲解过的英力特（000635），下面的量峰一波比一波高，而且有一定的宽度，给人非常扎实的感觉，这是非常好的拉升量峰，这种形态就属于完美的、标准的腾飞点量峰。请各位反复研究这样的量峰结构，熟读、背下来。它下午的开板有多次的进场机会，而且在收盘的时候还让小散户进去了帮主力锁仓。盘中有好几个缺口，可是缺口开得很小很小，即使是关系户进去，也是在涨停价进去。这样的主力有实力，资金雄厚，这才是可爱的主力。

再看一个新的例子：广陆数测（002175）出现腾飞点的时候，一波长波攻击拉升涨停，中间不开板，主力太小气。长波拉升中间不开板，这种类型的股第二天调整的概率非常大。因为这波上去技术指标过热，走势肯定没有神马实业这么强，但是波段行情还是走出来了。

神马实业（600810），早上巨量，气势不凡，这样的走势也要反复研究，总结它的规律。

下边我们再来看几个相关的例子。参见图例045、046、047、048等，注意观察它们的量峰是如何构成的，量峰和波形是什么对应关系。好好总结，把这些规律写下来，记住。

一边阅读下边的图例，一边思考下边的问题：

（一）腾飞点信号出现的时候，均线系统中操盘线处于什么状态？

（二）腾飞点信号出现之前，K 线结构处于什么样的类型？有什么特征？

（三）腾飞点出现的时候，最经典的操盘指标 MACD 和 KDJ 处于什么状态？

（四）从不同的时间周期来看，整体走势和当前股价分别处于什么时间节点？

（五）腾飞点出现前几天，波形结构有什么样的明显特征？

（六）腾飞点出现附近几天，量峰结构有什么样的明显特征？

作为一个散户，无论你的资金量有多大，如果你没有做庄，则始终是个散户。做个散户并没有什么可怕，可怕的是你拥有巨资却仍然仅仅具备小散户的投资思维。

在股市中生存，不光要有丰富的投资知识，甚至要拥有价值投资策略作为利器。但若没有猎庄的高超技巧，则仍有可能无法获得巨大的投资回报。

猎庄高手，首先具备的就是庄家的操盘思维。孙子兵法云：知己知彼，百战百胜；不知己不知彼，则每战必殆！

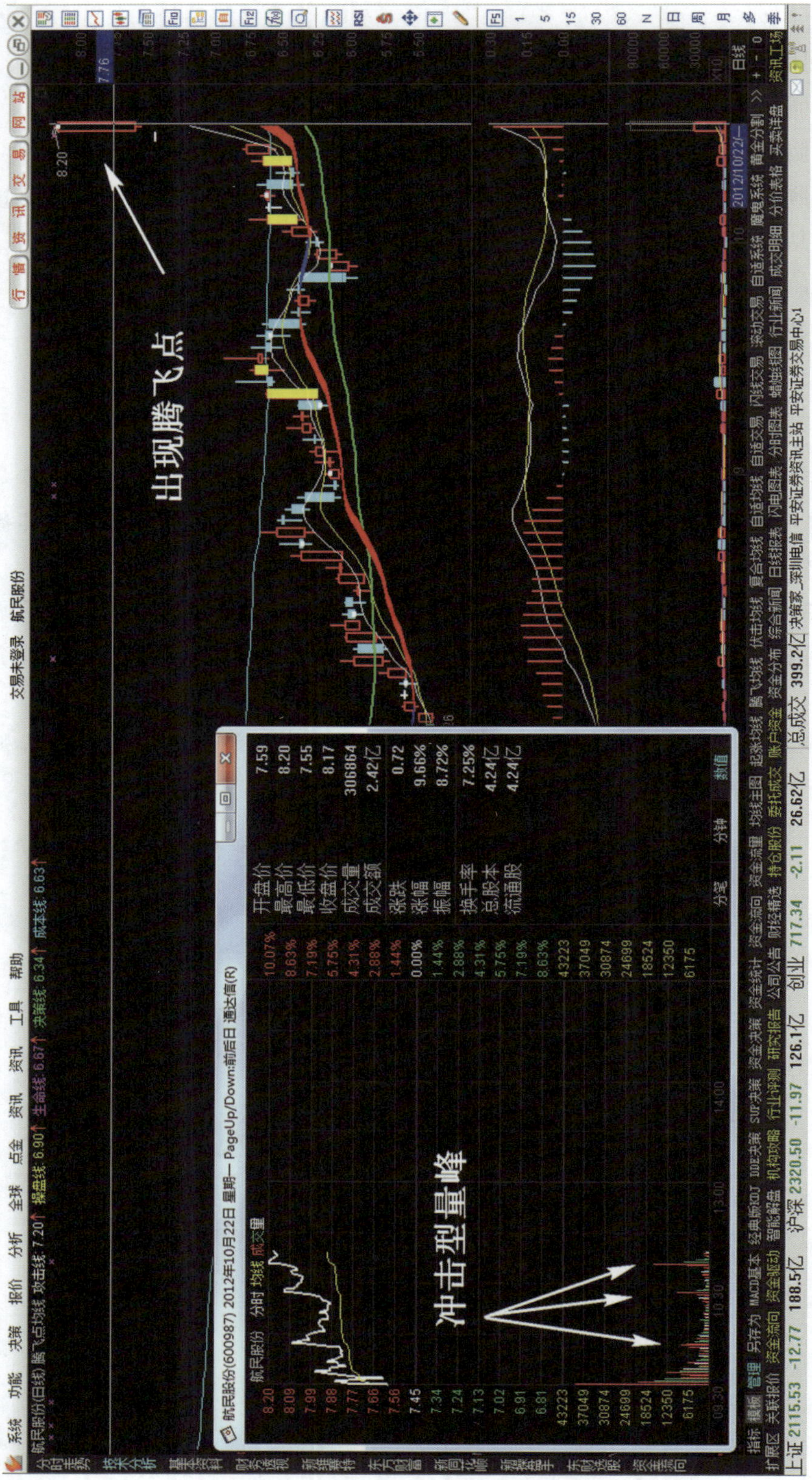

图例 045

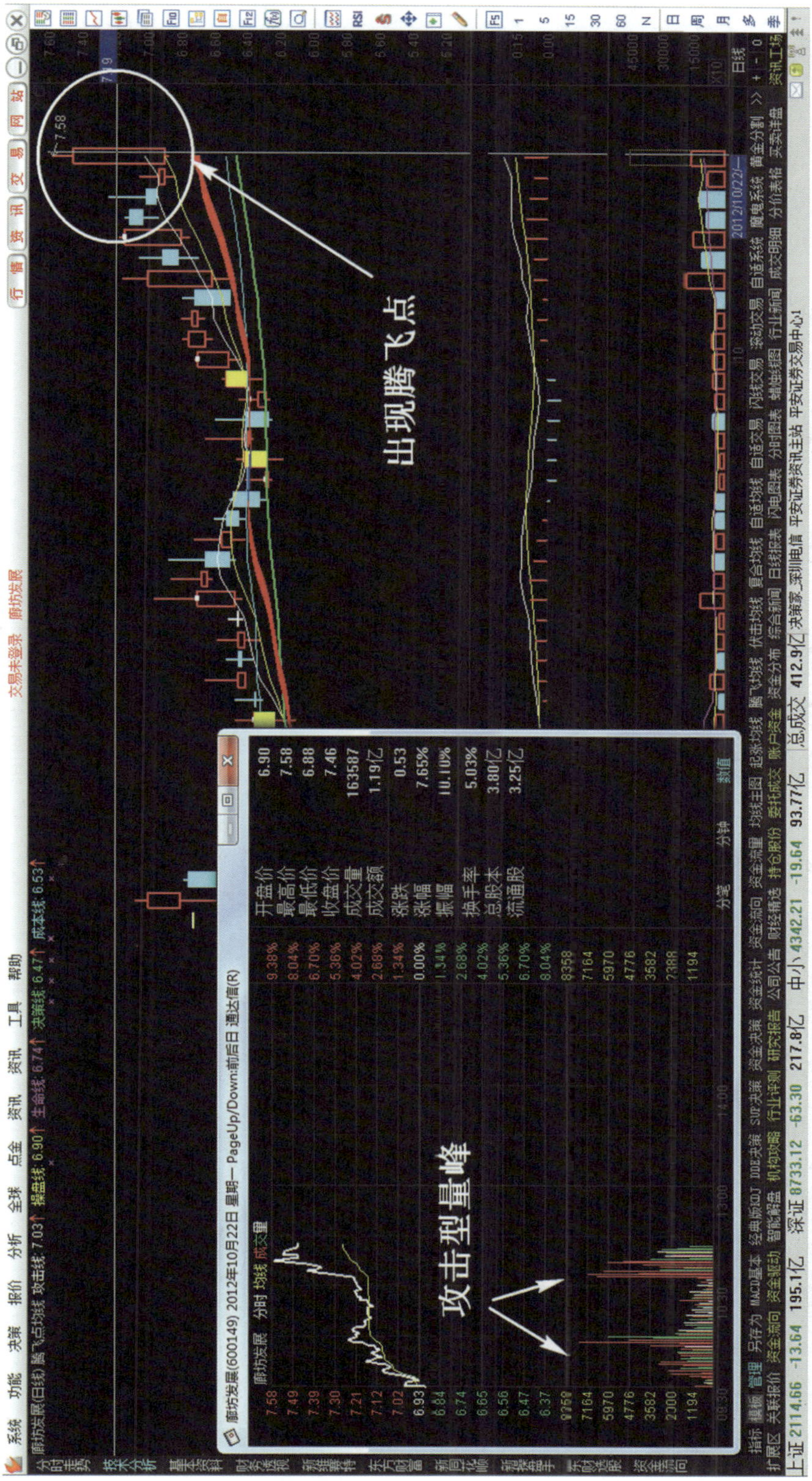

图例 046

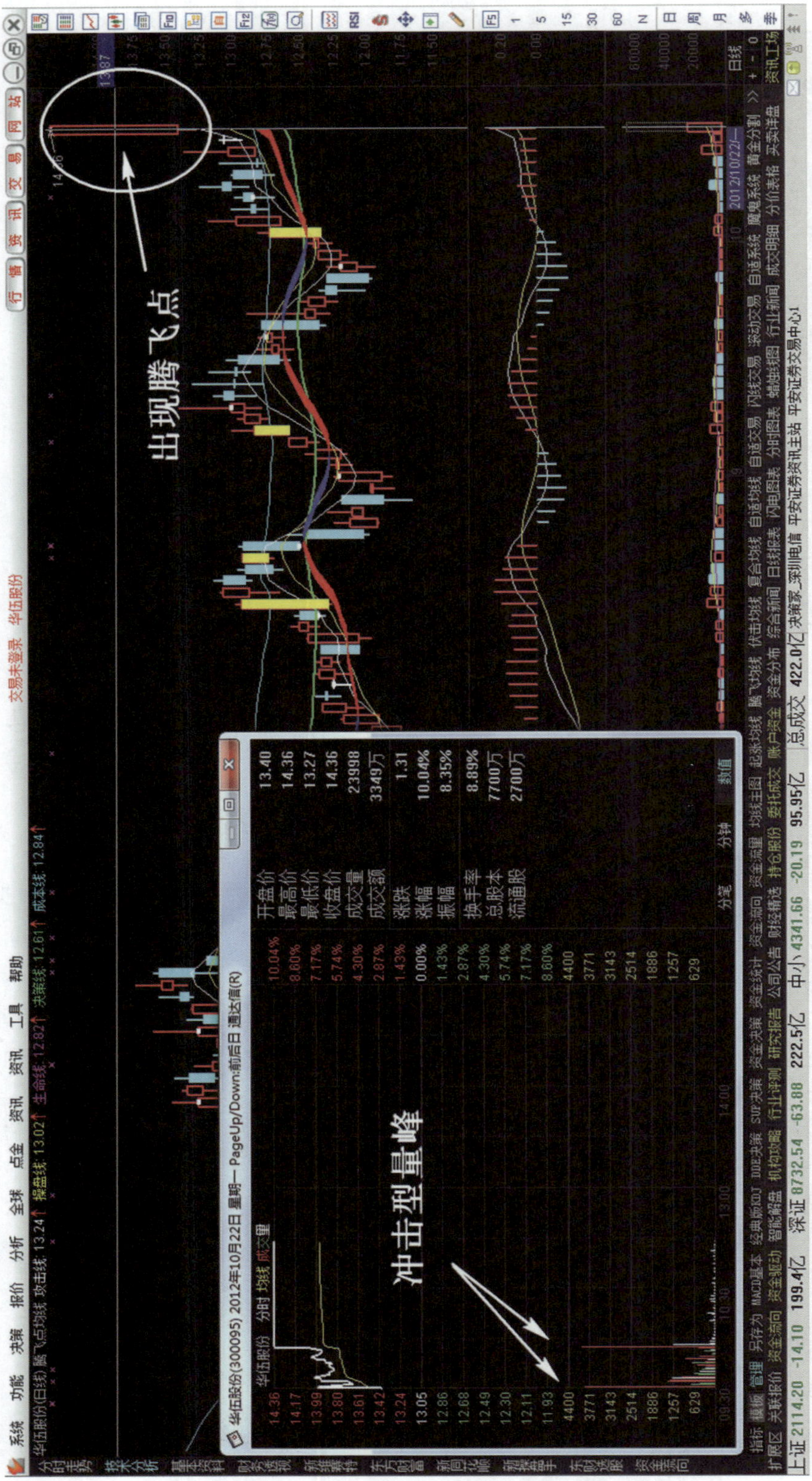

图例 047

海鸥卫浴(日线) 腾飞点均线 攻击线: 5.68↑ 操盘线: 5.40↑ 生命线: 5.24↑ 决策线: 5.23↑ 成本线: 5.39↑
出现腾飞点
海鸥卫浴(002084) 2012年10月22日 星期一 PageUp/Down:前后日 通达信(R)
冲击型量峰
开盘价 6.00
最高价 6.60
最低价 5.81
收盘价 6.60
成交量 352061
成交额 2.21亿
涨跌 0.60
涨幅 10.00%
振幅 13.17%
换手率 9.54%
总股本 3.69亿
流通股 3.69亿

图例 048

四、独具特色的五档买卖盘

某一只股票腾飞点启动的当日，如果它的五档买盘大于卖盘，这是比较好的一个盘口现象，这种特有的走势说明下边两点：

第一点：主力引导股价上涨，主动积极投入资金展开大力操盘；

第二点：场外的跟风资金有积极性，踊跃参与。这种跟风热情如果得到充分的开发，主力操盘的难度就会降低，也就是说，股价上涨引发了跟风资金的热情，导致买盘量巨大。

各位请注意：如果跟风卖盘量少，买盘量大，量价结构健康，卖出的人他的预期就会提高，卖的时候就会缩手不卖了，股价上涨将成现实。这也表现在供求关系上面。因为求大于供，想要买进的人多，就会导致股价的迅速向上拉。

大家要知道，真正高明的主力不是控制股价的，不是绝对控制盘面的。一个成功的操纵，其实就是如何引导投资者对这支股票的跟风热情，利用散户的力量把股价做上去。

过去的主力是操纵股价的，操纵盘面的，其实这是很愚蠢的做法。现在的主力变聪明了，不再是操纵股价，而是操纵股民。所以，我们现在讲的操盘，其实就是操纵股民。把股民的热情调动起来，让他们不以自己的意志来做股票，而是以主力的意愿作为买卖的依据。这样的境界才是操盘的高级境界，才是成功的操盘手。

比方说，如果我能调动 1 亿股民来做我所建仓的某支股，哪不是太好了吗？如果这只股票不沿着 10 天线走出 365 天的行情来，我自己都不相信。

遇神杀神，遇鬼杀鬼，操盘的道理就是这么简单。

真正聪明的主力都是把主要精力放在调动市场的热情，让市场的资金集中力量来买某一支股票，达到借力使力的效果。这是非常奇妙的操纵，这样做的好处是显而易见的。因为主力资金是有限的，你有 10 个亿也仅仅有 10 个亿，所以现在的主力不是证监会调查的对象，因为他不操纵股价。说句笑话：我也不操纵股价，我从来不操纵股价，我们只操纵股民。

言归正传。我们来看郑州煤电（600121）腾飞点启动的当天，它的买盘是不是很强大。假定我是主力，我买盘的位置就在买二至买五之间，我就放几万手、几十万手都可以，然后你们是怎么买的，你们肯定是想一定要战胜主力了，肯定是在卖一的位置拼命去买，你去抢，主力就高兴了，因为我从来不操纵股价，我买不到，全部让散户买走了，多好呀。

我们再来看宜华木业（600978）：它的五档买盘大于卖盘，所以它的跟风资金积极的买进，它的上面也有相应的卖盘，它的这种走势比较平缓，所以它不会有爆炸性的行情出现，请注意，它买四的位置有4787手，上边有70多万手在那里占着，其实它是不会成交的，它的意思就是告诉你在4787到上面有70多万手在那里占着，上面的卖盘加起来才50万股，买盘大于卖盘，这种状态是多空对峙的一个模型，对峙的目的是做中长线的。

再比如罗牛山（000735）底下的买单下面的布局都很漂亮。其实这种位置买盘也经常在国恒铁路（000594）中看到，经常有巨量的买卖盘在盘中搞，股价就是不涨，而一旦腾飞的时候，却是气吞山河。很明显，这样的搞法就是引诱别人买，自己却不买。

股价出现腾飞点启动的当天，如果盘中的五档卖盘大于五档买盘，表面上显示出空头力度强大，既然当天是腾飞点，卖盘还大于买盘，好像抛压很大，是这样吗？不是的。实际上是一方面一部分主力在盘中投入卖出大单，阻止股价的上涨，一般情况下散户是不会碰这个单的，这些单最终都是被主力对敲走掉了，进入了主力自己的腰包，另一方面说明主力在盘中引诱跟风资金在上涨的当天抛出，达到骗筹的目的。散户一看卖盘这么大，就在买一的位位置抛出，主力就高兴死了。这叫正中主力下怀。这种卖盘很大还说明盘中真正的主力在趁机大量的接盘，拉升股价。这才是卖盘很大的真正原因，请各位正确理解其中的含义。

再看金枫酒业（600616），腾飞点出现这天，主力在卖一和卖二的位置挂出大单，这种盘口其实都属于全控盘状态，这样的挂单都属于比较大的单，底下的买盘就很可怜了，基本上没有大单，买一的位置更加可怜，2万股的大单挂在卖盘，但买盘买一的位置才19手。这种情况下还能支撑股价的上涨，简直是莫明其妙，看到这种布局是很有趣的，这种盘面股价还拉阳线，这是很有意思的。只要你留意，就会发现盘口很多奥秘。

最后来看民生投资（000416），上面挂的大单都是很整齐的，其中的巨量有9字头的，有7字头的，底下的买盘一看就没有对方的实力强大，别光看上面的是强大卖盘，下面的是弱小买盘，有时候，这样的盘口就是不停地上涨，为什么呢？控盘主力在拉升啊。

进入主升阶段的个股，一般情况下不会轻易击穿操盘线，如收盘价击穿操盘线，则必须要在三个交易日内进行修复，这是判断波段行情是否延续的标志。

第二节　关于腾飞点特有盘口特征的正确理解

一、第一要点是如何正确理解攻击波

在腾飞点技术里面我们谈它的盘口特征，在上边讲解的四个方面中，最重要的一点就是盘口出现攻击波形。攻击波一定要标准，不能犹犹豫豫的拖泥带水。比如说在这个时间段发出的攻击，产生的波形必需要流畅，然后攻击波对应的的量峰要求一波大于一波，第一波的攻击波出来后，它的第二波攻击形的量峰要高于第一波，否则，就是股价上去了，量能没跟上，也就是量价背离的走势。这种走势当天股价必然会展开调整。凡是当天出现量价背离的走势，就不能在这样的地方买入。这是我们理解盘口特征的最核心、最关键的地方。

二、第二要点是如何正确理解五档买卖盘

关于五档买卖盘，最好的情况是五档买盘略大于卖盘，因为主力要引导散户来跟风的，如果不让散户跟风，把卖盘控制在上面，相对来说行情的力度会弱一点，没有爆炸性，对于我们来讲获利就没有这么快了，要耐下性子与主力慢慢玩。所以最好的状态下是五档买盘不断的出现大单，而卖盘很轻。越大越好，10W 手挂在上面也行。

腾飞点盘口技术特征案例 002：西部矿业（601168）

参见图例 049 所示，为什么西部矿业（601168）可以买，太简单了。买盘的力量非常强大，动不动就是上百万手的大单成交，早上一开始就出手不凡，1885 手出来了，马上回调，之后没有大单，回调破昨天的收盘价，再次拉升没大单，所以不要着急，肯定还会回调。当出现 9000 多手大单，回调到早上的均价线位置就可以买入了。

这时出现了攻击性量峰，这时候还要等待，看它的量峰是不是有宽度，是不是真正的攻击性量峰，回调二次都不破开盘价，这时就可以关注了。

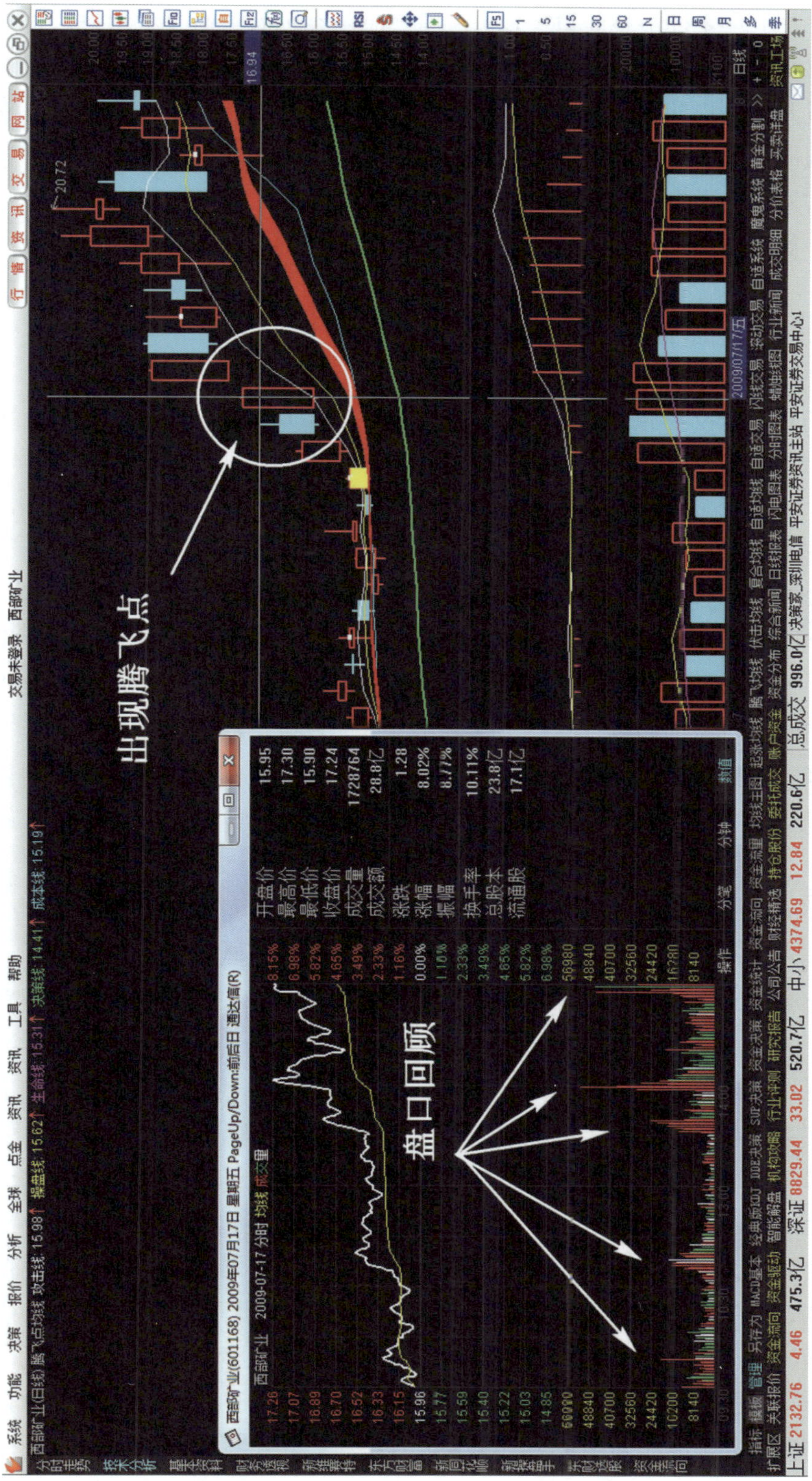

图例 049

如果单笔大单是冲击型的量峰，回调时注意是不是要打破早上回调的低点。如果不跌穿，这时候就应该马上买。一下子就拉升到16.14元，说明盘口是很轻松的。成交量开始出现几十手的量了，从这个走势来看是上午是个振荡盘，因为这个走势是在前面二天在放量的情况下出现的，因此早上的任何一个低点都可以买入。

第三次回调会不会打穿16.1元这个位置，如果不打穿，第三次进去要全仓进去。第三个低点抬高了，说明当天不再有低点了，在第三次突破均价线的时候就要买进去。

连续放巨量，标准的攻击型量峰就要出来了。

一口气创新高，最差的这个时候也要进场。

我给操盘手讲这支股票的时候是在周五的9：46左右，这时候标准的攻击性量峰出来了，这个量峰出来了，当天上涨成必然了，想再买入的要等它回调三分之一位位置再买入，那就是应在16.30元一带买入，这是买点。如果是到了16.40元多，胆子大点的也可以进场。

这时候看回调到不到16.30元，给自己一点耐心，沉住气等机会。

在这个时候没有放量，第一个量峰出来后回调三分之一，再拉，再拉没有过16.53元这个位置，成交量也没有放出来，量出现萎缩，那就说明这波的攻击已经完成，主力第一阶段的做盘计划已经达到了，这时候就会展开横盘调整了。

我们经常跟操盘手说，操盘的时候要有盘感，盘感要特别强烈。我们对西部矿业的盘感就是这么强烈，因为我们是训练有素的职业操盘手。接着说西部矿业（601168）。

如果你的手头还没有买的话，你就要像猎人一样静静的等待，已经缩量，说明股价已经失去上涨的攻击力，至少在一个小时内不会展开攻击的，所以这时候就要耐心的等它萎缩到地量。萎缩到地量什么时候是买点呢？回调到均价线位置就是最佳的买点。

接着看西部矿业的分时走势图，参见图例050所示。我们来看，你们看看，下来了吧，在16.30元买到了，对不对，16元多的股票，你100万元才买它多少呢，一笔单一口气就成交得了。到收盘的位置看起来不怎么样，涨得也不是很多，但是请注意，上午攻击型量峰已经出来了，这波的攻击力已经出现了巨量大单，上午我们就要检验它的大单有多少，下午一开盘，我们又可以继续做它，遇到就样的低点一般会回调，产生第二个低点，第二次回调不破前一个低点，那么11：30之前基本上可以断定这个股是强势的，我们再继续看，注意到它的成交量是萎缩的，刚才出现了1356这手大单，连续放量了，又要冲击16.53元了，所以你看，盘口的好机会留给你的时间总是很短暂的，你只要犹豫一下，机会就不再有。

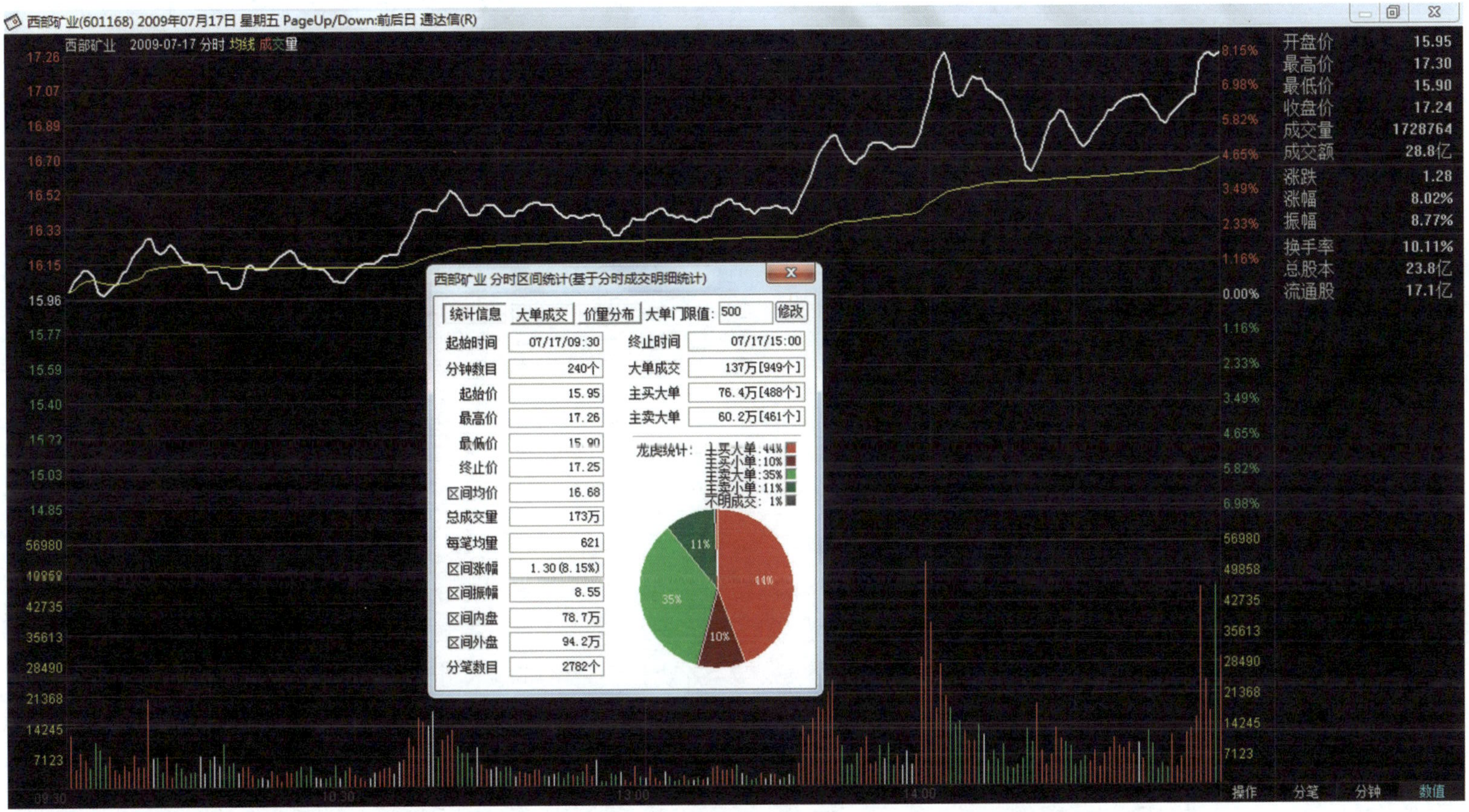
西部矿业(601168) 2009年07月17日 星期五 PageUp/Down:前后日 通达信(R)
西部矿业 2009-07-17 分时 均线 成交量
西部矿业 分时区间统计(基于分时成交明细统计)
统计信息 大单成交 价量分布 大单门限值: 500 修改
起始时间 07/17/09:30
终止时间 07/17/15:00
分钟数目 240个
大单成交 137万[949个]
起始价 15.95
主买大单 76.4万[488个]
最高价 17.26
主卖大单 60.2万[461个]
最低价 15.90
终止价 17.25
区间均价 16.68
总成交量 173万
每笔均量 621
区间涨幅 1.30(8.15%)
区间振幅 8.55
区间内盘 78.7万
区间外盘 94.2万
分笔数目 2782个
龙虎统计:
主买大单:44%
主买小单:10%
主卖大单:35%
主卖小单:11%
不明成交: 1%
开盘价 15.95
最高价 17.30
最低价 15.90
收盘价 17.24
成交量 1728764
成交额 28.8亿
涨跌 1.28
涨幅 8.02%
振幅 8.77%
换手率 10.11%
总股本 23.8亿
流通股 17.1亿
操作 分笔 分钟 数值

图例 050

注意观察下午的趋势，这时候就很强了，这个趋势走出来，走了个平台出来，这个平台的结构类似于上升旗形，那么上午在10：30发动行情，下午发动行情一般在什么时间段好呢？根据习惯一向都在1：30至2：30之间。这时是所有的主力最喜欢扣盘的时间。

当天的巨量出现了，你看刚好是1：30，对不对，1：30至2：30之间是所有的主力最喜欢操作的，看当天最高的攻击型量峰，已经涨出来了，对吧，这种走势叫气吞山河。

早上买的，现在坐在那里喝着咖啡看盘，心情非常愉快，对吧。喜欢跟风的可以在这个时候买进，就是突破上一个的高点后回调三分之一买进，大约16.70元。因为攻击型量峰出来了，不要害怕追高买进，这叫做敢于买涨，气势也不凡啊。

我们再来总结一下，西部矿业（601168）当天有2波标准的攻击波走势，早上9：30－9：40有一波攻击波，这是预演预演，含有冲击波，在10：30发出来的攻击波，很标准，这是上午的攻击波形。第二个标准的攻击波发生在下午的1：40，你有没有注意到这个时间点，又带巨量出来了，是攻击型量峰，一浪盖过一浪，长江后浪推前浪，前浪死在沙滩上。

大家都以为它会涨停，放心吧，没这么猛，节奏感还是要掌握一下的。这种巨量都是上万手，万手是什么概念，是百万股，10多元一股，7个亿的流通盘，这是什么概念，只有超级有钱的人才玩得出来，目前超级有钱的在股市里是谁呀？基金大佬是超级有钱的，还有老外也超级有钱，我们很多基金经理都是小伙子，性格属于冲动性的年龄，买股票就使劲干，反正钱不是自己的，所以就有点胡来，蛮干，叫你看着胆战心惊。

注意盘口，这种巨量出来的时候请注意，全天最大的巨量出来的时候，如果当天不能冲击涨停，当天的高点也就出现了，看这波回调是比较猛的，因为当时大盘在跳水，这种跳水等于又是送钱来了，目前大盘每次跳水都是送钱的。西部矿业再跳均价线都不会跌穿，看回调是在无量的情况下回调的，拉升是放量的，拉升的力度也很强，所以这支股票走势很稳健。

上边我们把西部矿业周五的走势复述一遍，我们看起来都有点惊心动魄，我们每天练习盘口的感觉就是这样去练的，建议各位收完盘后不要急于上床睡觉，赶快把当天的龙头股的走势重放一下，感受一下当天出错出在什么地方，今天哪个在地方没有去买，坚持这样去练习，一个月之后你就是看盘高手了，训练盘感就是这么简单的。

第三章
腾飞点信号的技术修正

本章学习要点

一、学会从 K 线形态修正腾飞点。

二、学会从均线结构修正腾飞点。

三、学会从操盘指标修正腾飞点。

四、学会从量能系统修正腾飞点。

五、反复演练并掌握腾飞点技术。

第一节　腾飞点信号技术修正的主要内容

前面我们讲了腾飞点的形态特征，这一章主要讲如何对它的特征进行修正。

主要包括四个方面的内容：

一是从 K 线形态来修正；

二是从均线系统 MA 来修正；

三是从操盘指标 MACD 来修正；

四是从量能系统 VOL 来修正。

下边我们详细讲解如何修正腾飞点技术信号，以确保提高操作成功率。

一、从 K 线形态来修正腾飞点技术信号

（一）中阳线腾飞点

如果腾飞点是以是中阳线的形式出现，那么这根中阳线的长度如何评判？中阳线的实体部分最好在 4－6% 之间，上下影线均在 2% 以内比较好。如果上影线大于 3% 就说明走势弱了，飞不起来。就还需要调整，还需要时间。这是我们在研判腾飞点的时候要注意的。

还要注意，中阳线出现之前，整个走势是缩量调整的为最佳。

下边我们来看一些例子。

腾飞点信号技术修正案例 001：五洲交通（600368）

参见图例 051 所示，腾飞点出现当天，放量突破，当天涨幅为 4.81%，有点上影线。腾飞点信号出来之前，属于小阴线、缩量、蓄势整理。这种形态很好，蓄势很充分，说明主力拉升不是随机的冲动，而是有备而来的。所以，第二天继续拉出一根中阳线，延续强势。

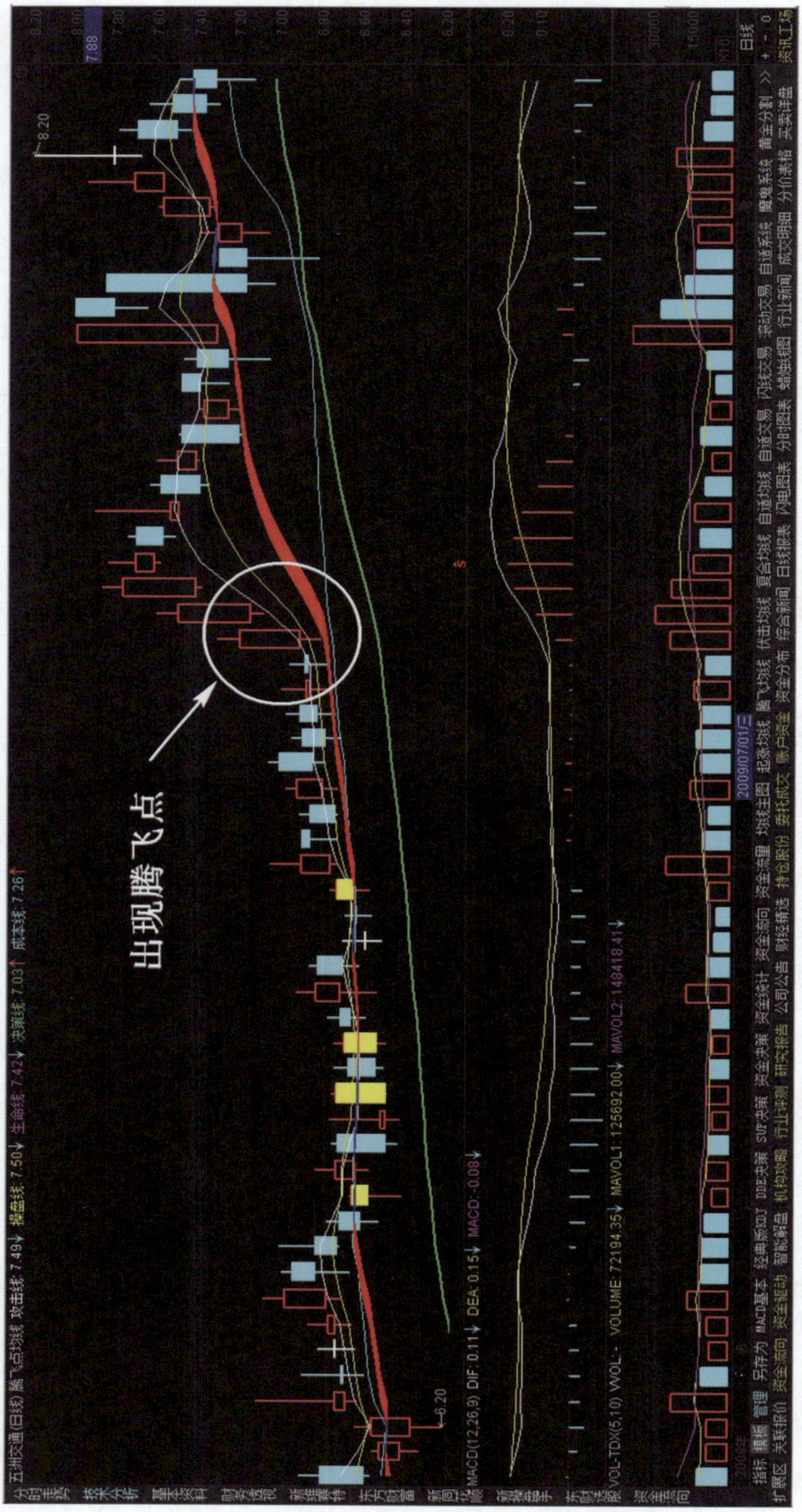

图例 051

腾飞点信号技术修正案例 002：红豆股份（600400）

参见图例 052 所示，腾飞点信号出现当天，涨幅接近 5 个点，腾飞点出来的前三天为缩量调整，前面都走得很好，现在也是走得很好。这是我们需要仔细观察的，要特别注意。

在股市上，谁的心最苦？有人说是散户最苦，其实不然！一个远在上海，还在做庄前线拼命战斗的朋友在网上诉苦，说这个日子没法混了。我问何故，他说现在资金成本越来越高，消息封锁难度越来越大，散户跟庄技术越来越高，更重要的是，目前监管力度越来越紧，这个庄也不好做了。

我说，你就别做了，跟我现在一样，一个闲人，偶尔狙击一下你们这些做庄的玩玩，挺好的！

他说，我倒！你以为我愿意啊。

我说，没人逼你啊。

他说，这个市场你也知道，不是兄弟很想做，而是现在资金追着你去做，不做不行啊。

诉苦归诉苦，小道消息还是不肯告诉在下，这是行规。

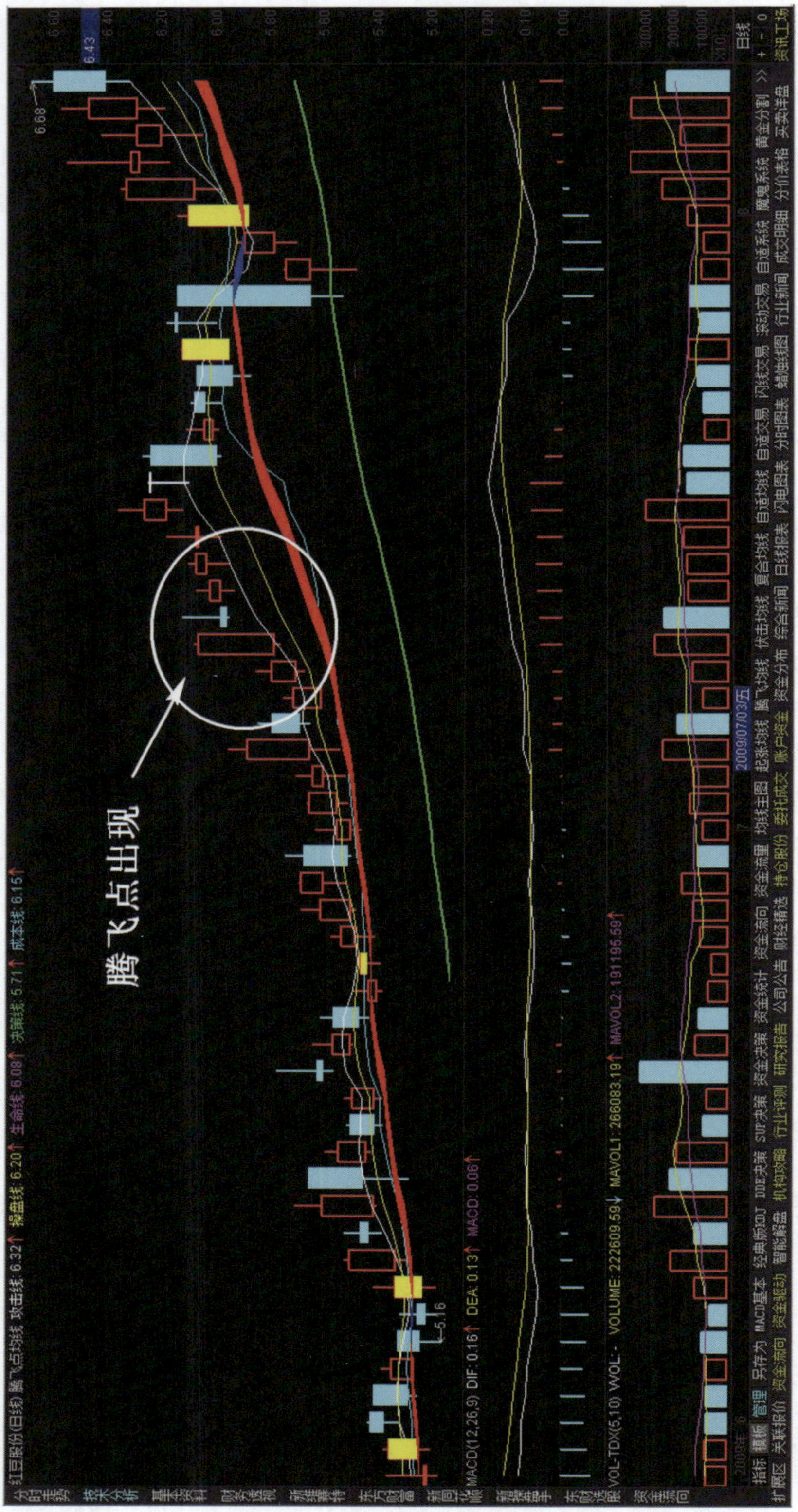

图例052

（二）大阳线腾飞点

腾飞点信号出现的时候，K 线形态属于大阳线，这种大阳线实体的长度在 7－10% 之间，跳空高开直接涨停也是属于这种类型。顺便说一下，凡是一字型涨停的或 T 字型涨停的，从本质上来讲，也是属于大阳线。

大阳线上下影线的长度均在 1% 以内。影线不能太长，如果大阳线的下影线大于 3% 也属于较强的状态。如果是低开高走的大阳线，而且上影线大于 3% 的话，就比较危险。

大阳线出现之前，近期走势为缩量调整状态最佳。反正不管怎么样，出现腾飞点的当天是放量的，上涨放量之前必需为缩量的，才是蓄势充分，上涨有力，否则就比较危险。

腾飞点信号技术修正案例 003：城投控股（600649）

参见图例 053 所示，腾飞点出现之前有一个突破，之后做了一个回调，回调 5 天，而且回调是缩量的，第六天就大长阳线腾飞突破。这个趋势很标准。如果你之前学了起涨点技术，你就会明白，当股价回调的时候，如果 50 分钟的 KDJ 已经在低位了，那么买点就到来了。这时候就是短线的最佳买点，要果断地买进，千万别错失良机。

再看几个腾飞点的例子，参见图例 054、055、056、057、058、059、060 等。

> 对如今的市场而言，散户是最好混的一个群体，是最不苦的一个阶层。但是，有很多人还是不赚钱，这是何故？我只能说，见山不是山，见水不是水，是你的心魔在作怪，导致你心乱不能定，故尔看不清是非，因此无法出离苦海。
>
> 解决这种问题只有一条路，练好操盘技术才是上策！

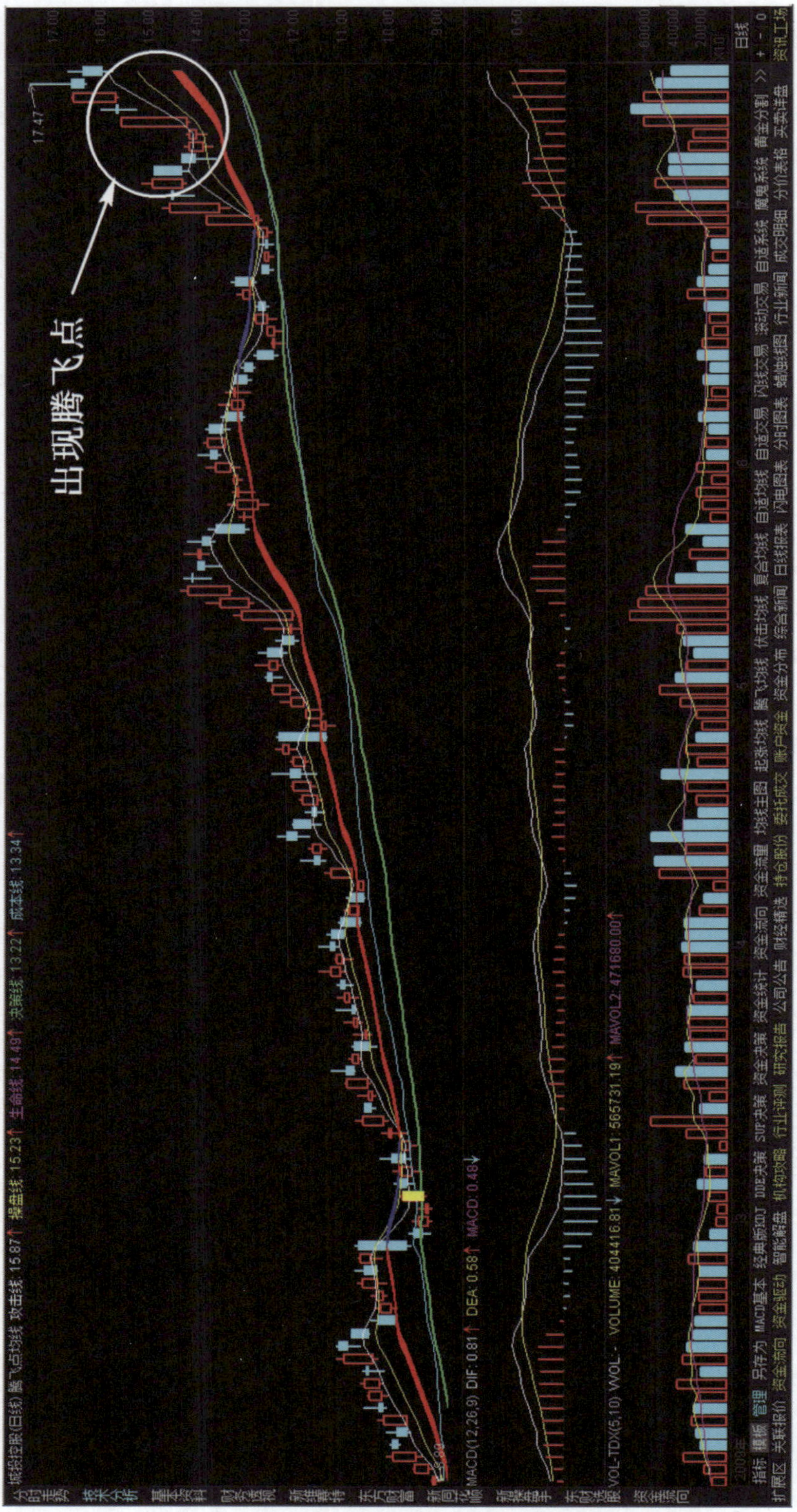
出现腾飞点
17.47
腾飞点均线 攻击线 15.87 操盘线 15.23 生命线 14.49 决策线 13.22 成本线 13.34
MACD(12,26,9) DIF: 0.81 DEA: 0.58 MACD: 0.48
VOL-TDX(5,10) VOL - VOLUME: 404416.81 MAVOL1: 565731.19 MAVOL2: 471680.00

图例 053

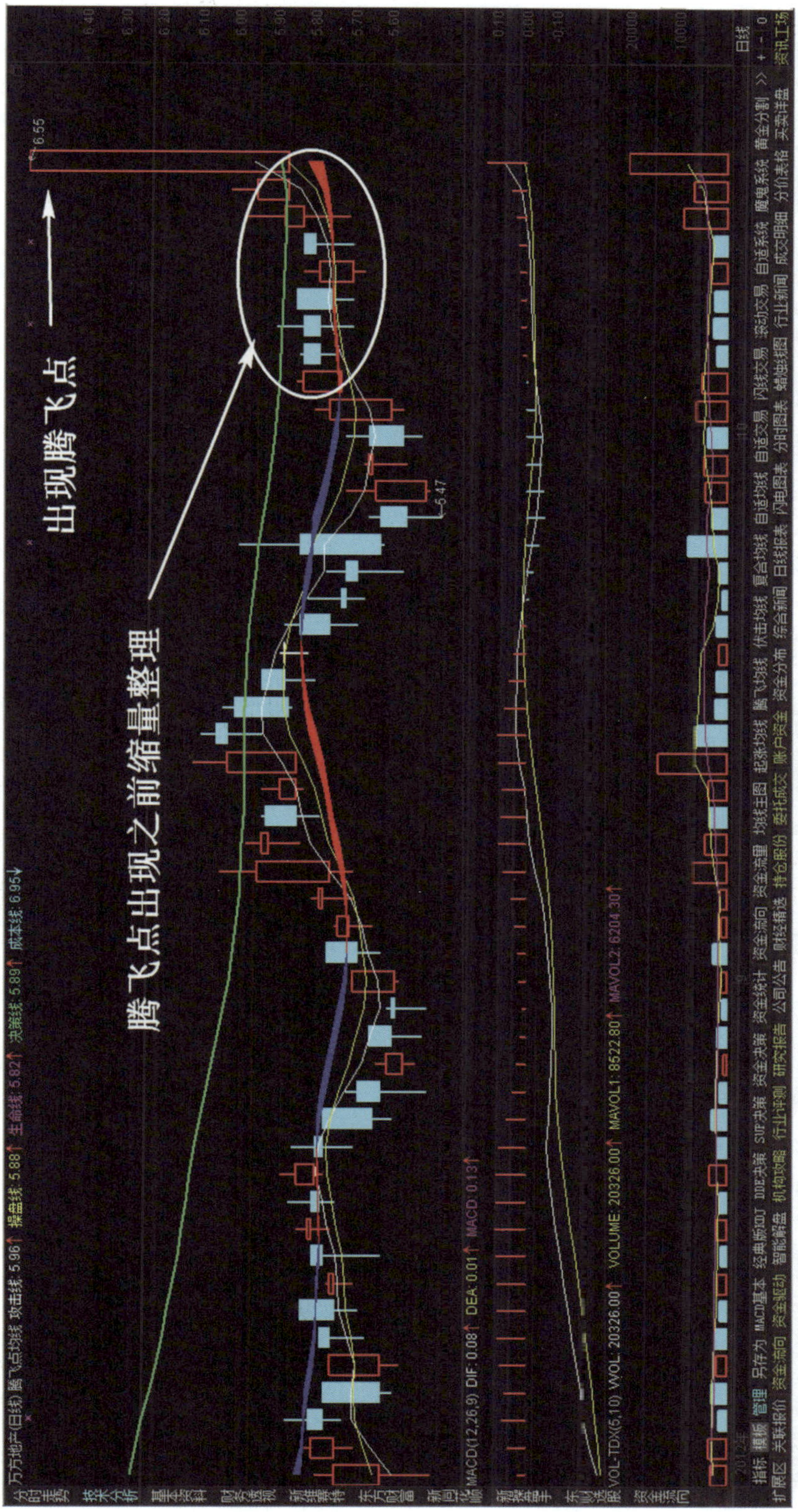

图例 054

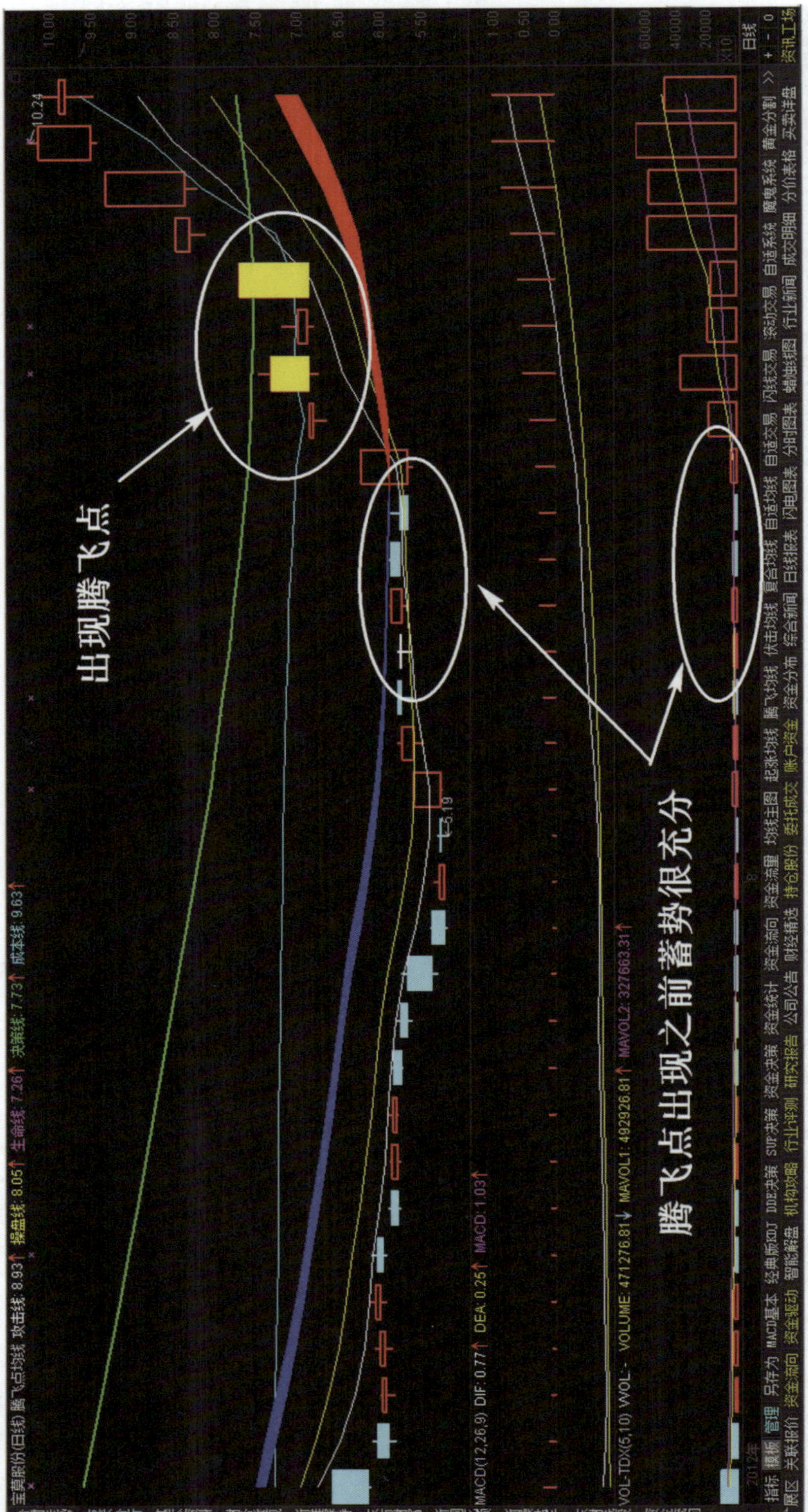

图例 055

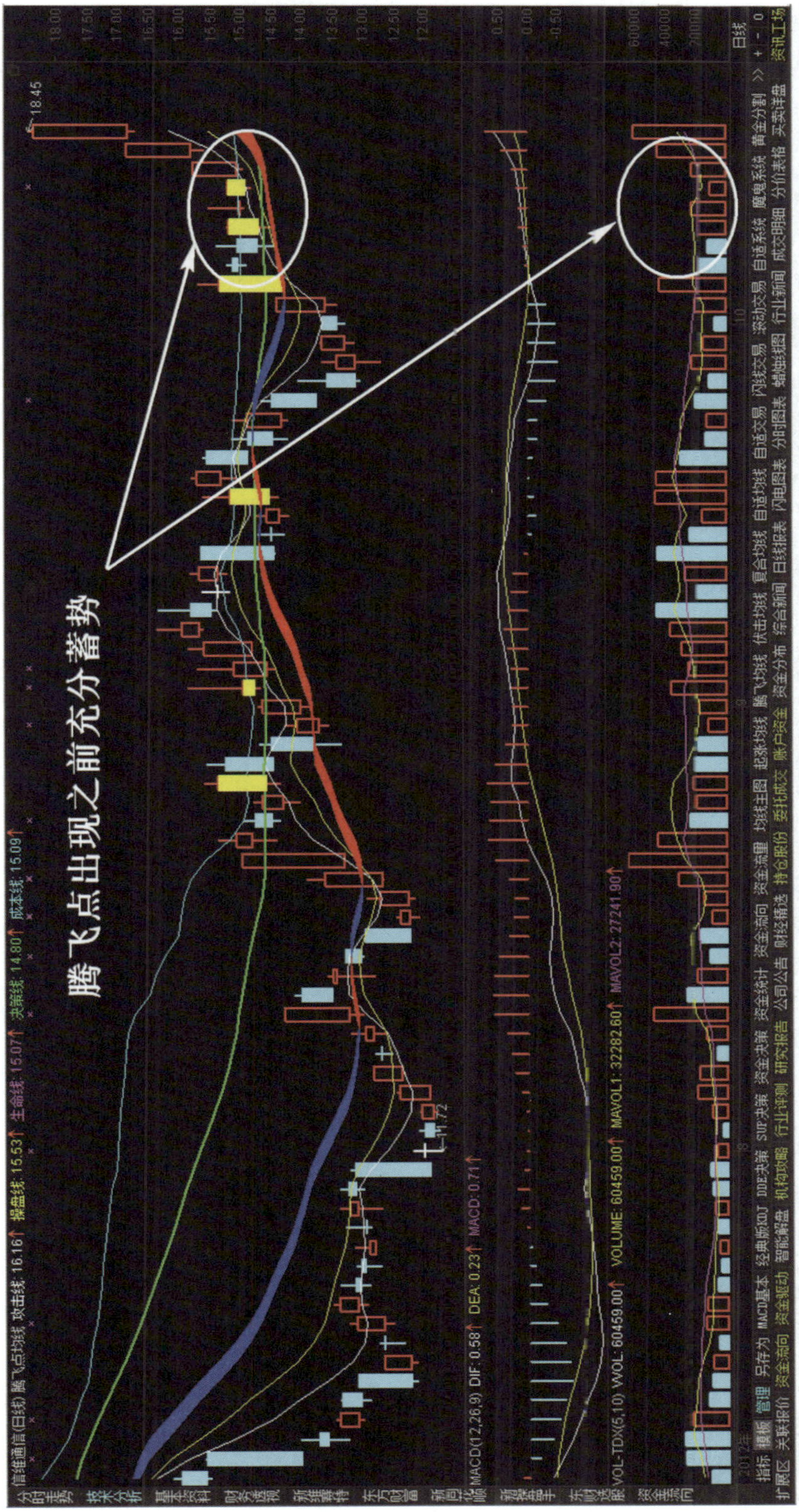

图例 056

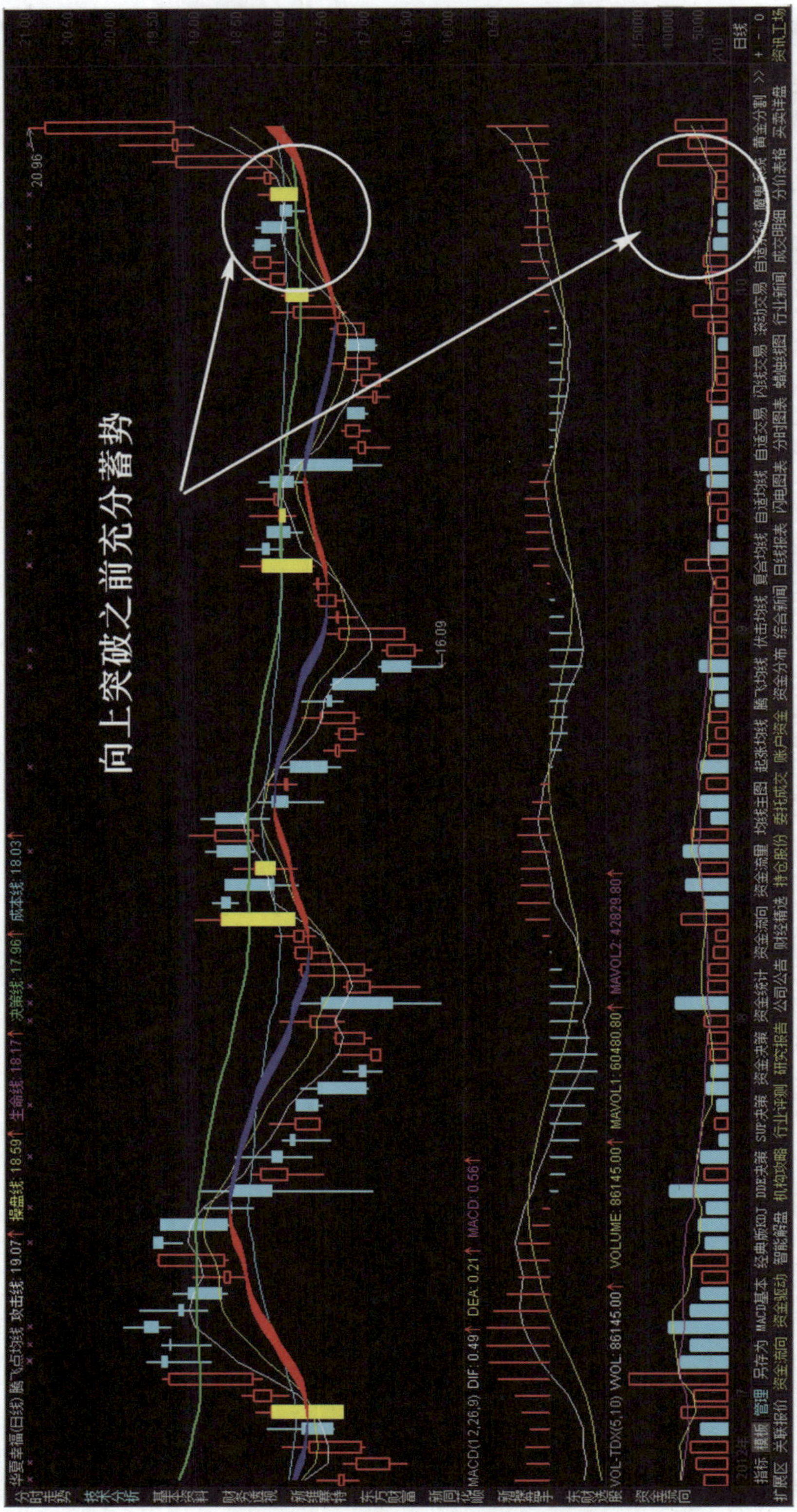

图例057

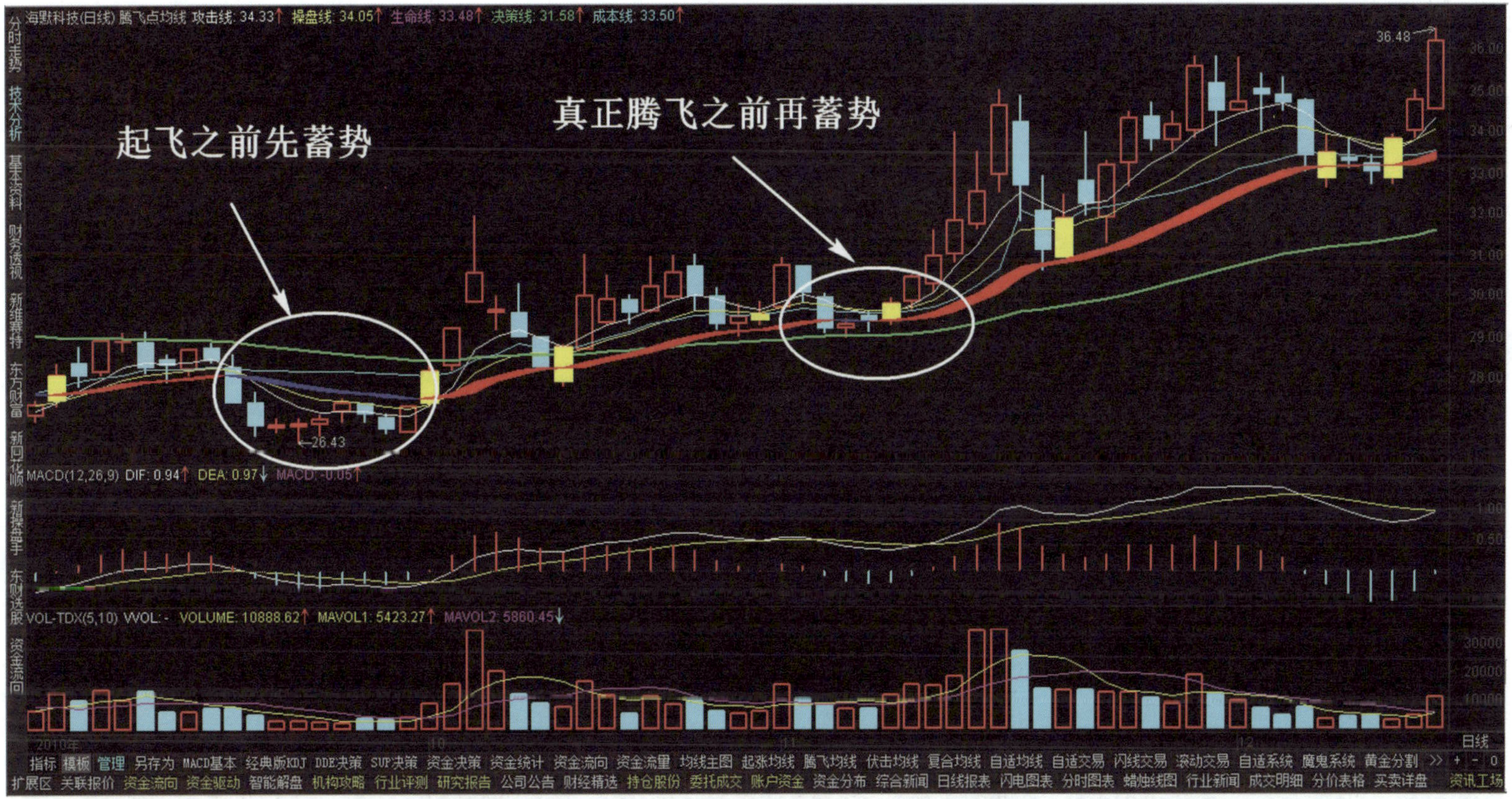
海默科技(日线) 腾飞点均线 攻击线: 34.33↑ 操盘线: 34.05↑ 生命线: 33.48↑ 决策线: 31.58↑ 成本线: 33.50↑
起飞之前先蓄势
真正腾飞之前再蓄势
36.48
26.43
MACD(12,26,9) DIF: 0.94↑ DEA: 0.97↓ MACD: -0.05↑
VOL-TDX(5,10) VVOL: - VOLUME: 10888.62↑ MAVOL1: 5423.27↑ MAVOL2: 5860.45↓

图例 058

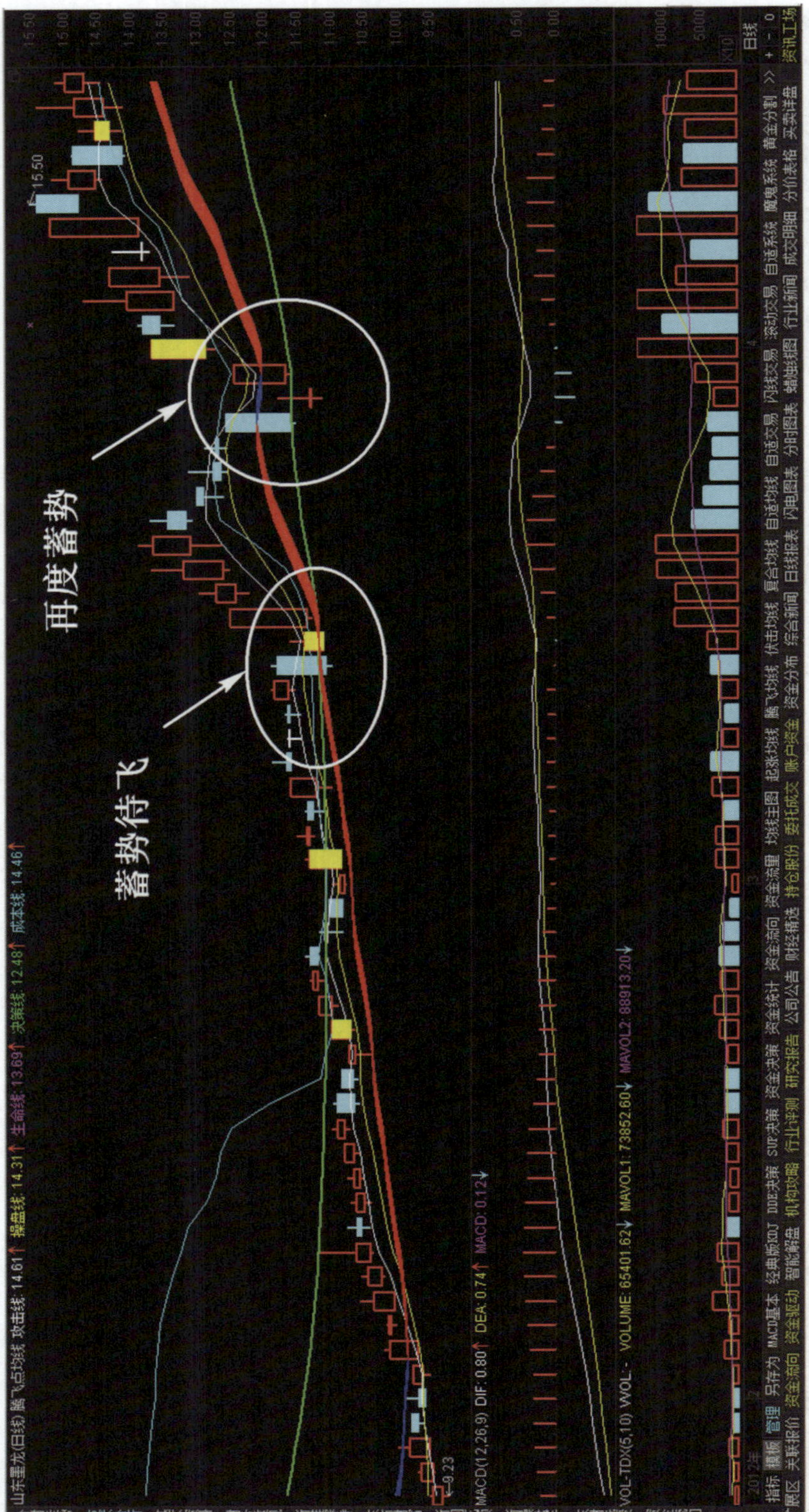

图例 059

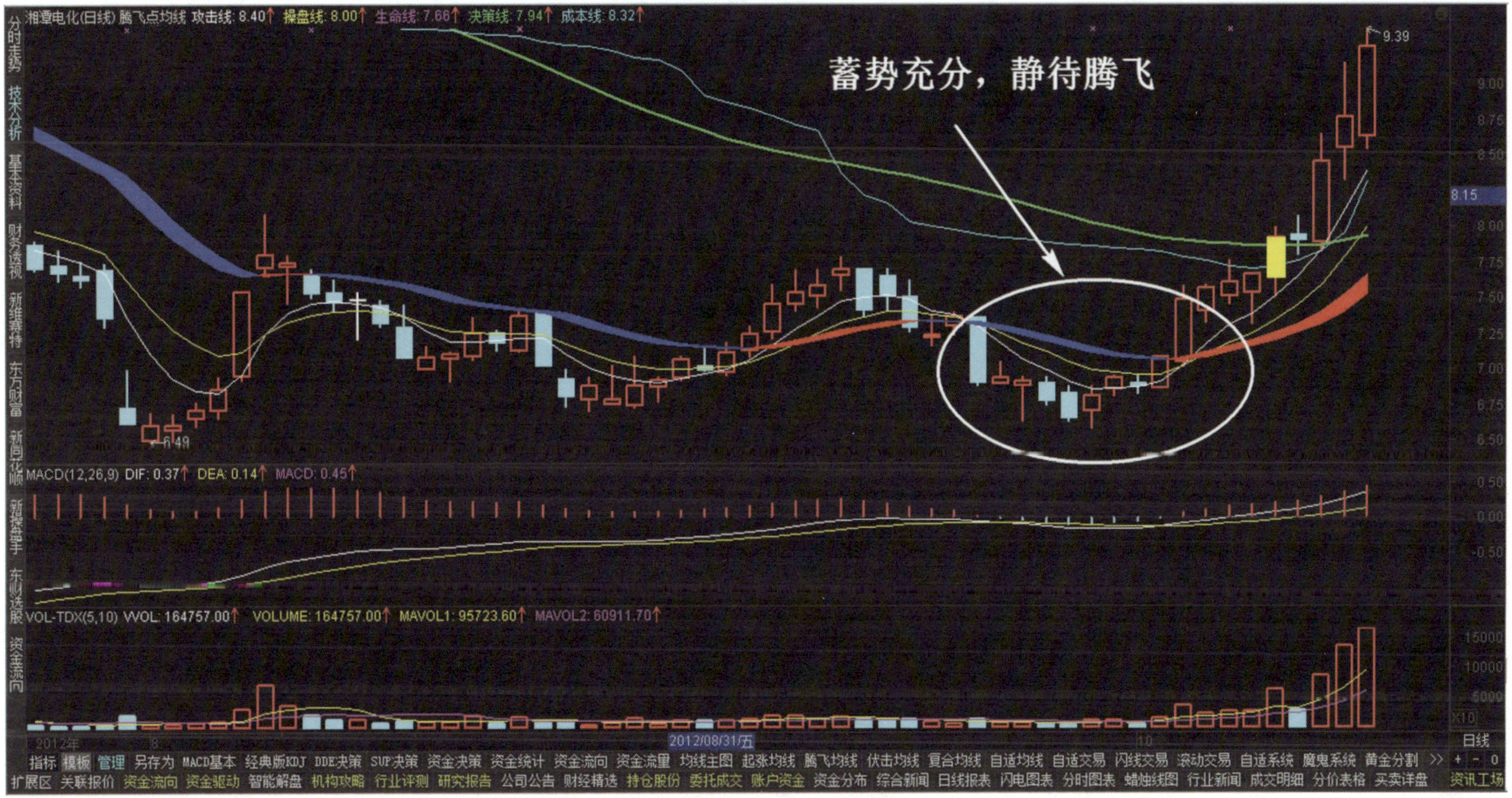
湘潭电化(日线) 腾飞点均线 攻击线: 8.40 操盘线: 8.00 生命线: 7.66 决策线: 7.94 成本线: 8.32
蓄势充分，静待腾飞
9.39
6.49
MACD(12,26,9) DIF: 0.37 DEA: 0.14 MACD: 0.45
VOL-TDX(5,10) VVOL: 164757.00 VOLUME: 164757.00 MAVOL1: 95723.60 MAVOL2: 60911.70
2012/08/31/五

图例 060

二、从均线系统来修正腾飞点技术信号

腾飞点技术信号出现的当天，股价收盘在攻击线（指 5 日平均线）之上，攻击线要拐头向上并与操盘线发生金叉或者已经金叉的，生命线与决策线形成金叉并且持续向上，说明中级趋势向上的。这是腾飞点技术信号对均线系统的基本要求。这一点请各位注意把握。

特别提醒：如果周线显示股价已放量突破生命线或决策线，如果当天出现腾飞点，周线决策线就在头顶相距不到 5 角钱的位置，这种图形注意别买，因为主力在这个位置不会轻易走上去的。同样的道理，如果股价从低部反弹，周线的生命线就在股价的头顶上，幅度只剩下几角钱，也不要去买它，因为股价也是被压制的。如果它从周线的生命线上开始上涨，那么决策线距离有 20% 的空间，这个位置是具有运作空间的，因此肯定是要进场的。

腾飞点信号技术修正案例 003：梅雁水电（600868）

注意观察它的均线系统，当天出现腾飞点时，它的均线全部是金叉向上的。

周线系统：操盘线与攻击线金叉，生命线与决策线即将金叉，股价突破决策线之后走了个平台。这是最好的状态趋势。因为这上面已经没有阻力了。

特别提示：特别要关注下面提醒的话。如果股价仅仅突破周生命线，这波行情的高度有限，刚才讲了上面有决策线压住的，如果股价完全站稳在周决策线之上，这波行情的高度非常之大。所以我们选股的时候就很简单了，今天的腾飞点出来了，立马把它的周 K 线看一下，看看周线是什么形态，如果周线形态已经突破周决策线，那么，波段行情的测算高度就乘多一点倍数。这是我们临盘决策的时候，要多加留意的地方。参见图例 061 所示。

再看几个相关的例子，注意观察均线系统各条均线的相互关系。

> 我们如何发现庄家？非常简单！当天价格涨幅超过 5% 以上，振幅超过 5% 以上，换手率超过 5% 以上，这些价格异常波动的行为，均是由庄家直接投入资金操纵的结果！
>
> 资金操纵价格力度的强弱可以根据当天的价格涨幅、振幅与换手率大小来界定。

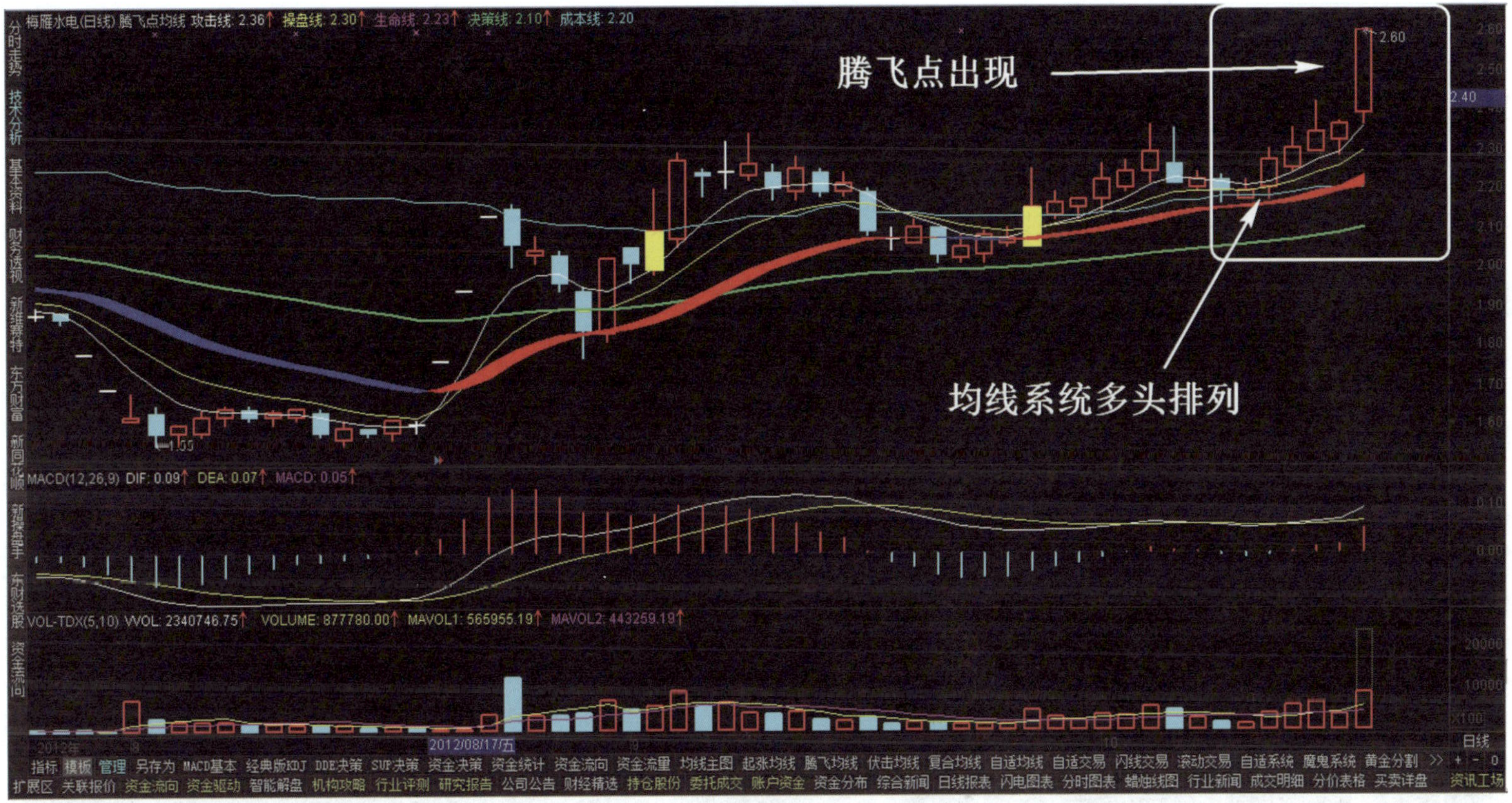
梅雁水电(日线) 腾飞点均线 攻击线: 2.36↑ 操盘线: 2.30↑ 生命线: 2.23↑ 决策线: 2.10↑ 成本线: 2.20
腾飞点出现
均线系统多头排列
2.60
MACD(12,26,9) DIF: 0.09↑ DEA: 0.07↑ MACD: 0.05↑
VOL-TDX(5,10) VVOL: 2340746.75↑ VOLUME: 877780.00↑ MAVOL1: 565955.19↑ MAVOL2: 443259.19↑
2012/08/17/五

图例 061

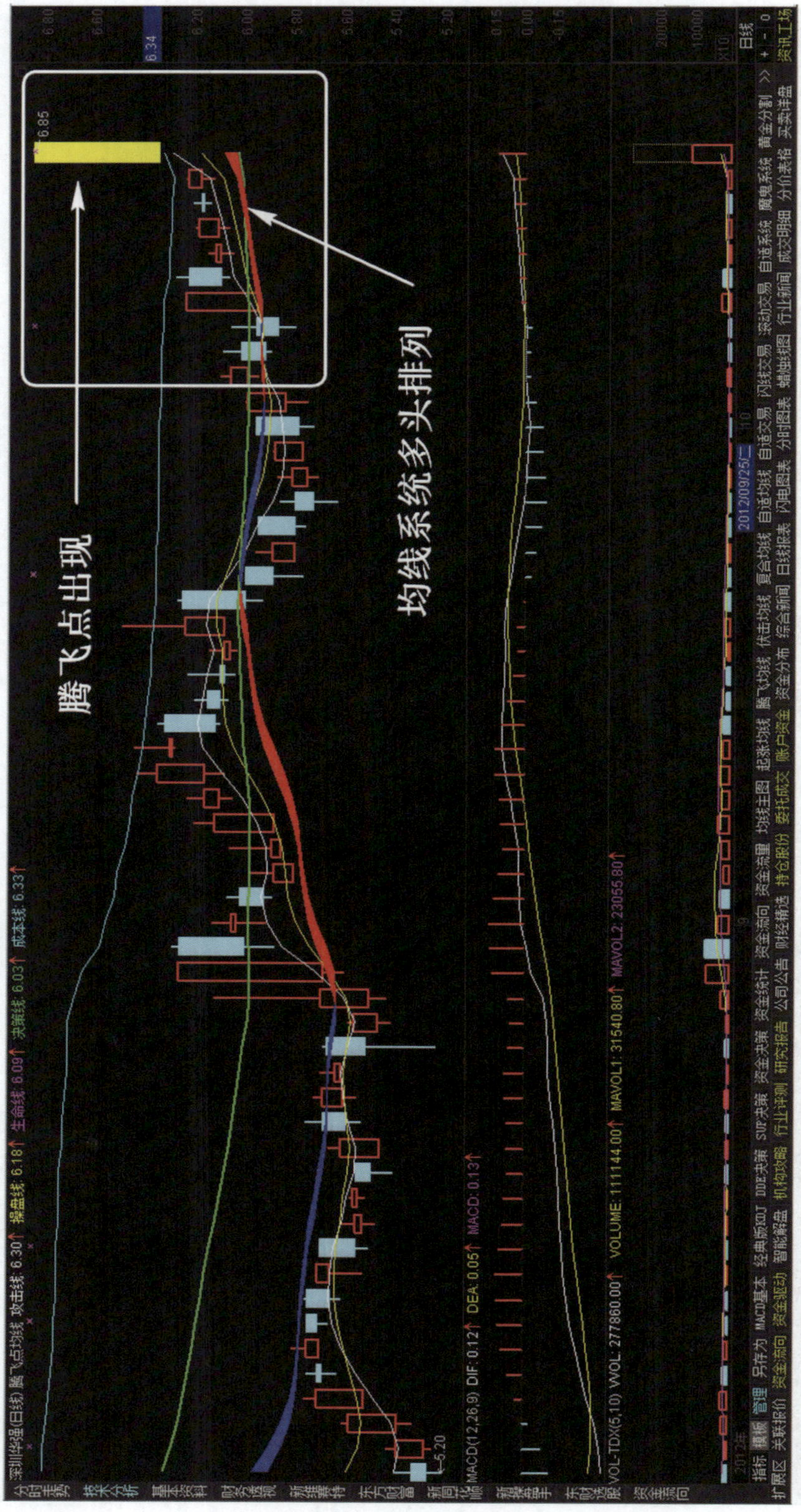

图例 062

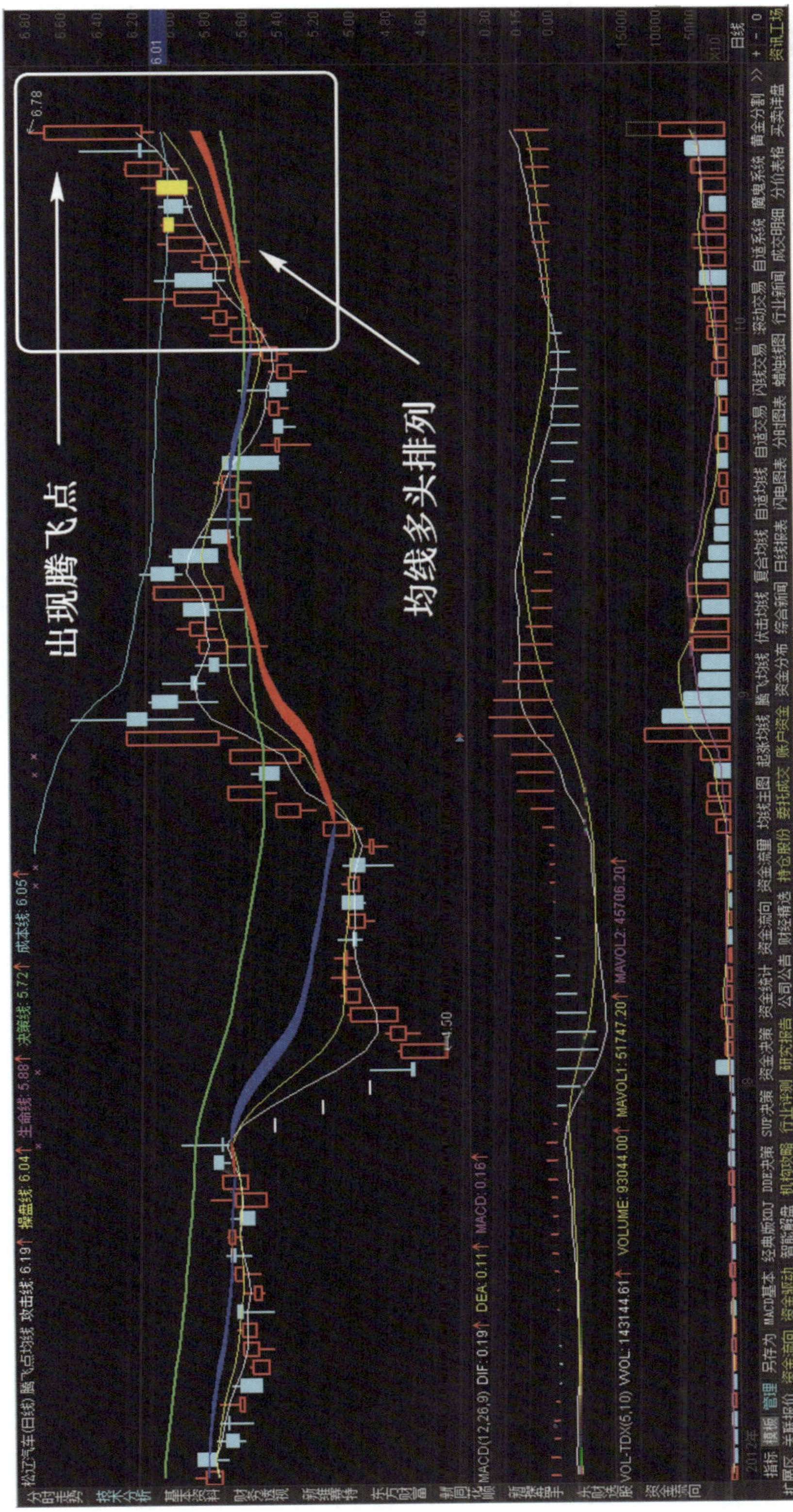

图例 063

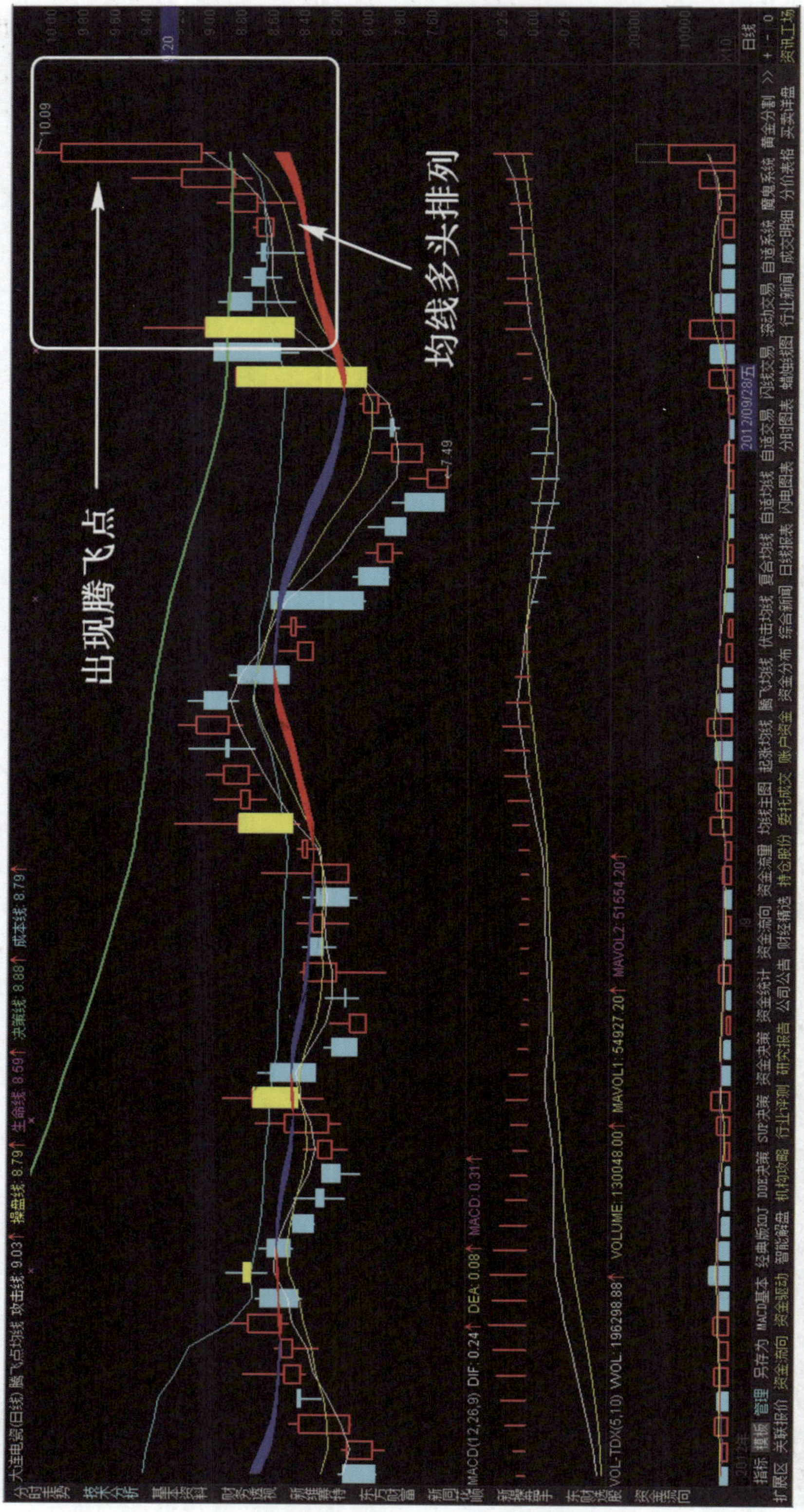

图例 064

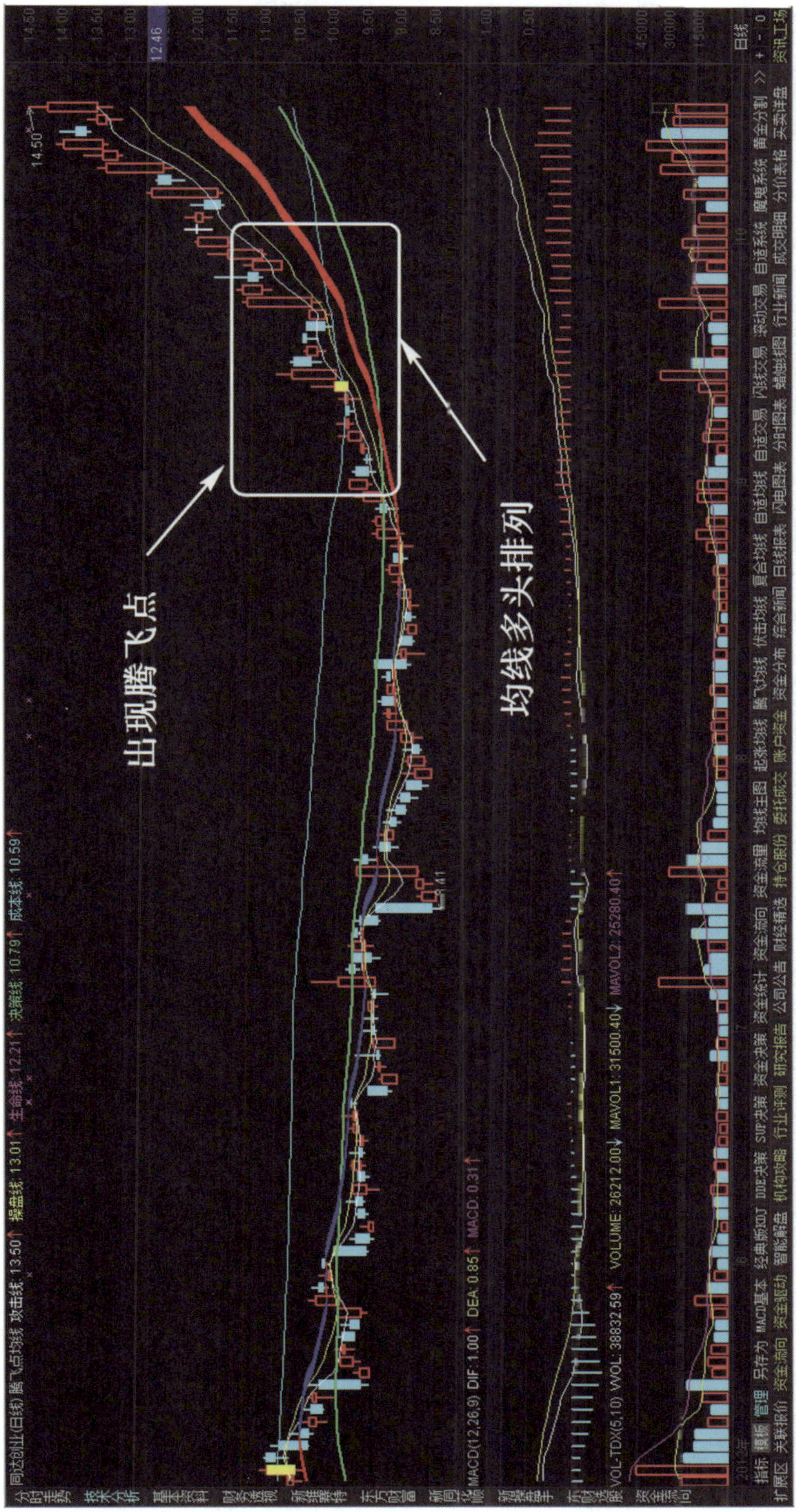

图例 065

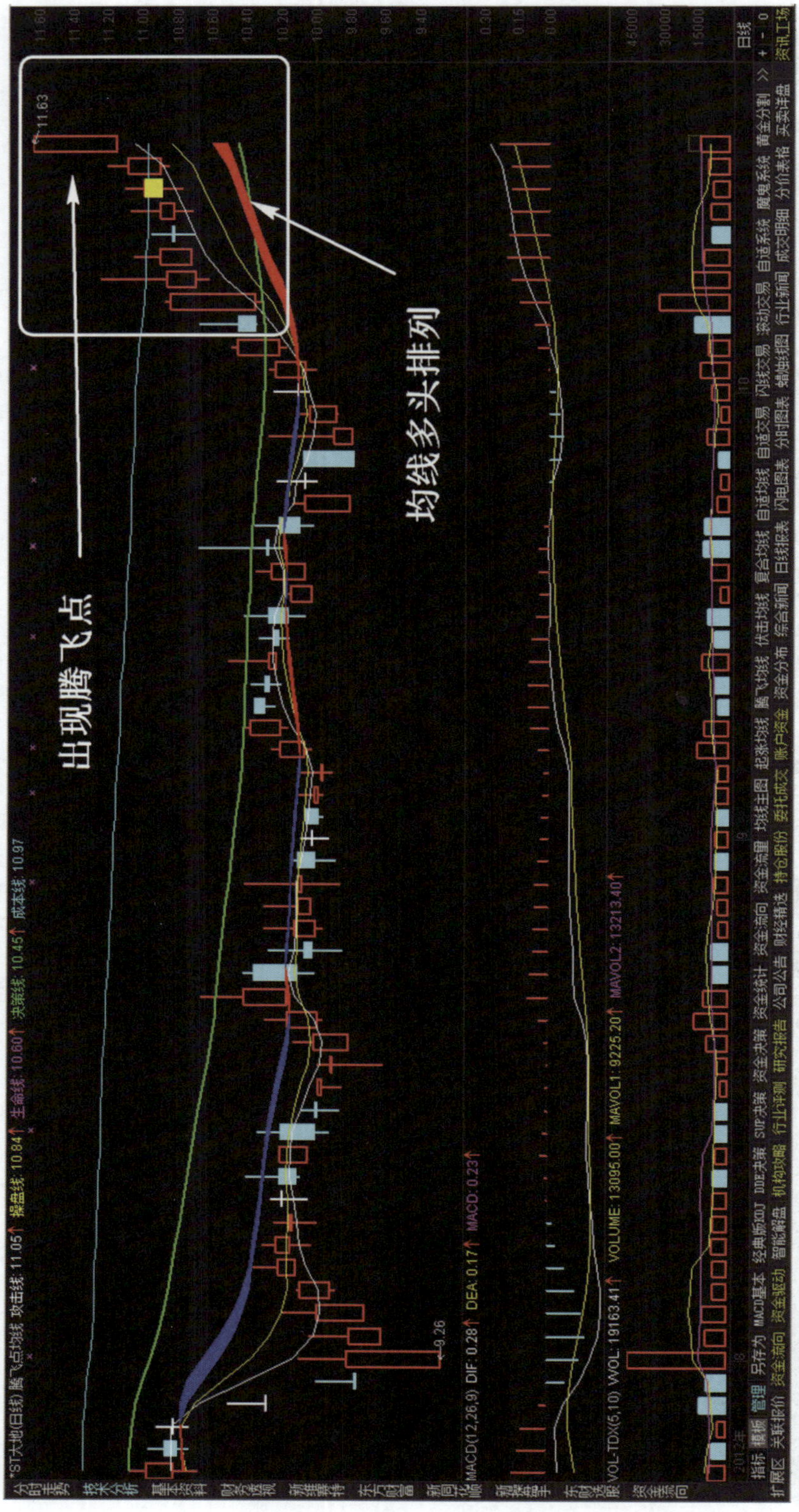

图例 066

三、从 MACD 技术指标来修正腾飞点信号

腾飞点技术信号出现的当天，MACD 的绿柱逐步收缩，红柱出现，DIF 与 DEA 二条线已经在零轴之下的空头空间形成金叉，也可以在零轴之上的多头空间形成金叉。

MACD 的金叉是很重要的，如果月线的 MACD 形成金叉，这支股票可以长期持有 12 个月内做多，做滚动；一般 MACD 不会轻易的死叉或金叉的，如果月线 MACD 是金叉的，这支股票可以长期做多为主，当然中间也有调整，可以在重要支撑位逢低建仓狙击。不要担心它会崩盘。记住这一点：凡是 MACD 是月线金叉的股票，不可能存在崩盘的局面，除非是基本面出问题或者系统性风险。买点的位置就是重要支撑位的位置。这是非常关键的。

比如神马实业（600810）的日线图，就是如此。它的周线 MACD 在多头空间金叉持续运行的，前面有一根长上影线的小阴线，调整了这么久，MACD 都没有死叉过，今天的放量涨停就爆发出来了。这叫火山爆发。

再比如郑州煤电（600121）的月线 MACD 在多头空间持续运行，腾飞点出现的当天，日 K 线 MACD 指标绿柱在逐步收缩，但是它的 DIF 和 DEA 还没有金叉，而是即将金叉，这时候如何买要及时看 60 分钟的金叉有没有形成，如果 60 分钟已经形成，可以提前买入。否则，就要继续等待买入时机的出现。静静地等待，不要急于动手。耐心是成功的保证。

下边我们再来看几个相关的例子。参见图例 067、068、069、070 所示。

价格为何会突然上涨？可以给价格的突然上涨给出一个答案：所有突然上涨的股票均是资金大规模集中买入推动的结果！那么，新的问题就来了。什么是大规模的资金？什么叫集中买入？为什么要在这一天这些资金突然集中性买入？如果要给这一天的上涨行为定一个性质，那就是这一天价格的上涨系由庄家资金（集团式资金）集中买入推动的结果！因此，这一行为有一个名字叫：操纵！因此，所有的涨停都是由庄家资金对价格实施操纵的结果！

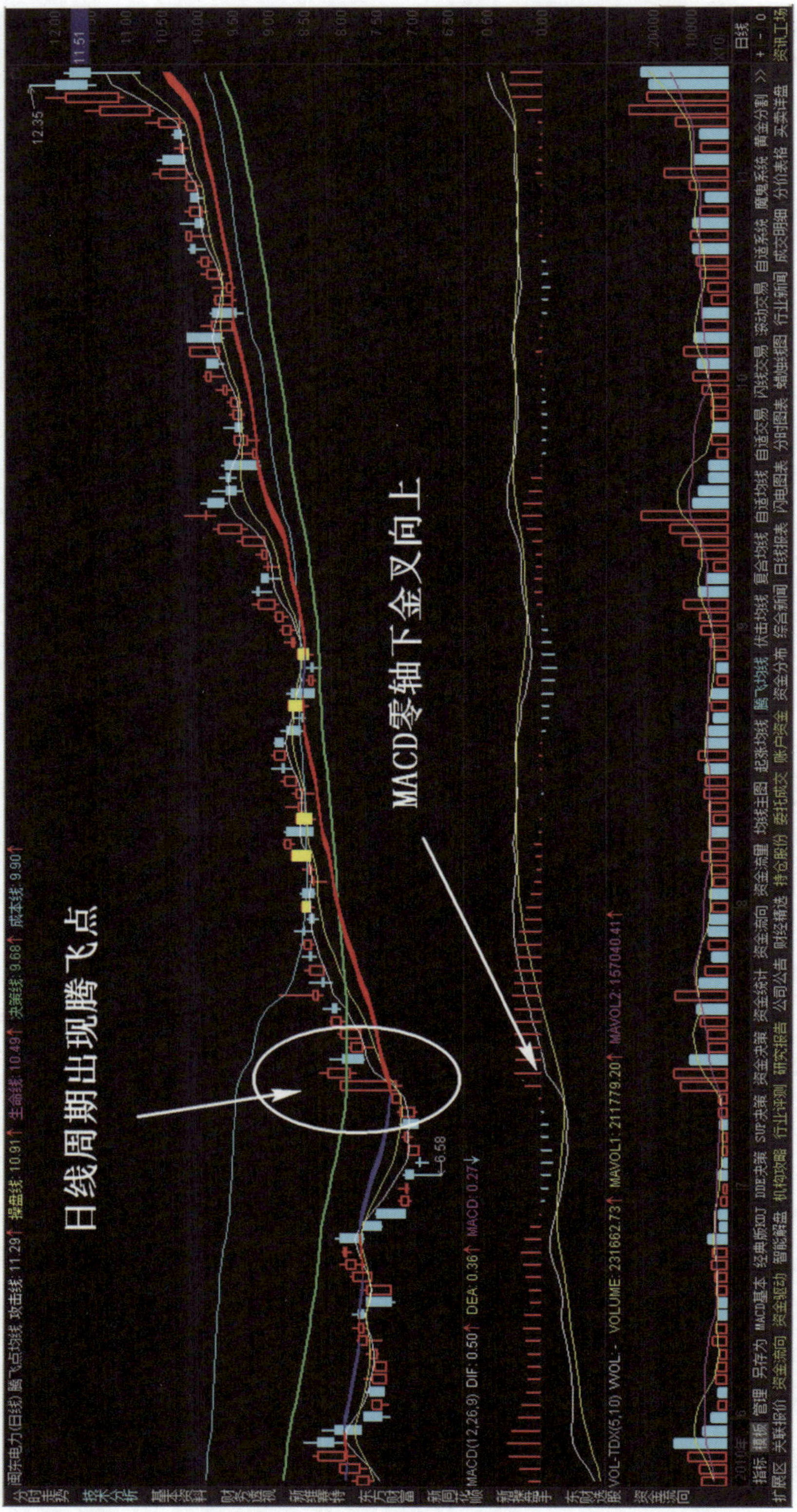

图例 067

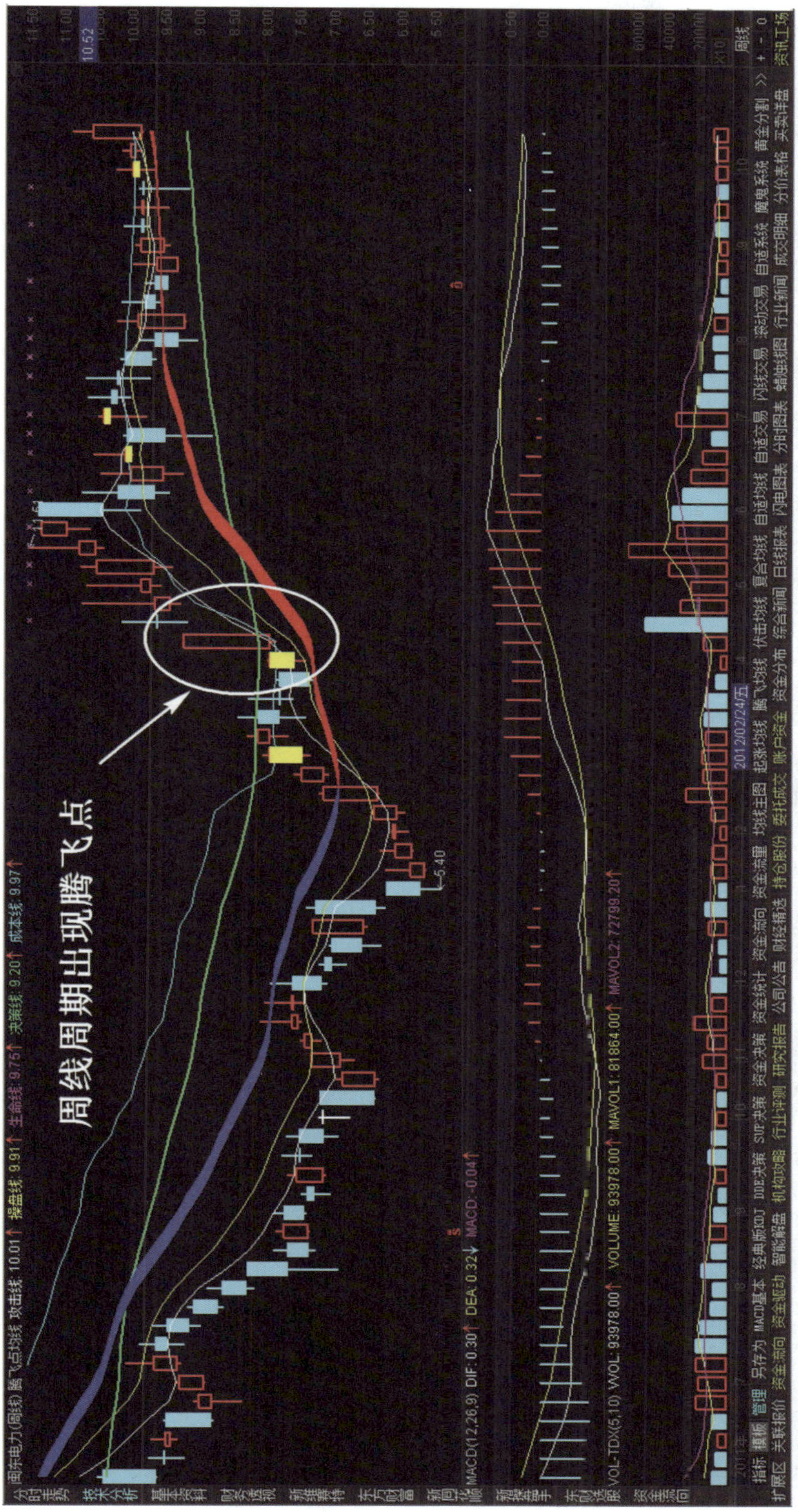

图例068

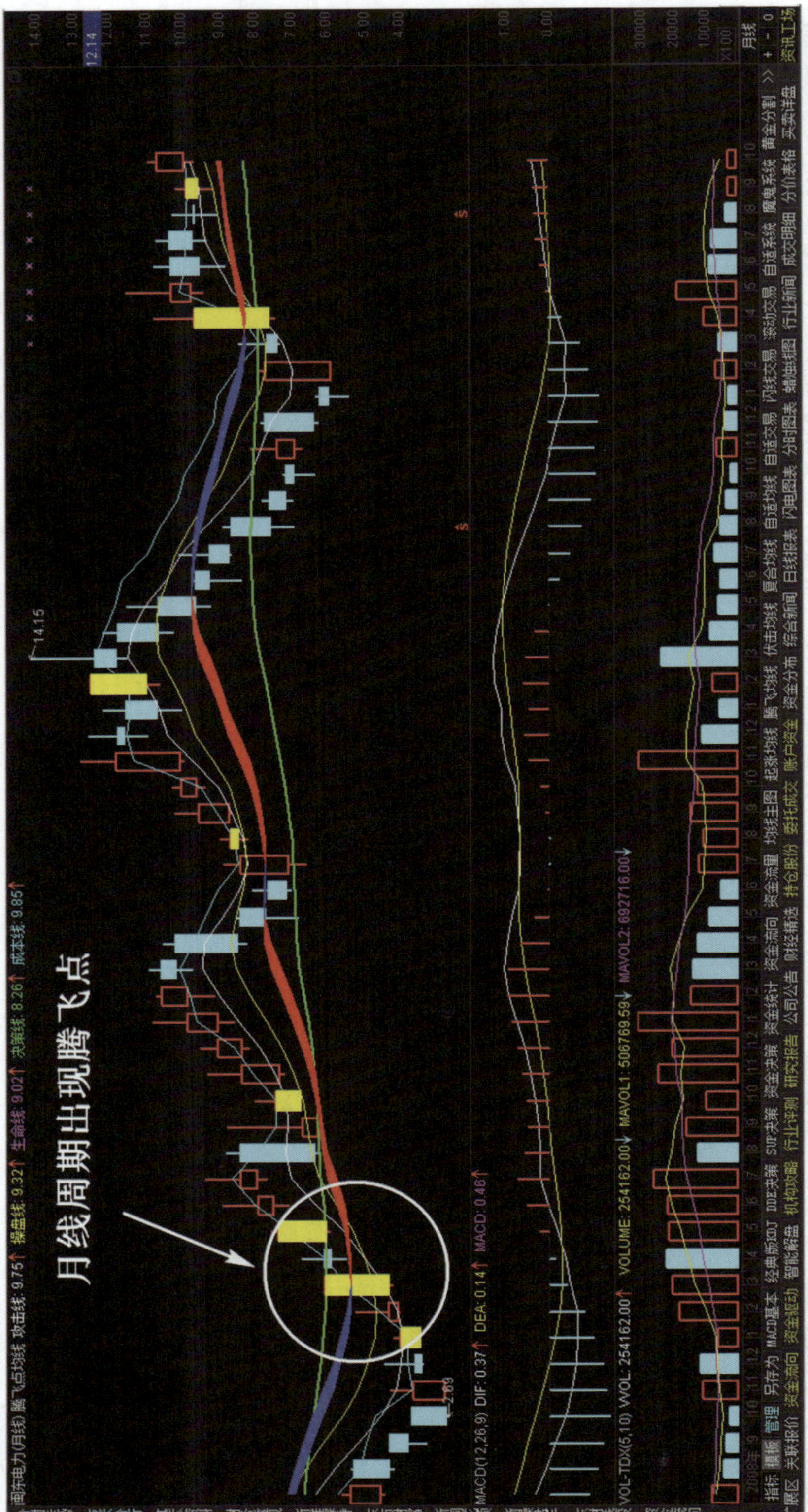

图例 069

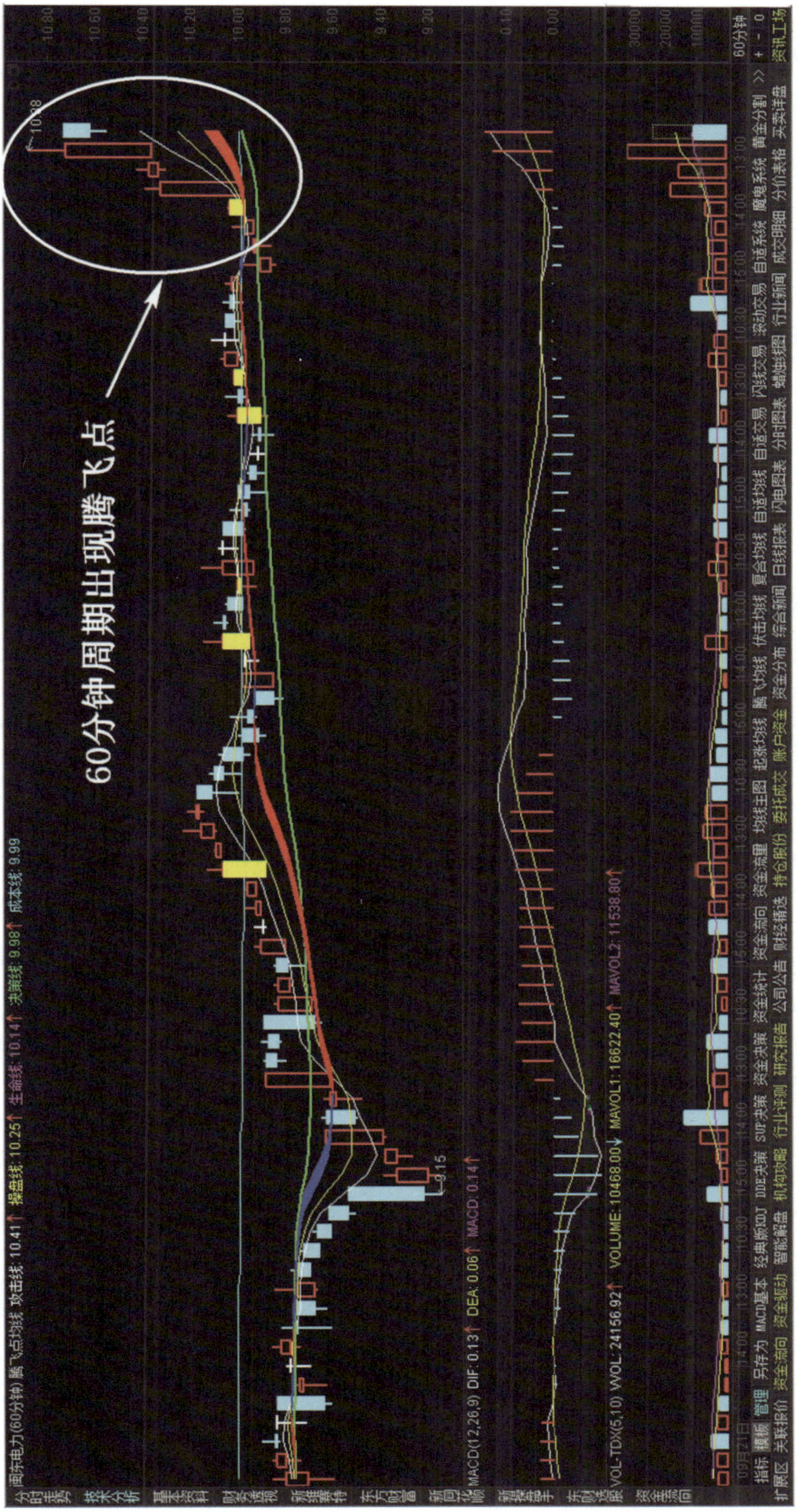

图例 070

四、从量能系统来修正腾飞点技术信号

腾飞点技术量能系统要对交易软件设置一下，凡是分时量能均线的参数要设置成5、60的；日线、周线和月线的参数全部设成5、30的。这样比较方便查看量能变化情况。

腾飞点技术量柱与均量线特征，归纳如下：

一是量柱要明显放大，大于昨天的量1倍以上，或者在于前几日的量1倍以上。

二是5日均量线向上拐头，即将穿越或已经穿越30日均量线。而60分钟技术系统中，5日均量线已经拐头，已经完全穿越60均量线，均量线一定要穿上去的，否则就危险。

比如老白干酒（600559）出现腾飞点的当天，均量线穿上去了，之前的那根长上影线的阴线，也就是试盘的那天，均量线都没有穿上去，而在腾飞点出现的这一天，均量线就穿上去了，爆发力很强，而且刚好这天MACD也金叉。真是奇妙，配合得恰到好处。

再看前边讲过的城投控股（600649），它的均量线早已金叉运行，凡是均量线上穿上去的，说明主力投入的资金级别已经升级了，是持续投入的，已经到了爆发的临介点。

三是换手率的情形。中小盘流通股比如在10个亿以内的中小盘，换手率要达到达5%以上。大盘股是指流通盘在10个亿以上的，换手率要达到3%就可以了。当然中小盘的股也有特例，如潍柴动力流通盘只有3个多亿，但当天的换手只有3个多点。因为情况不一样，这支股票的业绩实在是太好了。所以，换手率也不是一律不变，允许有的换手率可以高一点、有的低一点，但是也要出现明显的放量，因为之前的换手率1%都很少达到的。

第二节　腾飞点技术信号修正案例图解

一、量能系统修正案例

下边看几个相关的例子，参见图例071、072、073、074等。

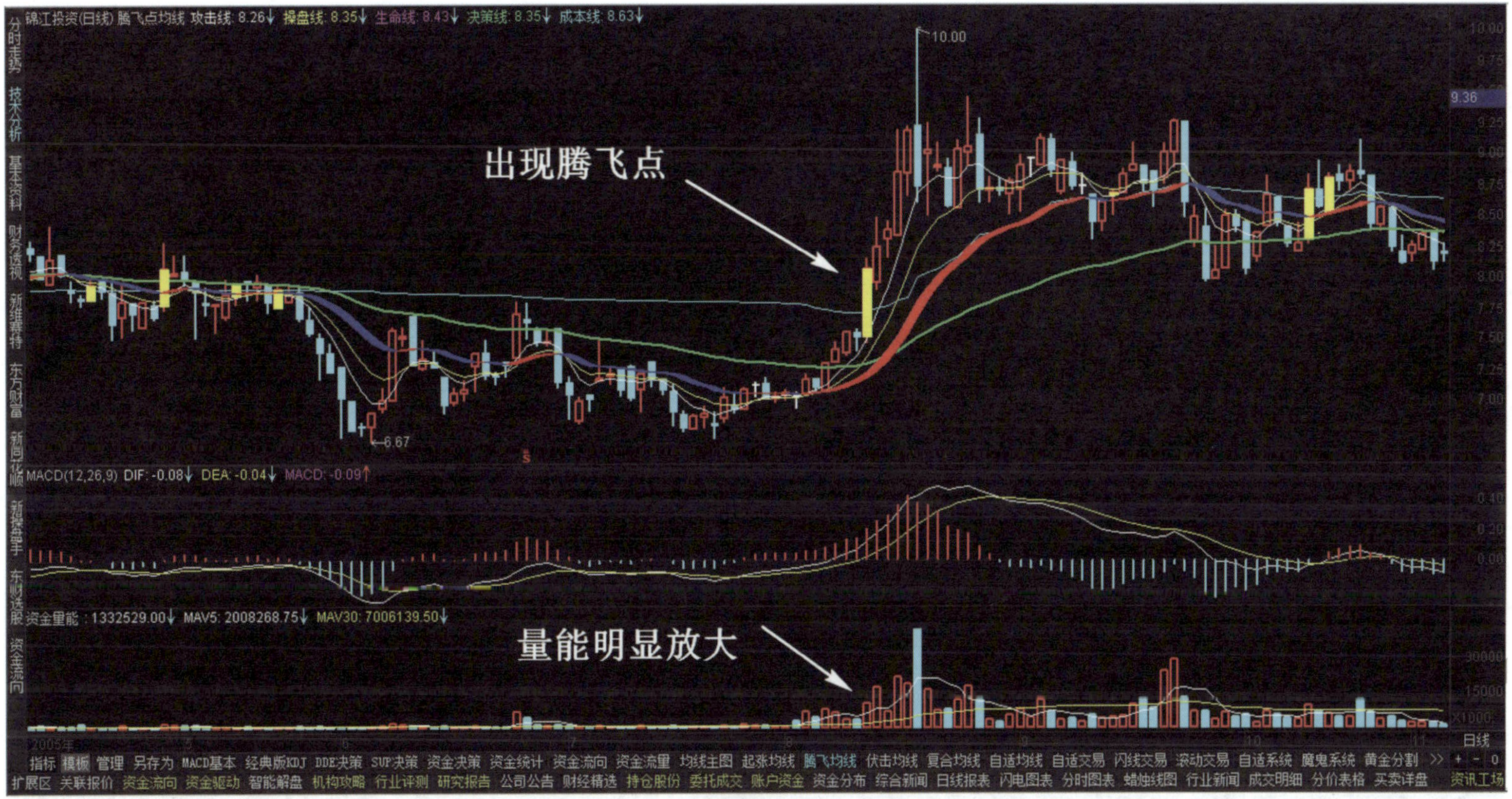
锦江投资(日线) 腾飞点均线 攻击线: 8.26↓ 操盘线: 8.35↓ 生命线: 8.43↓ 决策线: 8.35↓ 成本线: 8.63↓
出现腾飞点
10.00
6.67
MACD(12,26,9) DIF: -0.08↓ DEA: -0.04↓ MACD: -0.09↑
资金量能: 1332529.00↓ MAV5: 2008268.75↓ MAV30: 7006139.50↓
量能明显放大

图例 071

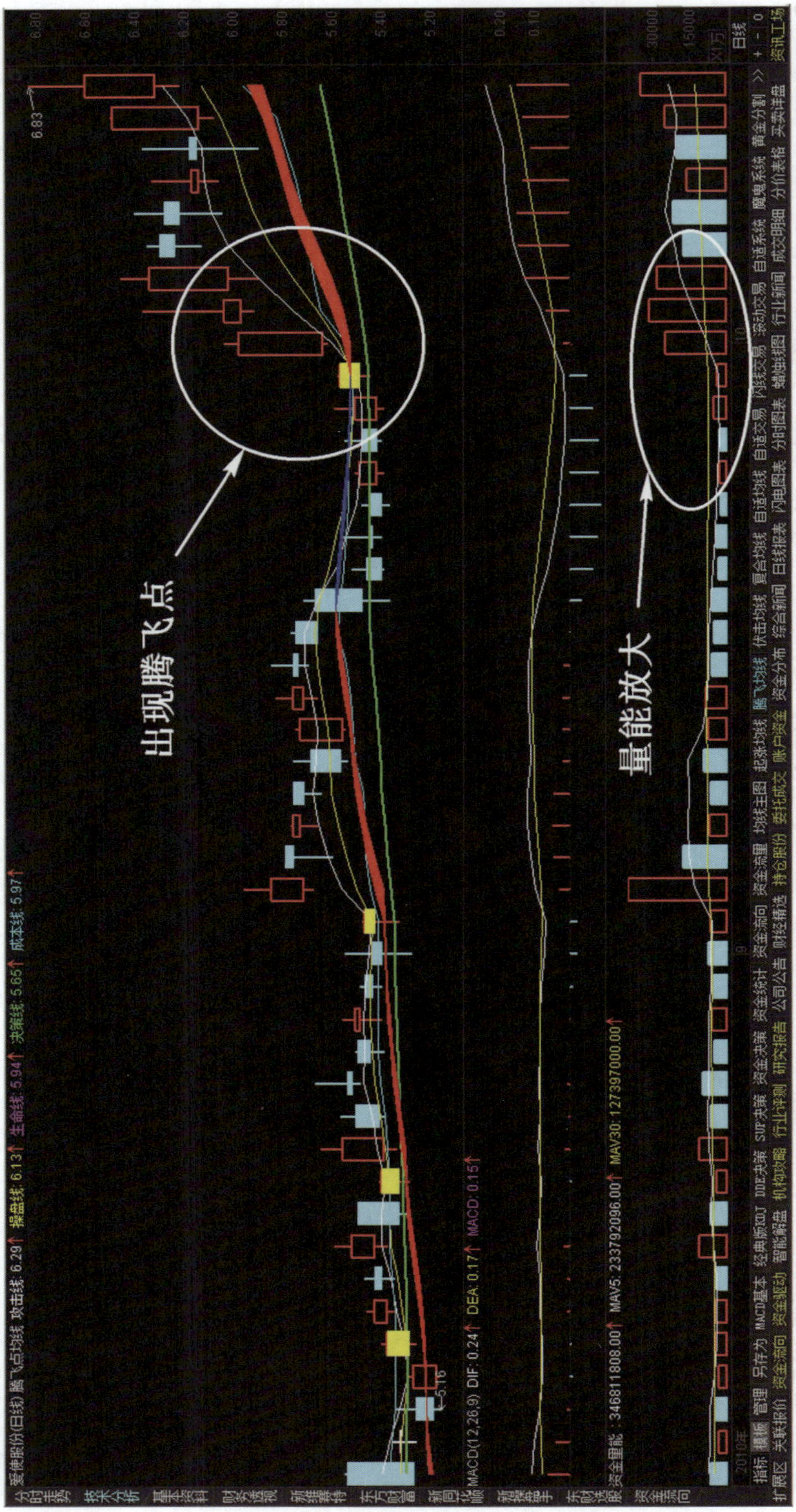

图例 072

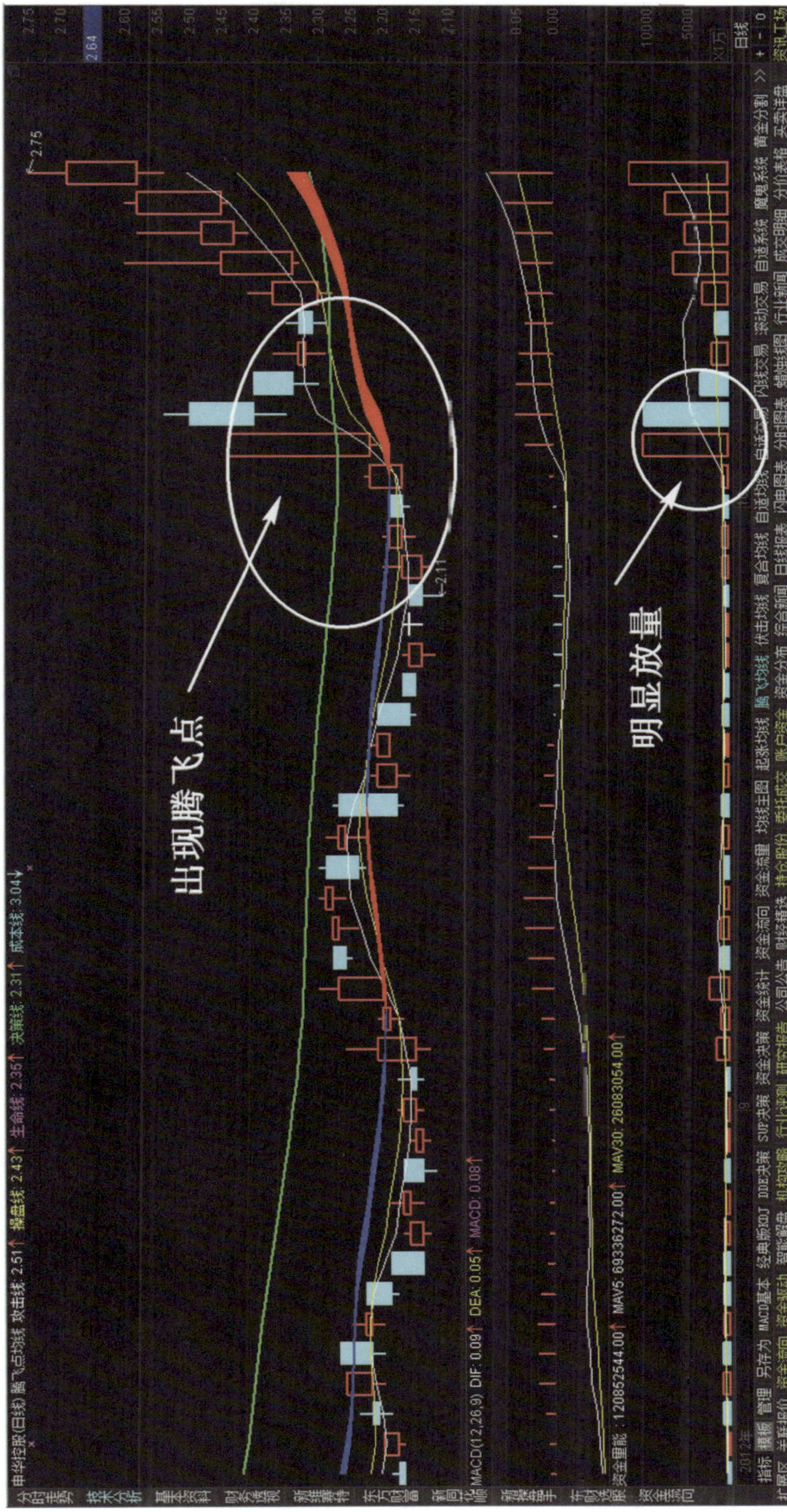

图例 073

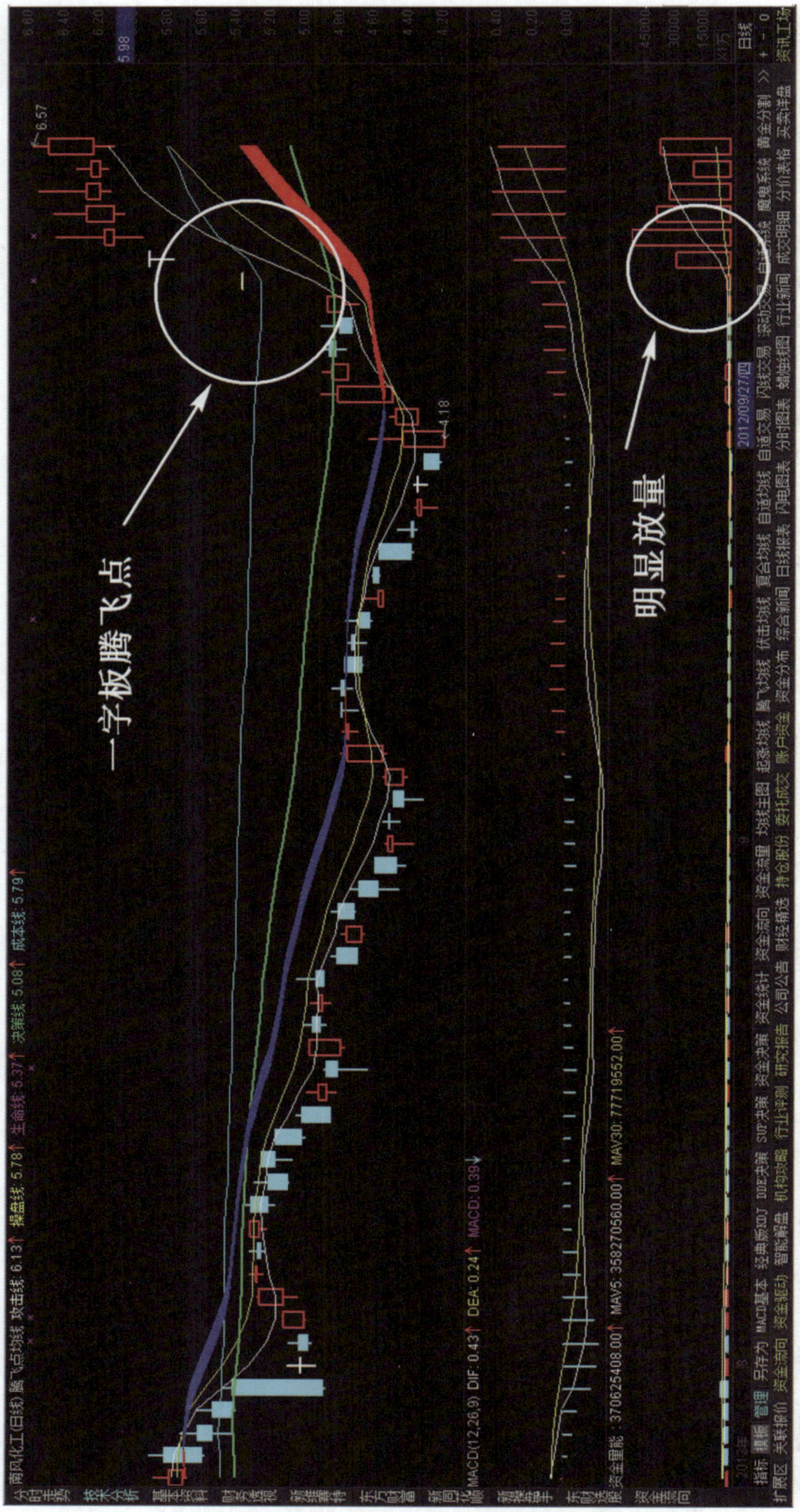

图例 074

二、均线交易系统修正案例

在这里列举几个均线交易系统修正的案例，供各位参考。

记住，均线交易系统中的攻击线、操盘线、生命线和决策线必须是多头排列的，才支持腾飞点实现突破。如果均线交易系统没有形成标准的多头排列，那么这样的突破往往是失败的，虽然出现类似于腾飞的架势，却是失败形态，飞不起来的。参见图例 075、076 所示。

对于短线庄很多人都不陌生。这些庄家操作过的股票都有以下共同的特征：

一、容易涨停。或突然袭击式涨停；

二、K 线形态较好，上涨前横盘时间较长；

三、启动后，上涨幅度不大，一般整体涨幅约在 30% 以内；

四、启动后，上涨速度快，基本上在十个交易日以内完成任务；

五、上涨目标完成之际，均会有某个具有 TNT 级爆炸当量的题材开始显现（甚至是谣言类题材）。

上面五个要素是短线庄最典型的特征。这个操作模式的鼻祖最早要追溯到欧洲的股市诞生之际。美国股市在上世纪六十年代以前，这类操作模式也很受市场欢迎。后来东渡到我国台湾，在八十年代得到发扬光大。而在我国大陆，自 2003 年以来，涨停板敢死队交易模式其实就是短线庄的杰出代表。

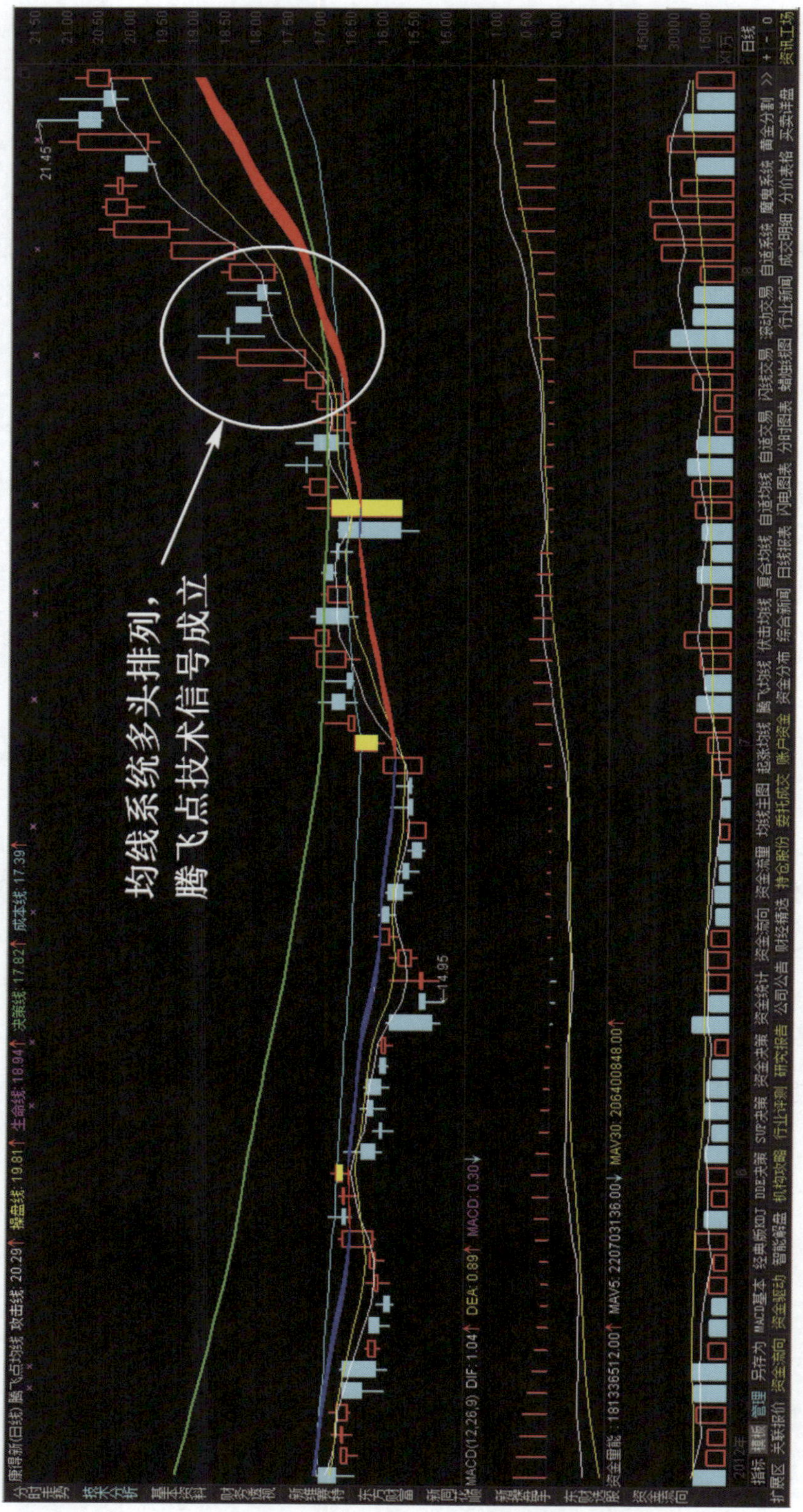

图例 075

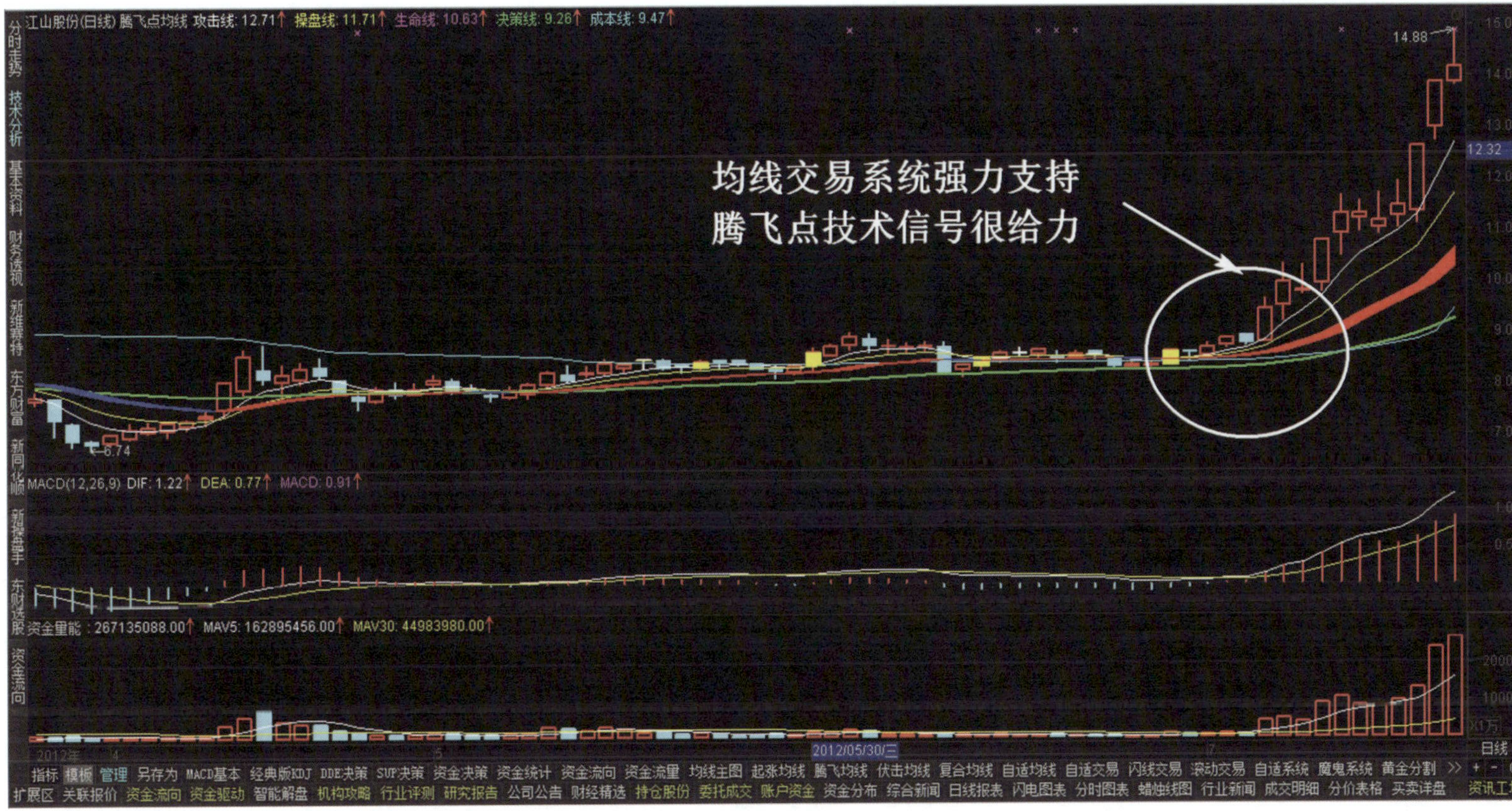
江山股份(日线) 腾飞点均线 攻击线: 12.71 操盘线: 11.71 生命线: 10.63 决策线: 9.26 成本线: 9.47
均线交易系统强力支持
腾飞点技术信号很给力
14.88
6.74
MACD(12,26,9) DIF: 1.22 DEA: 0.77 MACD: 0.91
资金量能 : 267135088.00 MAV5: 162895456.00 MAV30: 44983980.00
2012/05/30/三

图例 076

第四章
腾飞点技术的狙击要领

本章学习要点

一、学习腾飞点的狙击要领。

二、掌握腾飞点狙击点出现时机。

三、利用量峰结构判断买点。

四、利用波形结构判断卖点。

五、反复演练腾飞点狙击技术。

第一节　一波涨停的狙击法则

最强悍的腾飞点，就是一波涨停。盘中第一波的攻击幅度达到9%，量能迅速放大，同时出现非常标准的攻击型量峰，这是最激动人心的腾飞点。下边介绍买进的方法。

一、涨停前最后一笔大单即将消失的时候迅速买入

买入的第一种方法，就是干，快速地干。有的同学说：涨得太快了，我还没有反应过来。不是的，不是你没反应过来，而是你被这种腾飞的气势吓住了、吓呆了，以至于麻木了。或者是你以前不知道该如何去买。现在知道了，就是涨停板买进去。不要怕，要敢于出手。

二、封涨停10分钟后，第一次开板的时候买入

腾飞点快速封涨停10分钟后，根据主力的操盘习惯来讲，前面在封停板的15分钟内是敌人的炮火最猛烈的时候，如果在这段时间内扛住了15分钟的精确打击或疯狂打击，基本上当天这支股票封停已经没有悬念了。现在大多数主力也学乖了，涨停板那个地方封10分钟就开板，封10分钟的目的是不怕炮火猛，最怕不猛，就是让你出来的。这时候我们再进去（这是腾飞点一波攻击涨停的买入法则，不是腾飞点的勿用此方法）。

相关的例子请参见图例077、078、079、080等，请各位认真仔细研究。

> 现在做短线庄，风险系数还真是有点大。如果头脑发热出击大盘股，则极有可能被对手狙击而损失惨重。

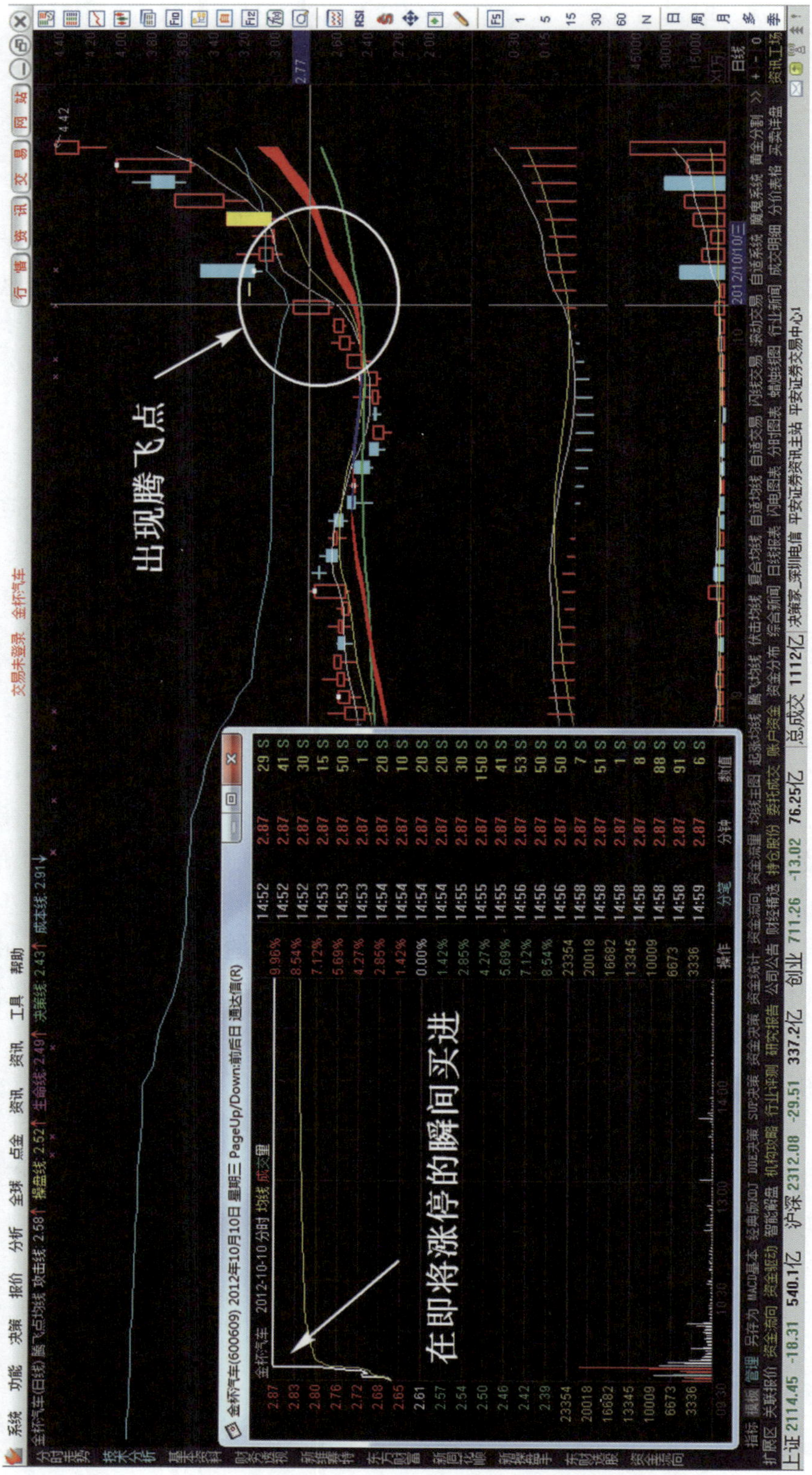

图例 077

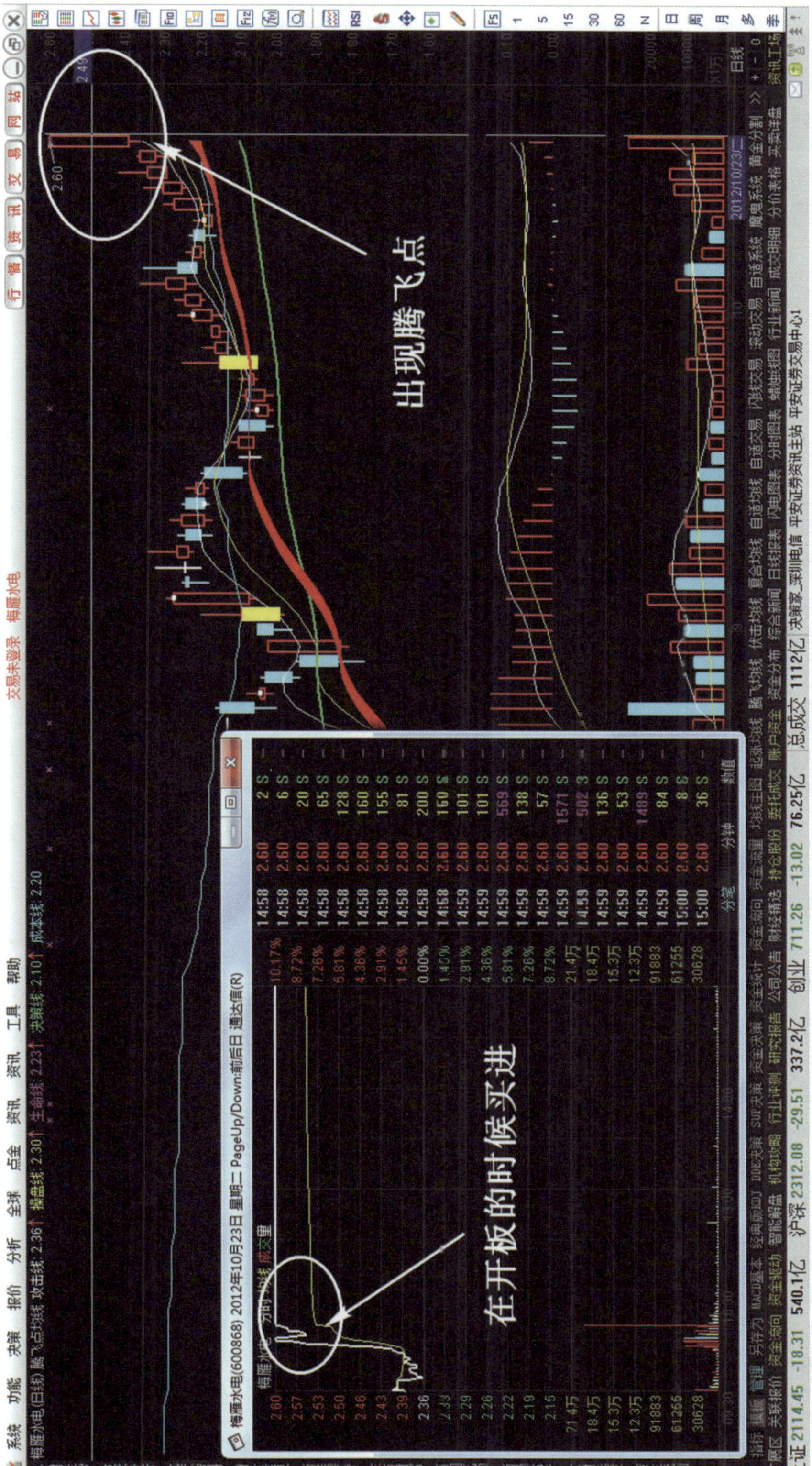

图例 078

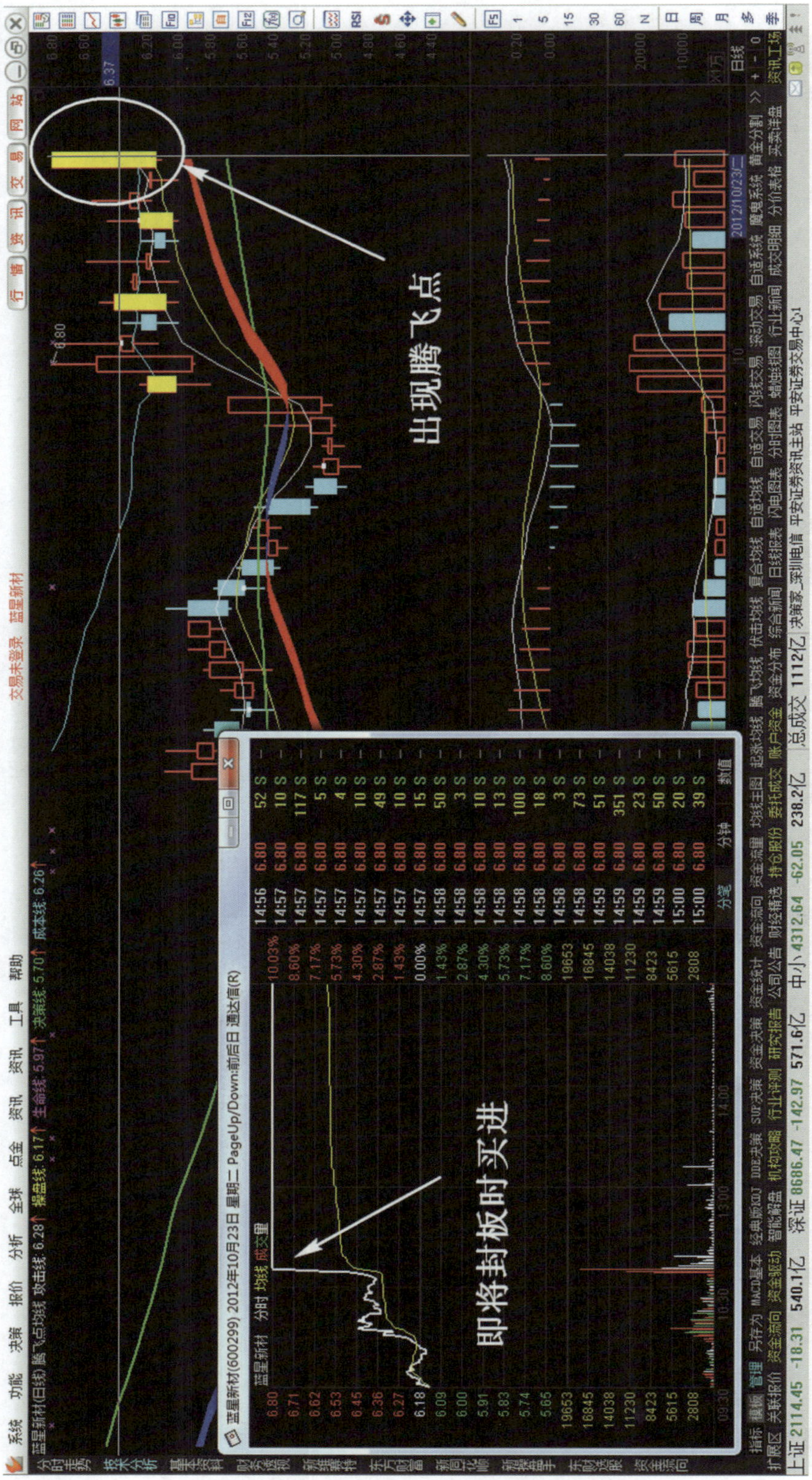

图例 079

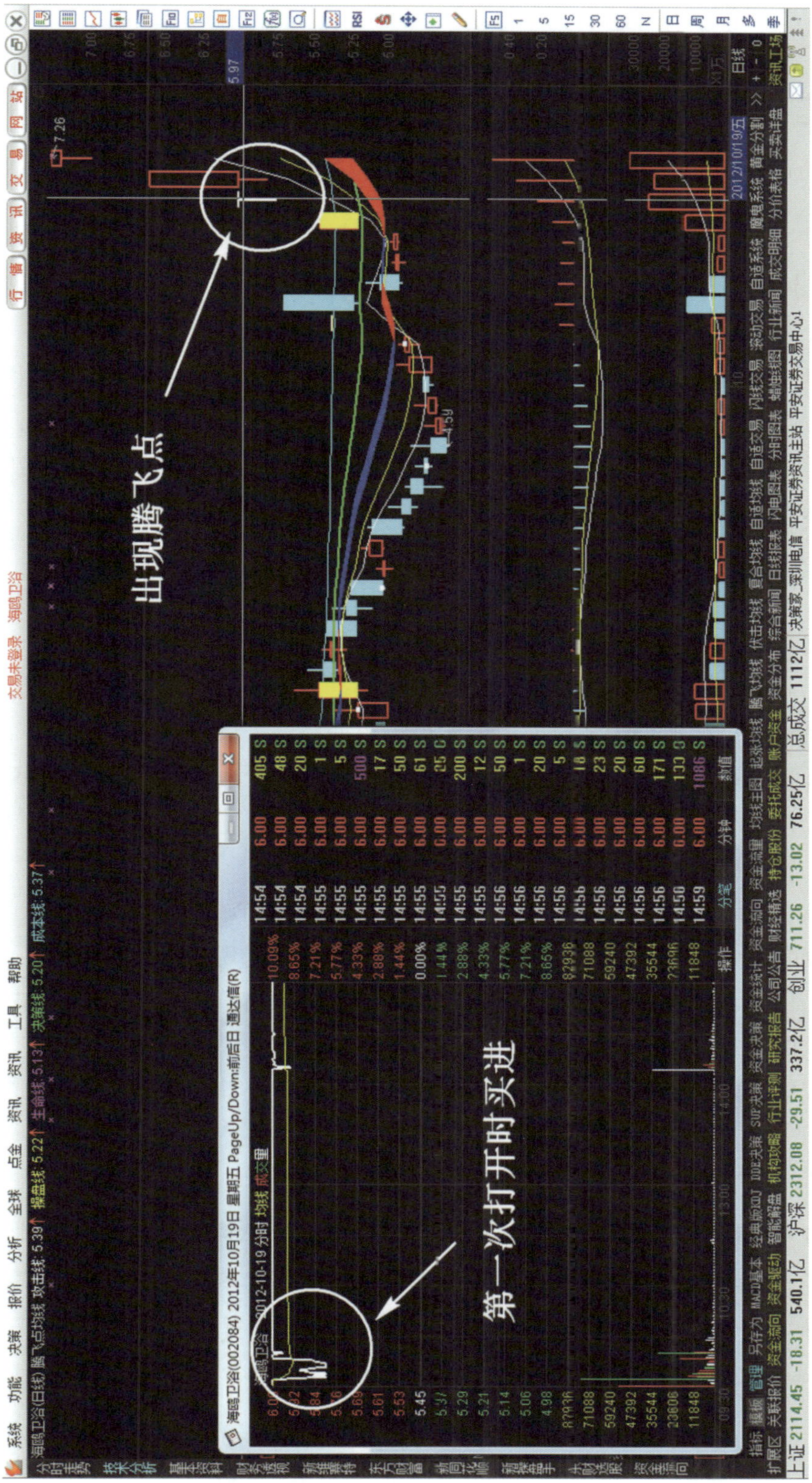

图例 080

第二节　二波攻击涨停的狙击法则

一、回调量峰萎缩时买进的方法

如果盘中第一波攻击达到4%以上（达到4%腾飞点就可以确认，中阳线就是4－6%），成交量迅速放大，出现标准攻击型量峰，那么可以认定为即将出现腾飞走势。这时候肯定会回调，再高明的主力也会回调，第一波回调三分之一位置，也就是回调0.5%时，缩量量买入。回调的时候量峰会马上减弱的，这是第一个点的买入方法。此时要记住，不要满仓杀进。

二、在即将涨停的那一瞬间买入

第二笔买单可以在当天涨停前最后一笔大单即将消失的时候迅速的介入。二波涨停是否开板，这要根据阶段性的状况、主力对热点的把握情况来判定。如果当天是热点的龙头，那么开板的概率较小。这时候就会造成买不到的情况出现。所以买入要坚决，别犹豫。

比如长春高新（000661）早上的第一波攻击达到8个点，回调三分之一位置，在7个多点时买入第一笔单位，因为当时有攻击型量峰出现；在封涨停前买入第二笔单。这是比较常用的操作方法。当然，你需要熟练操作腾飞点，否则，你也不敢买进第二仓的。

下边我们看几个相关的例子，请各位反复研究，掌握其中的操作要领。

名词解释：短线接力庄是指由几个不同体系的机构资金接力式操作某只股票。如A机构完成第一次操作，出货走人；B机构接手完成第二次操作，出货走人；然后，C机构再来接手完成第三次操作，出货走人。

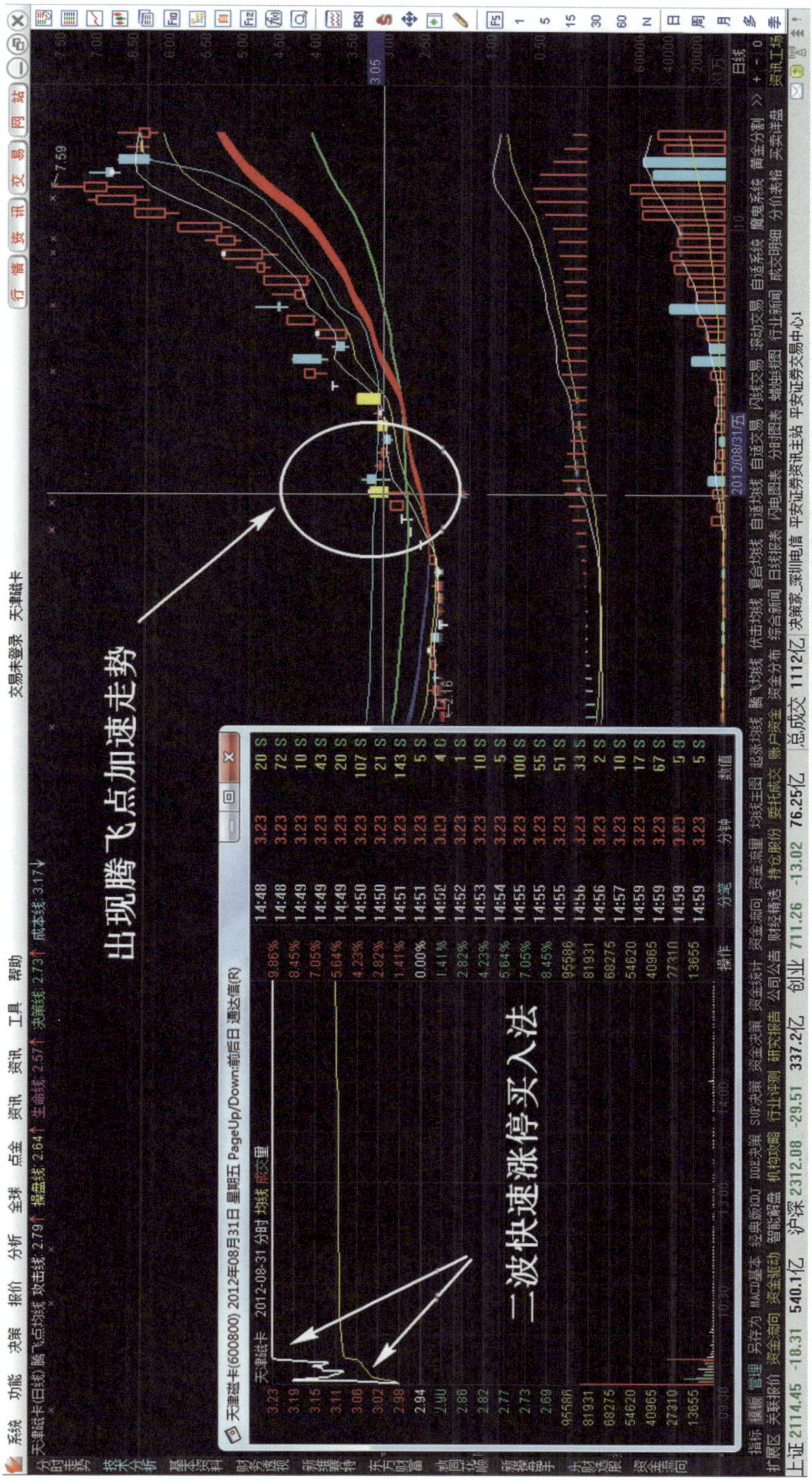

图例 081

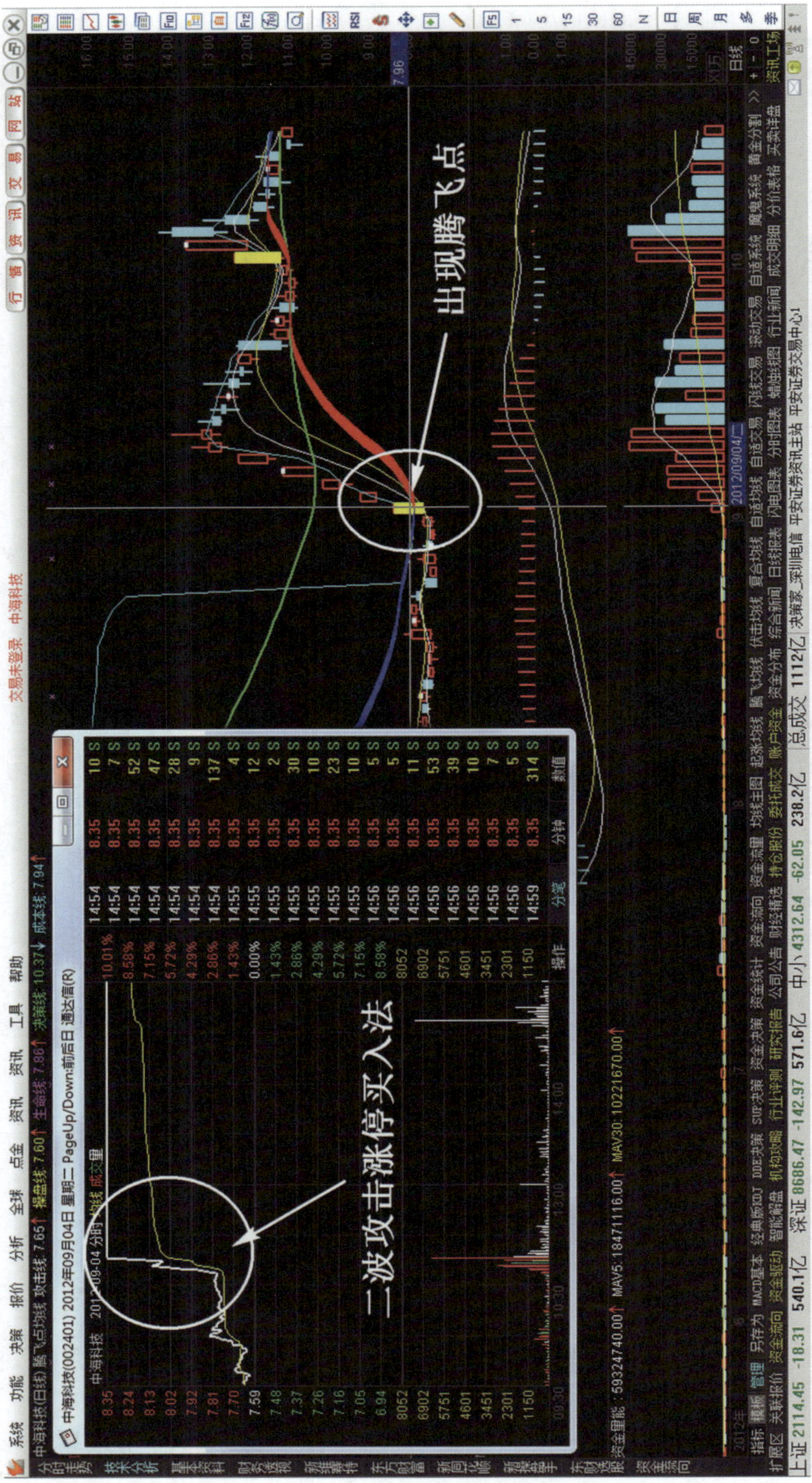

图例082

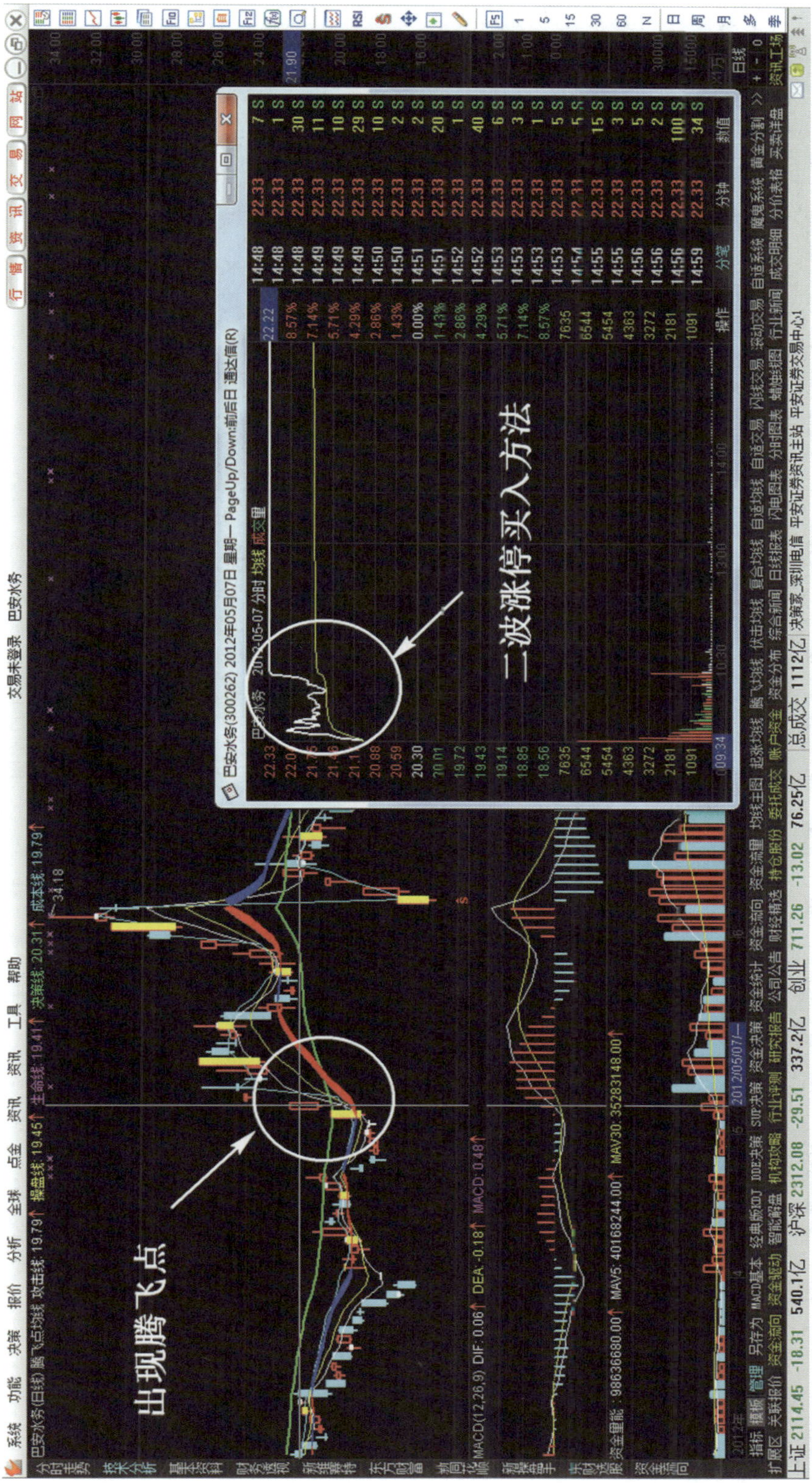

图例 083

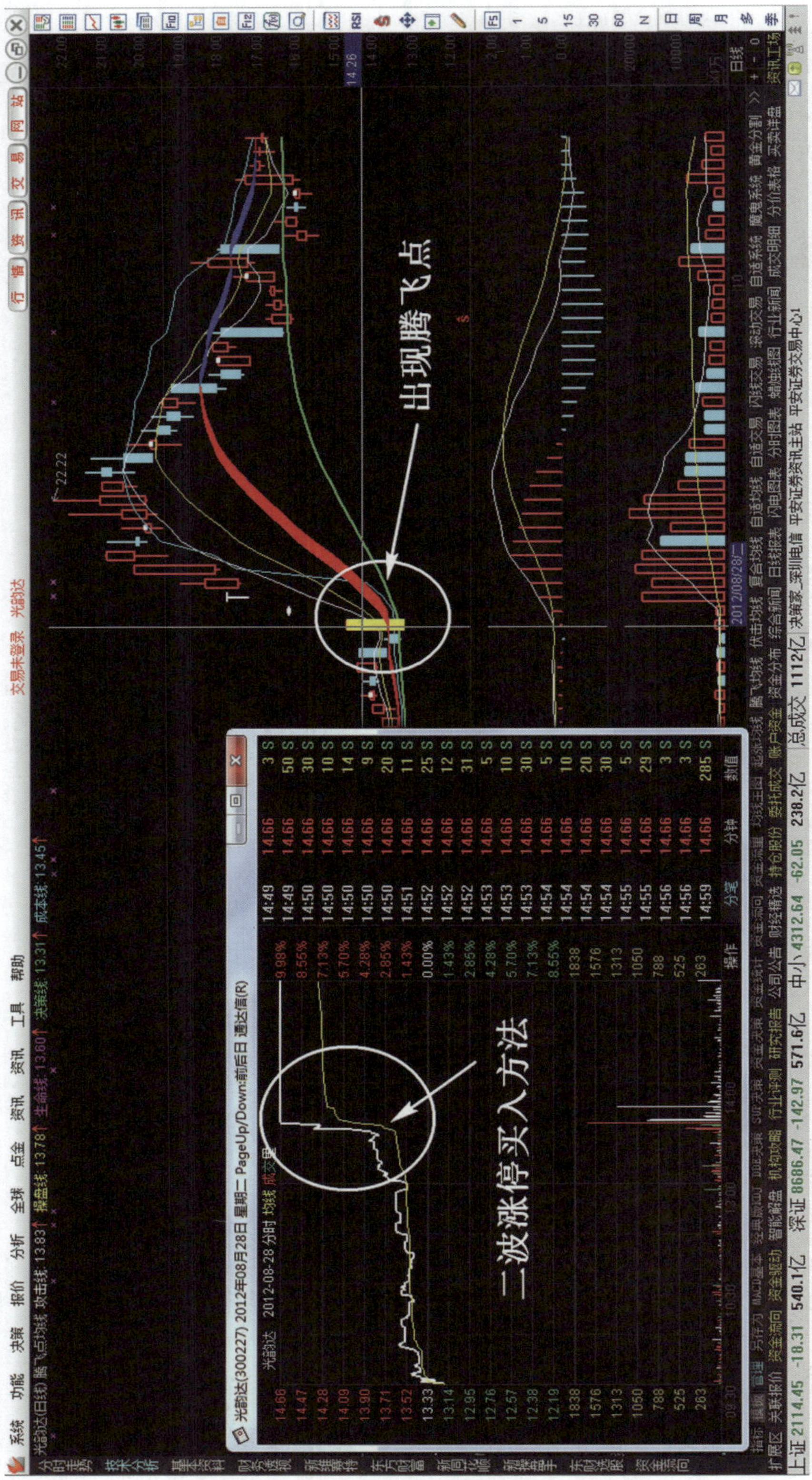

图例 084

第三节　三波攻击涨停的狙击法则

一、出现标准的攻击型量峰才买入

盘中第一波攻击达涨幅到4%以上，第二波攻击涨幅达到6%以上，成交量迅速放大，出现标准型的攻击量峰，第一波第二波攻击回调三分之一的位置缩量时买入。第三笔在涨停前最后一笔大单即将消失的时候迅速买入。注意这里的关键词是成交量迅速放大。

二、不能买入的萎缩型量峰

观察腾飞点技术信号的时候，一定要注意攻击型的量峰，如是果第二波攻击的时候是萎缩型量峰，就不要买入了。三波直接攻击涨停，假如第一、第二波都是攻击型量峰，到了第三波是缩萎缩型量峰，当天是绝对不会涨停的。量价背离了，要特别小心对待。

下边举几个相关的例子，请各位认真研究，总结其中的规律，学以致用。

短线接力庄至少拥有两种操作性质类别：

第一类，独立接力式；即A机构完成第一次操作出货后，视该股与市场环境情况，再接力操作第二次与第三次；

第二类，多方接力式；即由ABC多家机构完成几次连续性接力操作。

短线接力庄操作过的股票，在行情上有一定的延续性。但每次拉升时间都较短，拉升幅度也较小。一般情况下，如A机构拉升幅度超过20%以上，则B机构拉力拉升幅度就会控制在20%以内，而C机构拉升幅度或许会更小。

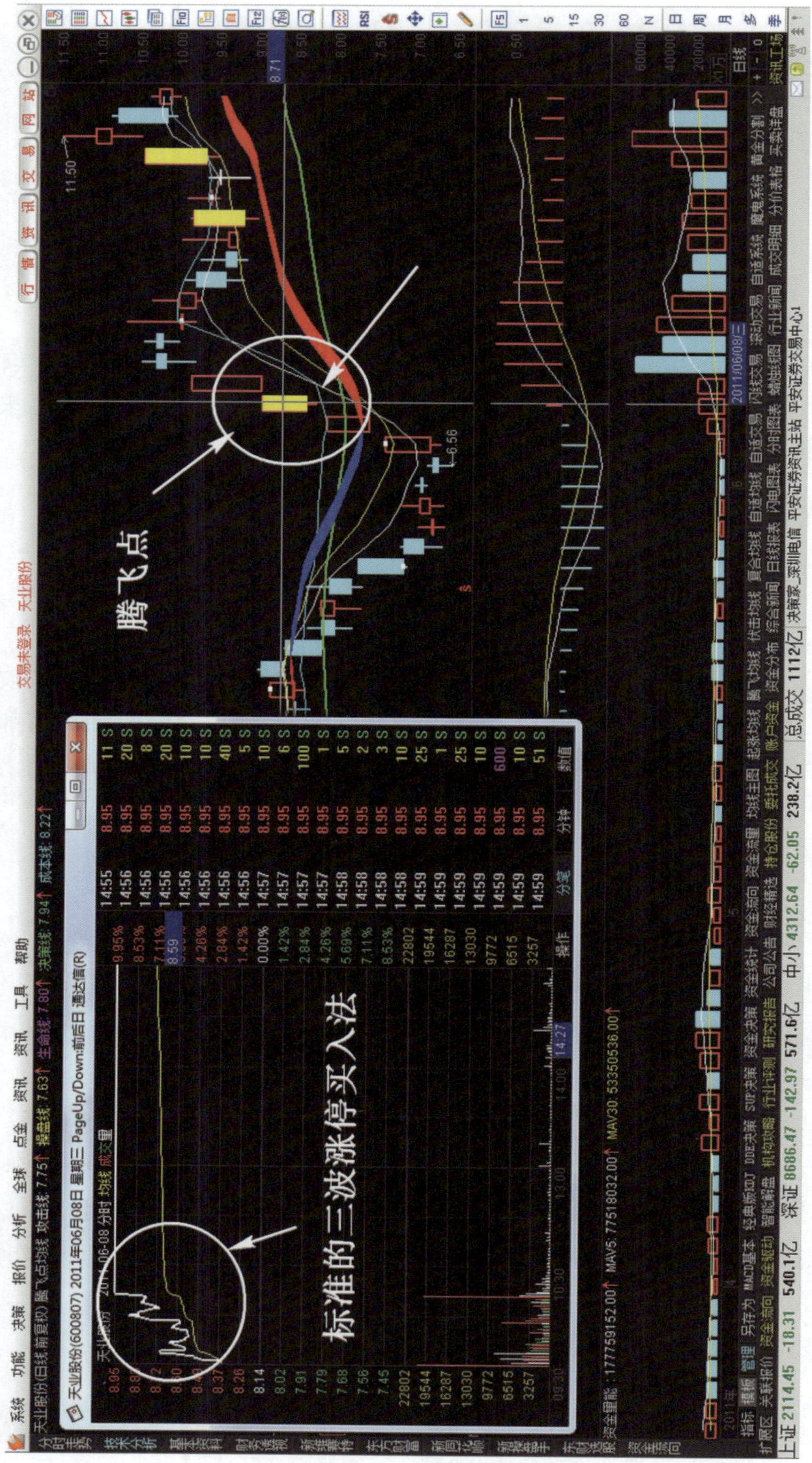

图例085

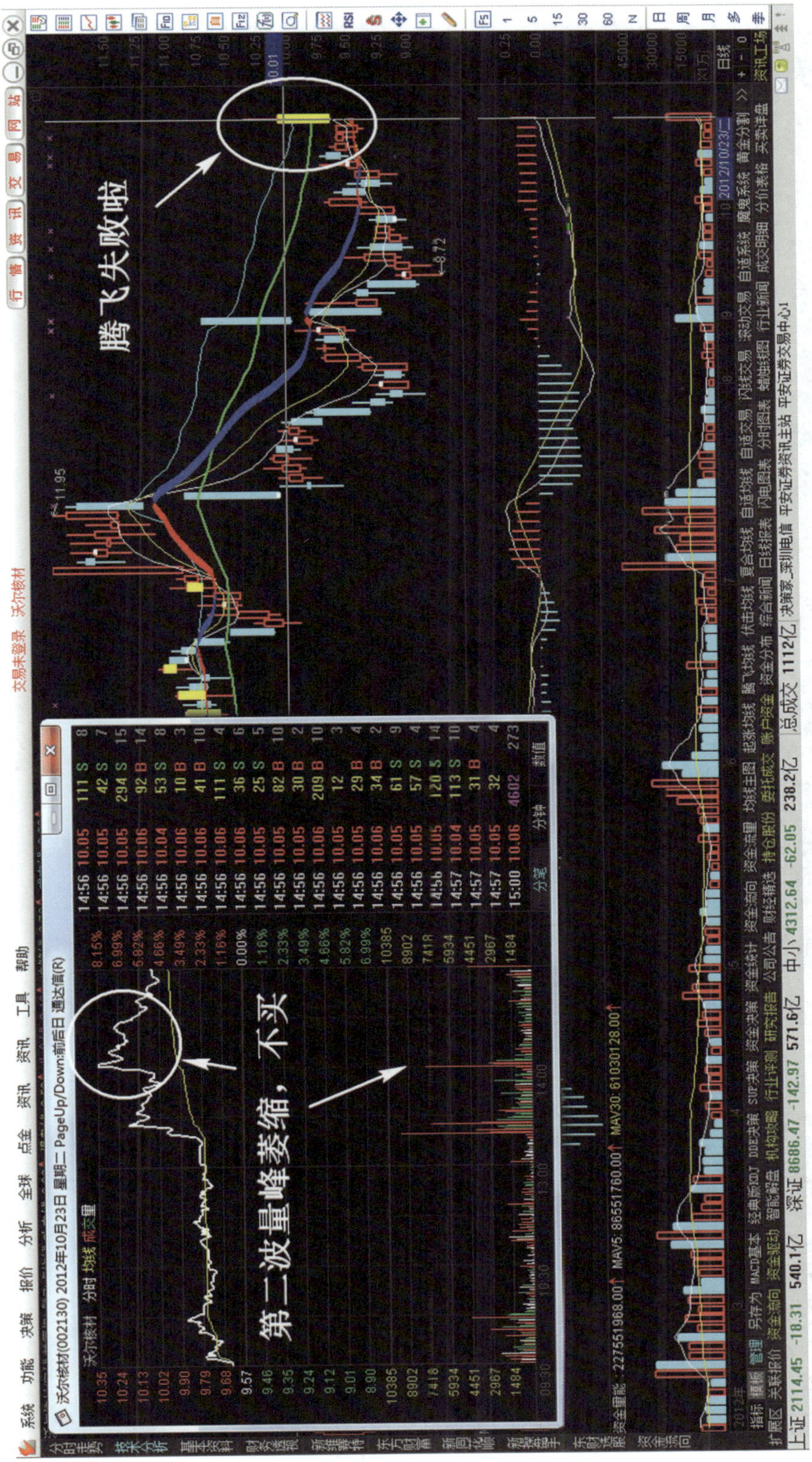

图例 086

第四章 腾飞点技术的狙击要领

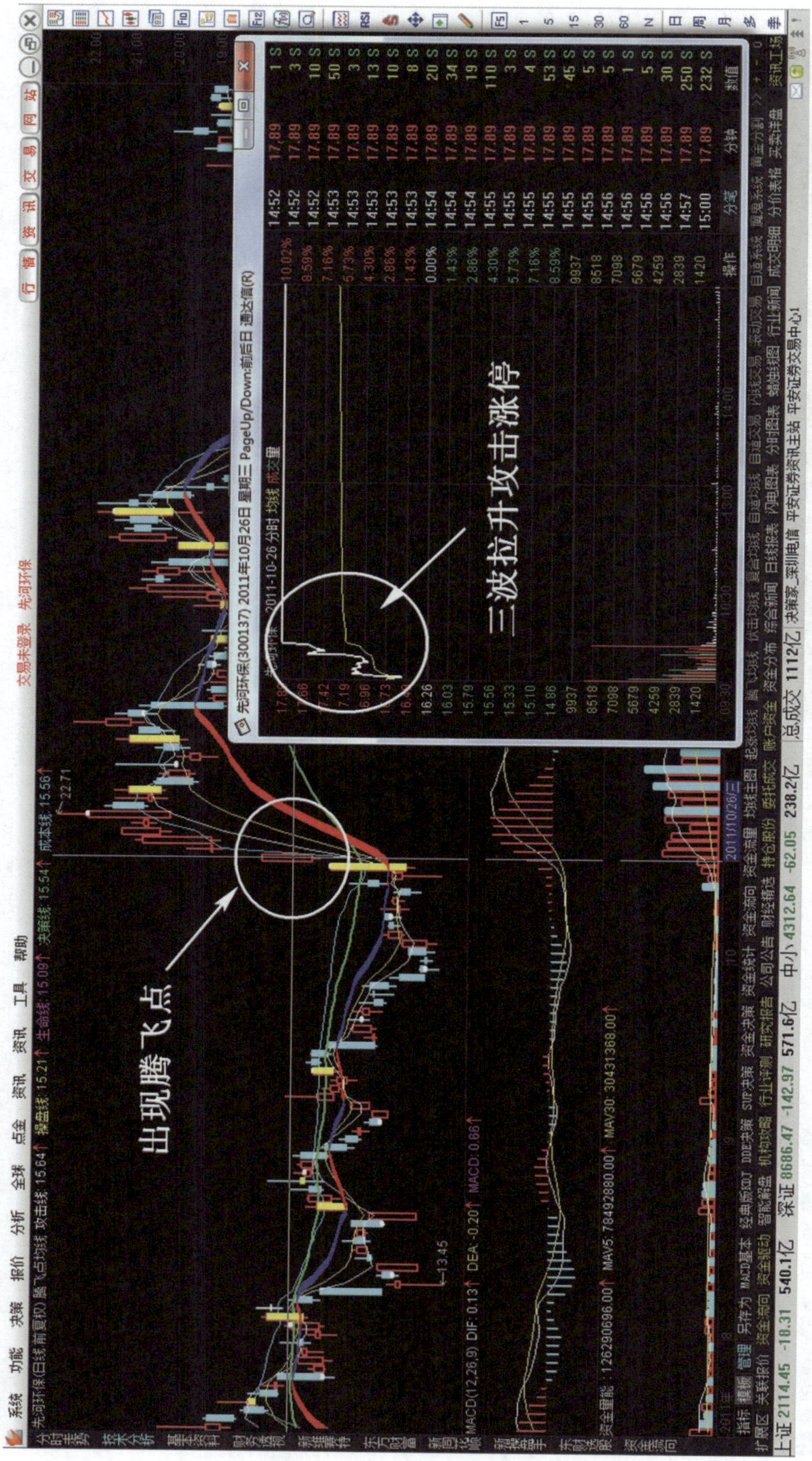

图例 087

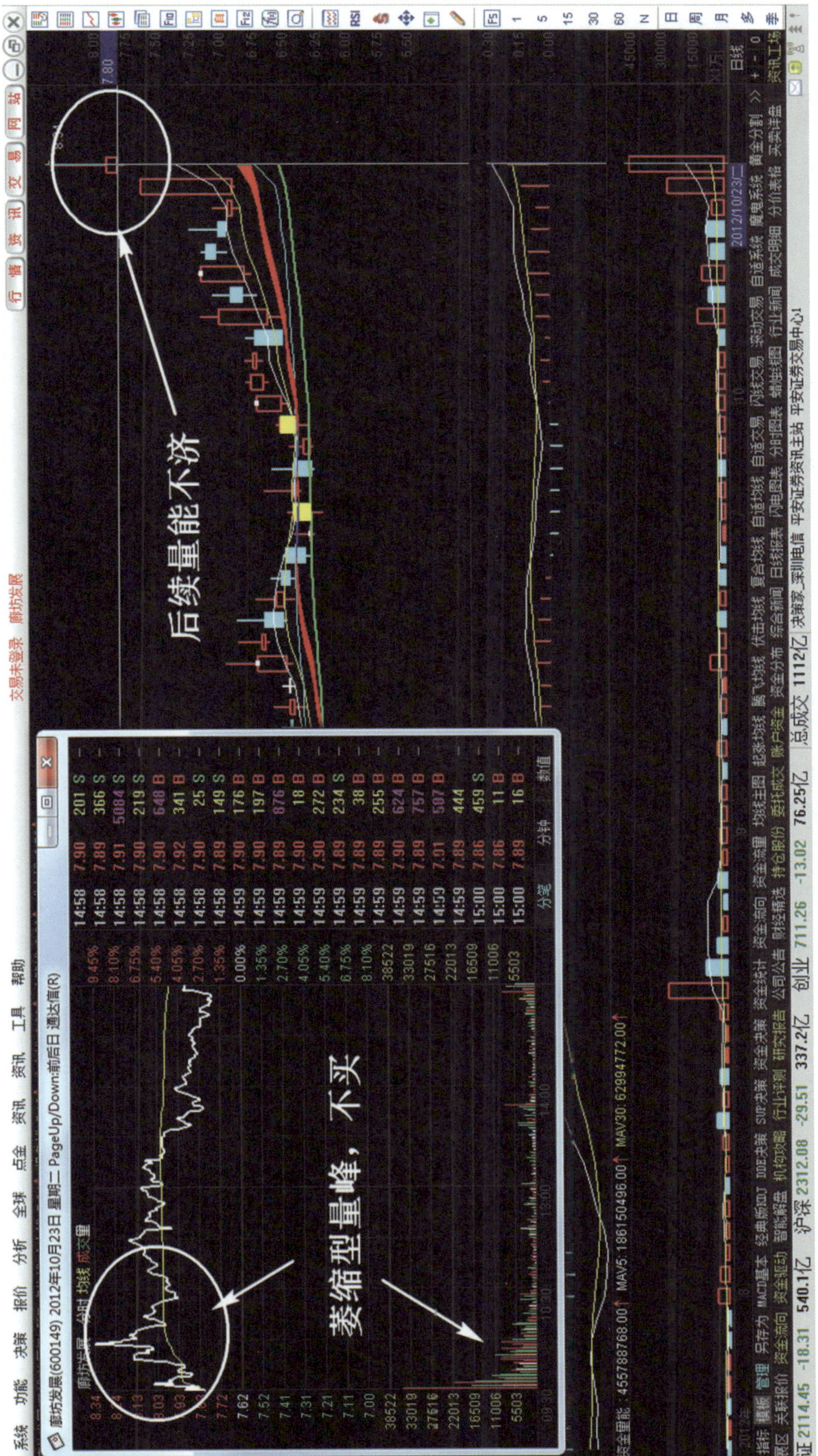

图例 088

第四节　多波攻击涨停的狙击法则

一、多波涨停的买入方法

标准的多波攻击直接涨停，盘中第一波攻击涨幅达到4%以上，成交量迅速放大，出现标准型的攻击型量峰，第一、第二波回调三分之一位置缩量的时候买入，盘中每次回调均价线位置，并出现缩量特征时可以再次买入。

多波攻击的多波有时拉开的幅度比较大，基本上都会回调到均价线位置，只要不出现萎缩型量峰，第次回调均价线处都可以大胆买入。

例如西部矿业（601168）这只股票，盘中大盘怎么调整、跳水也好，都没有萎缩型量峰出现，每轮攻击都是攻击型量峰，说明当天主力的钱投进去是真金白银，而不是玩技巧，是真干，而不是耍花招。因此，回调均价线时可以大胆吸纳。参见图例089所示。

再比如前边讲过的英力特（000635）这只股票，早上第一波攻击只有二个点，这波不用去买，到了上午10多钟的时候，第二波攻击达到4个点，在14.6元的位置，攻击型量峰出来了，回调就可以大胆的买入。第二波长波攻击达到7-8个点，不要急于追进，等缩量回调至14.8元就可以买入了。等到回调三分之一位置时买入。下午涨停还不断开板，再怎么样都可以买到。当天就有三个典型的买入方法。参见图例090所示。

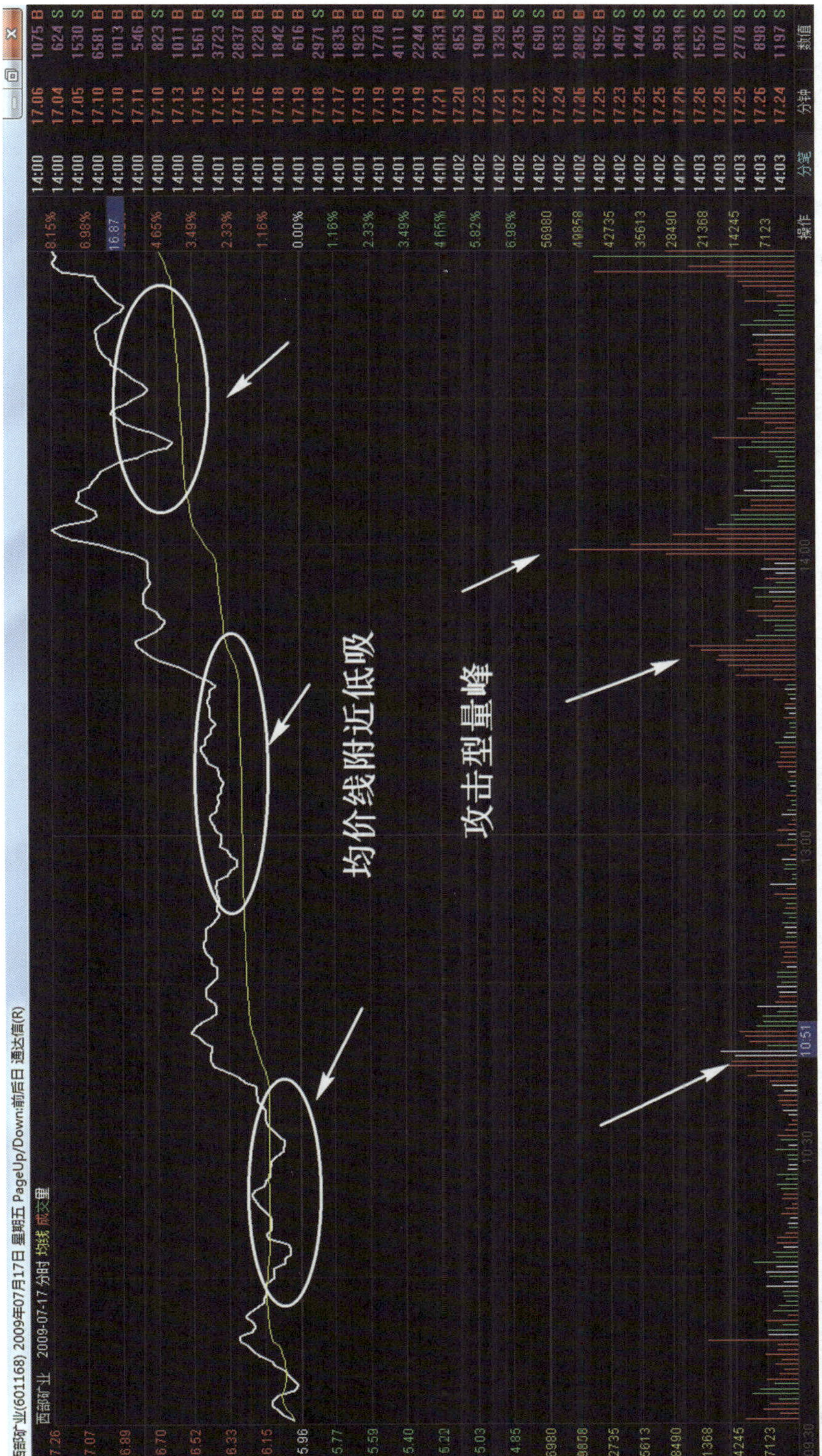
西部矿业(601168) 2009年07月17日 星期五 PageUp/Down:前后日 通达信(R)
均价线附近低吸
攻击型量峰

图例 089

图例 090

二、多波拉升不能买入的情形

请大家注意，坚决不能买第二波萎缩型量峰：第一波是攻击性量峰，量放很大，第二波再攻击，创新高，量没有跟上去，这就叫萎缩。腾飞 K 线当天出现萎缩性量峰的，当天不可能出现涨停板。这是最基本的法则，请各位务必记住。参见图例 091 所示。

在这里讲一下腾飞 K 线的两个 K 线。第一个大阳 K 线，涨幅达 7－10%，中阳线是 4－6%；到了 4% 就可以动手了。狙击方法是：大阳线当天涨幅达到 10%，可以在涨停价买入，当天任一开板价都是买入机会。大阳线当天涨幅达到 7% 以上，在当天收盘前均价线附近任一位置买入。如果当天大阳线没有涨停，只涨 7 个点，就在收盘前买入。

中阳线当天涨幅达到 4% 以上，在收盘前 15 分钟内于远离均价线任一位置买入。如果在当天收盘前 30 分，发现涨幅还是 4 个点，那么就在 15 分钟前买入。要确定当天是否是 4% 的涨幅。至于股价展开调整时，只要前方的压力没有了，可在昨天收盘价 1－2% 之间任意价买入。这样的主力是经常有的，第一天涨停板，第二天打个低点下去，洗洗盘而已。

我们一致认为，短线拉力式操作模型可能会在今后较长一段时间内被国内广大私募机构所接受并运用。在股票作为商品的投资时代，这种模式，也许是做市商制度推出前的预演。如果所操作的目标品种，其基本面在股价上涨的同时也得到一定程度的改善，则该模式也未尝不是一种较佳的盈利手段。

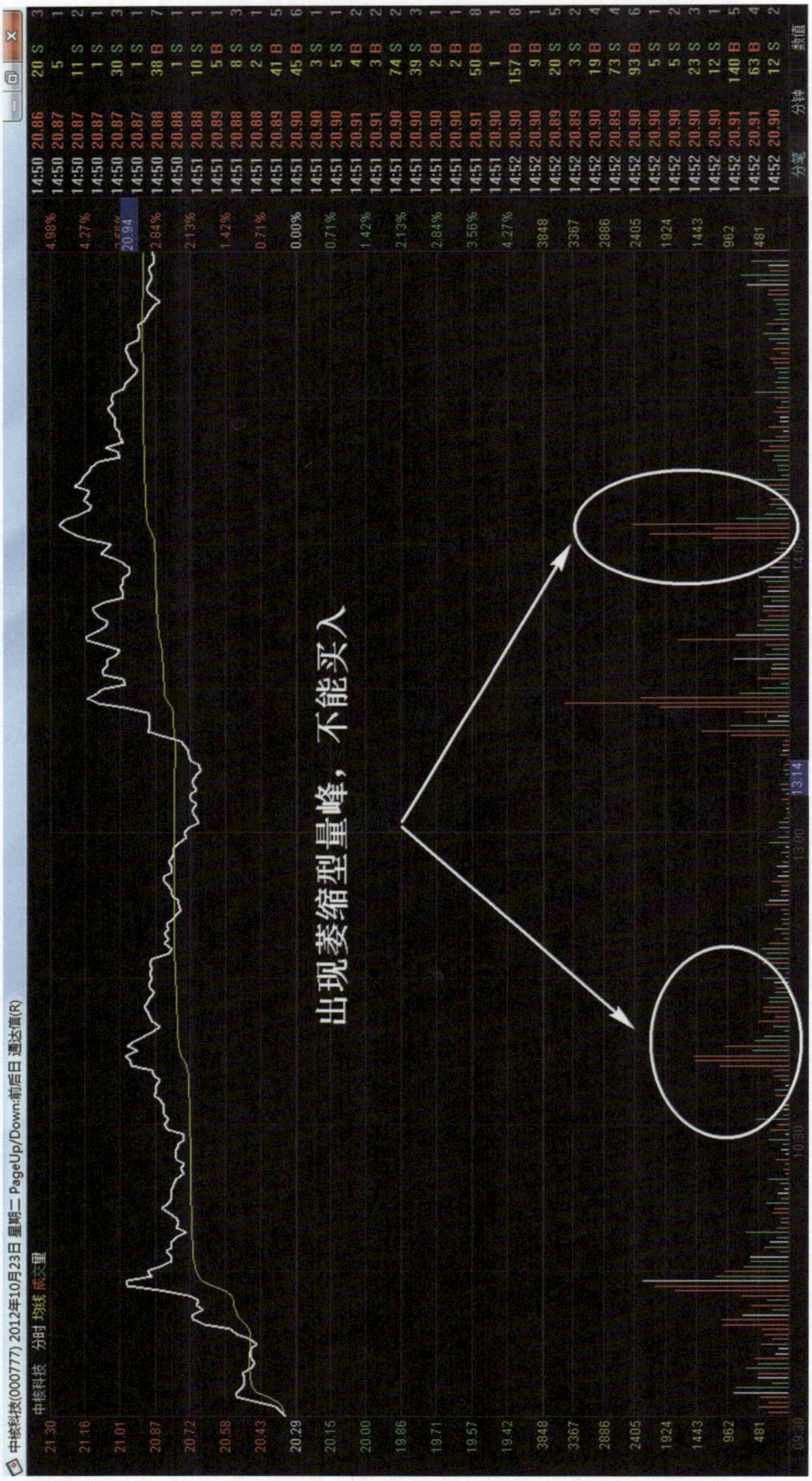
中核科技(000777) 2012年10月23日 星期二 PageUp/Down:前后日 通达信(R)
出现萎缩型量峰，不能买入

图例 091

第五节　均线交易系统狙击法则

一、腾飞点技术标准的均线结构特征

腾飞点技术均线结构特征是：攻击线与操盘线必需金叉；生命线与决策线也必需金叉持续向上。凡不是这样的，都不是狙击点。这是最基本的狙击法则。参见图例 092 所示。

二、腾飞点技术均线结构狙击法则

（一）均线的狙击法则：股价当天展开腾飞突破攻击线，涨幅达到 4% 以上，马上买入，就是远离攻击线就要买入了。这句话有两个意思：一是当天股价的涨幅脱离攻击线以上 4 个点。二是以昨天的收盘价计算，今天的涨幅达到 4 个点。

（二）股价形成标准腾飞 K 线后，当天没有买入，在第二天回调攻击线的时候买入。

（三）日线操盘线是股价调整洗盘的极限区域，因此可以在操盘线布局剩余仓位。

> 短线接力庄操作的目标品种盘子不会太大，一般在 3 亿股以内，投入的资金量也十分有限，一般情况下在 1 亿以内。在拉升时，主要依靠与一些非法理财类公司合作，通过 QQ 群、群发短信、BBS 论坛、博客、门户网站的股吧等进行宣传造势。

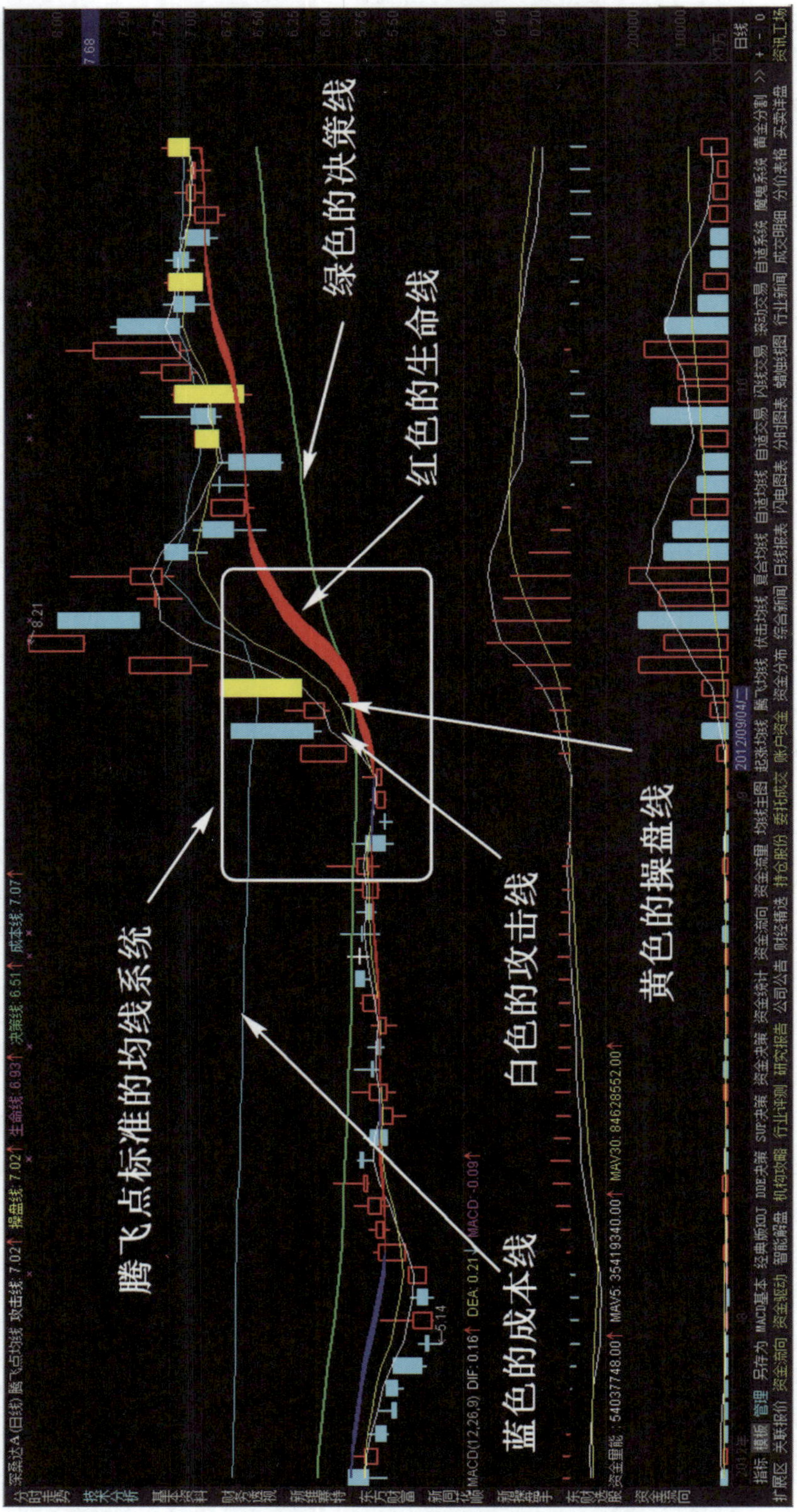

图例 092

第六节　量能系统狙击法则

一、60 分钟周期狙击法则

60 分钟第一根 K 线涨幅达到 4% 以上，并出现标准的大量柱，可以在第二根 K 线开盘买入第一单。股价出现回调的时候，并低于第一根收盘价 1% 时买入第二单。（这是非常准的）

二、日 K 线的量能狙击法则

（一）第一天放量突破完成腾飞形态之后，次日股价展开振荡，可在第一天收盘价上下 2% 范围内买入第一单。

（二）股价连续两天收盘在第一天大阳收盘价之上，如果是，则可以在第三天的收盘前

买入第二单。也就是在第一根大量柱之后的第三天买第二单。

关于量能系统狙击法则，参见图例 093、094、095、096、097、098、099 所示。

> 短线庄具备突然涨停的特点，他们的操作应该是闪电战，以快打慢，迅速在极短的时间内完成一个目标空间的跨越。因此，在对应大盘环境的策略方面，他们有以下共同特点：
>
> 其一，大盘微跌，短线庄暴涨；
>
> 其二，大盘止跌反弹，短线庄已经到达目标位；
>
> 其三，大盘大涨，短线庄已经从容出货完毕。

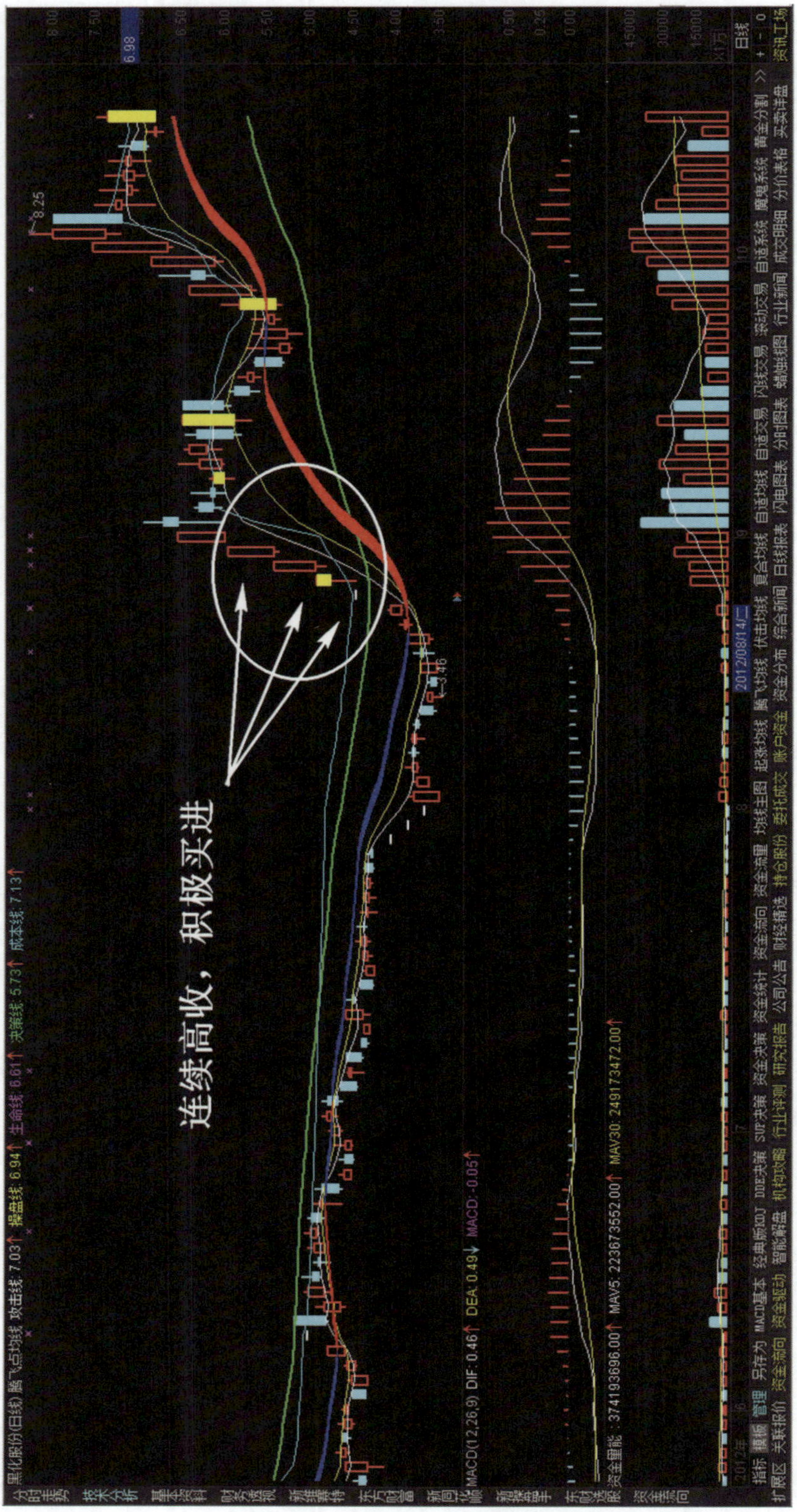

图例 093

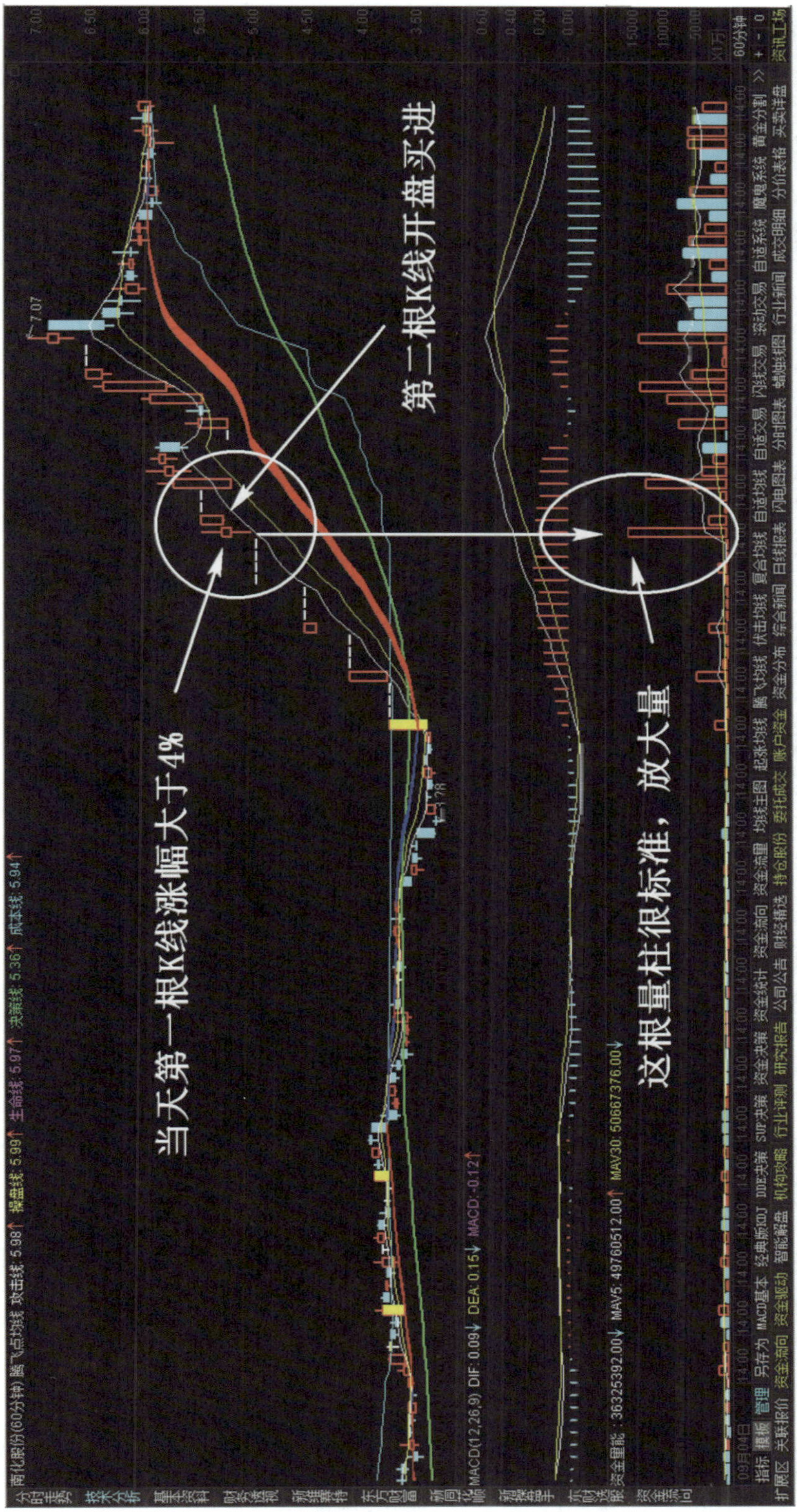

图例 094

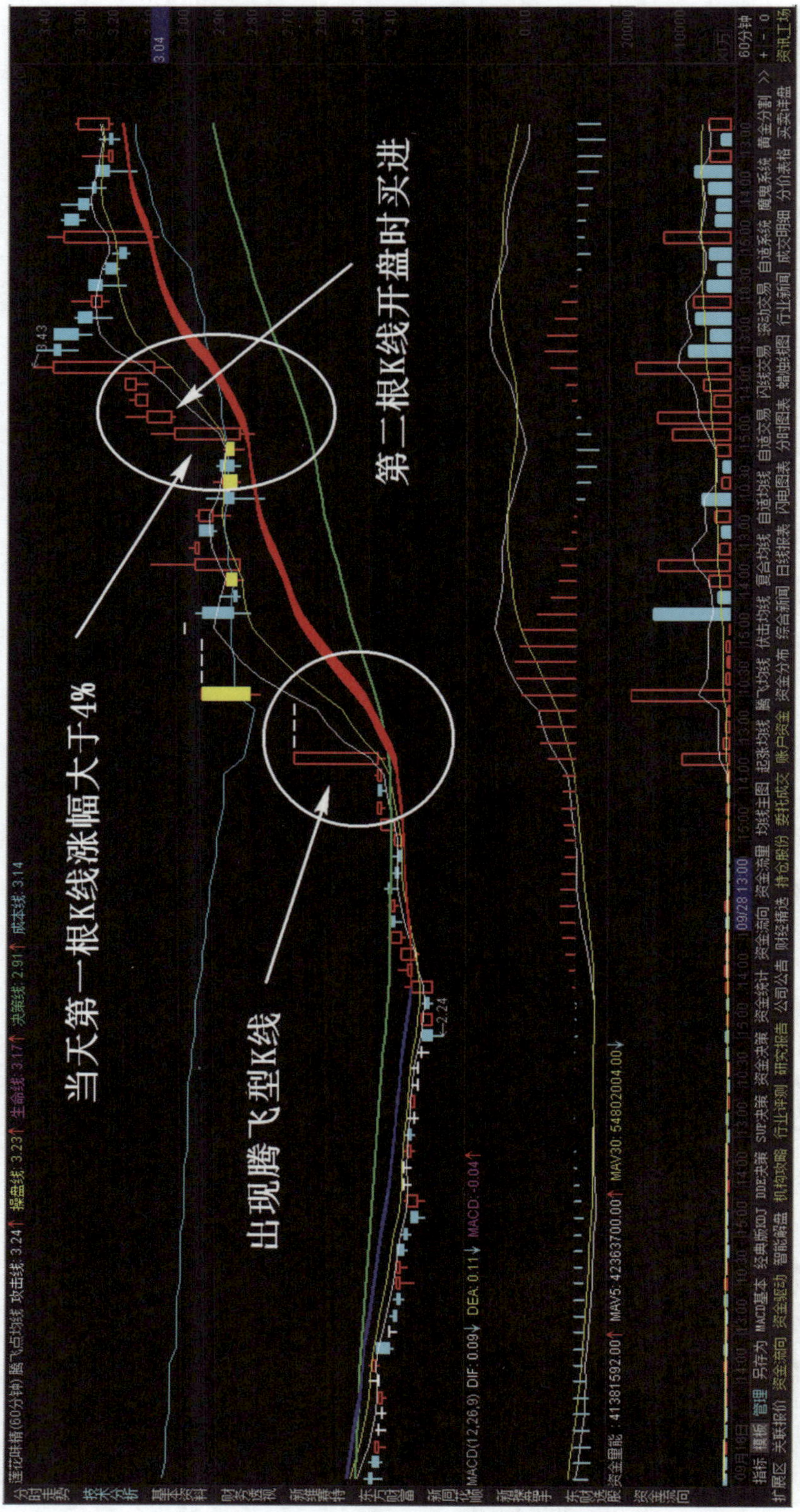

图例095

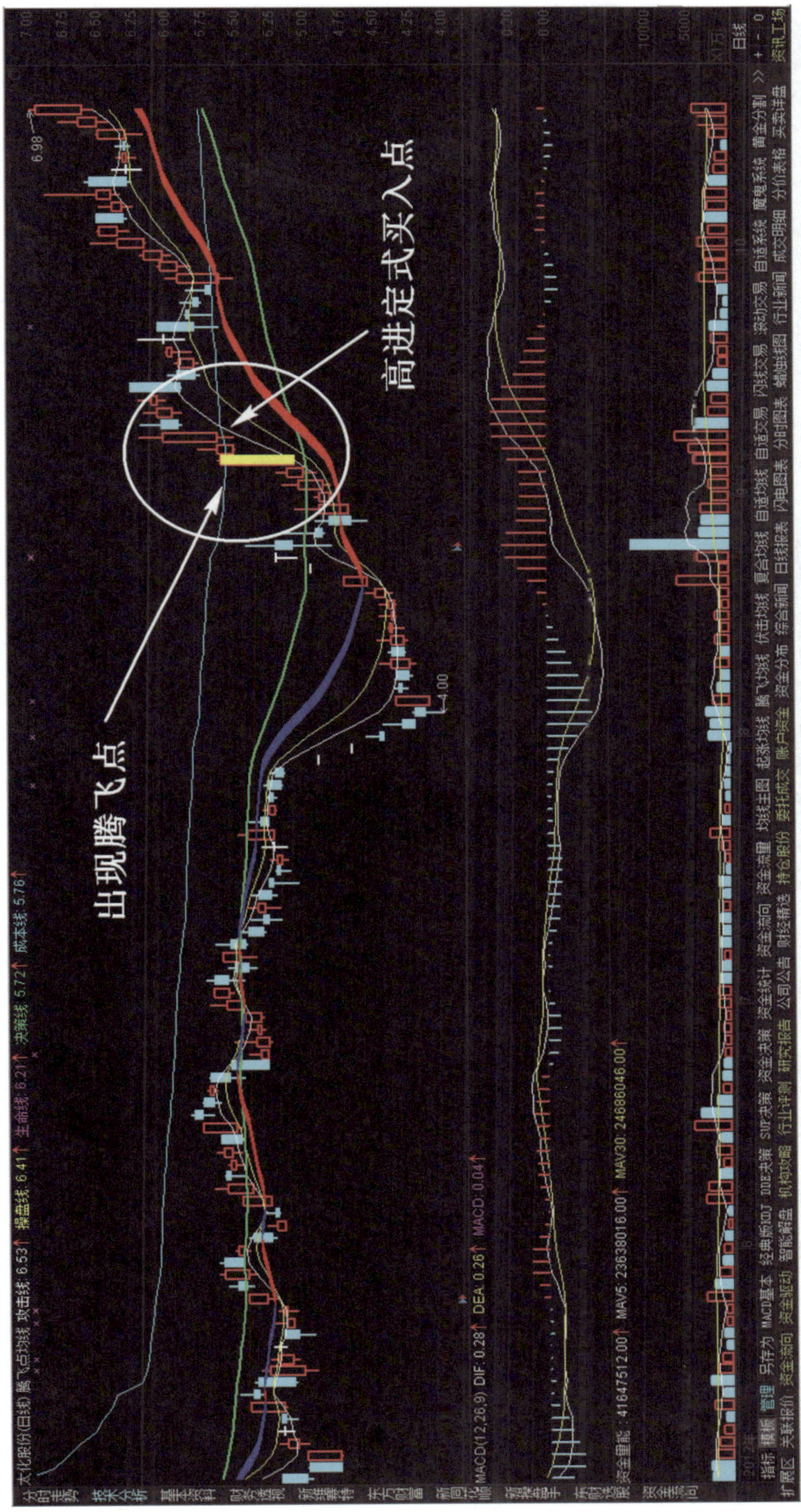

图例 096

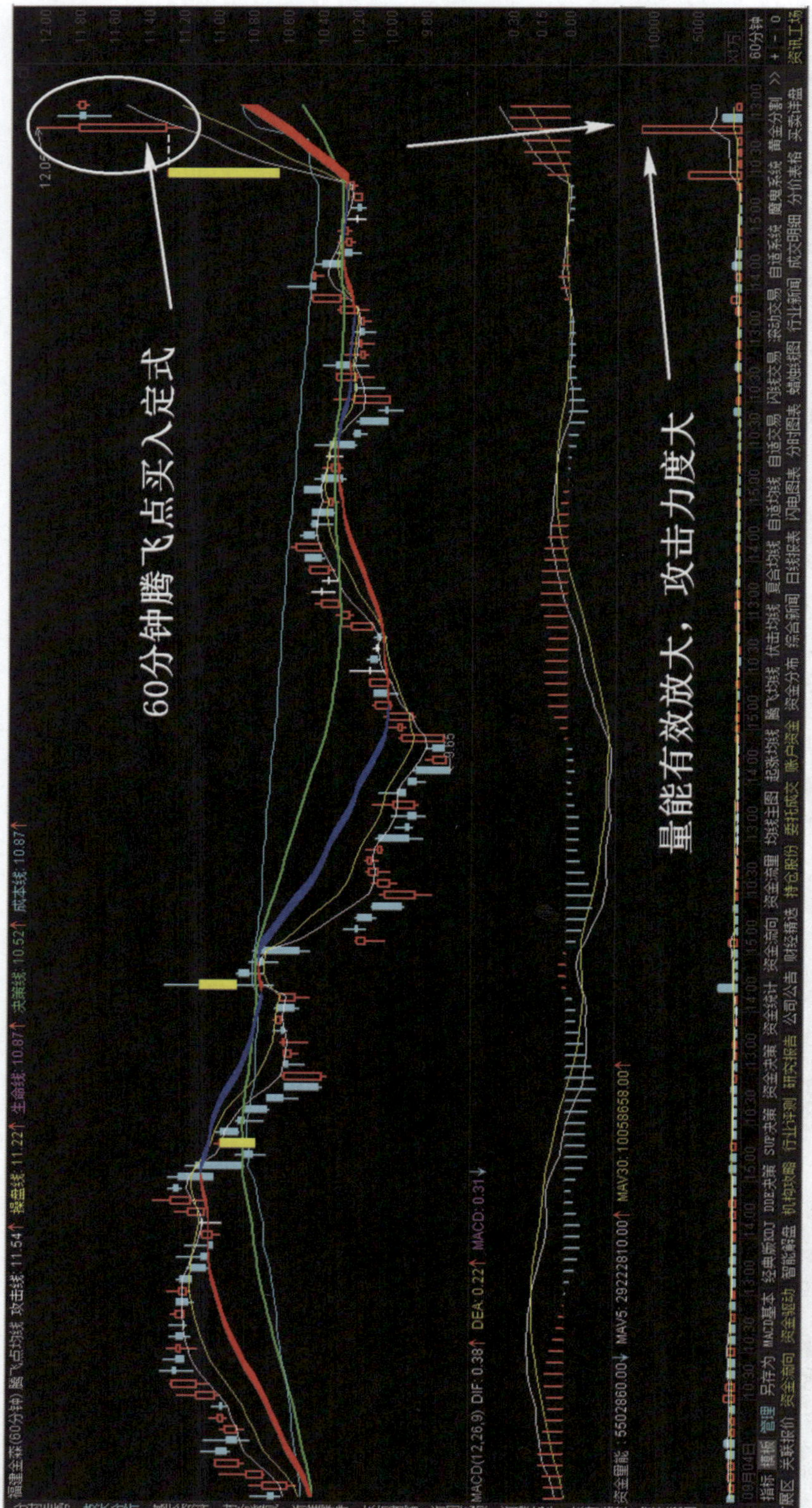

图例097

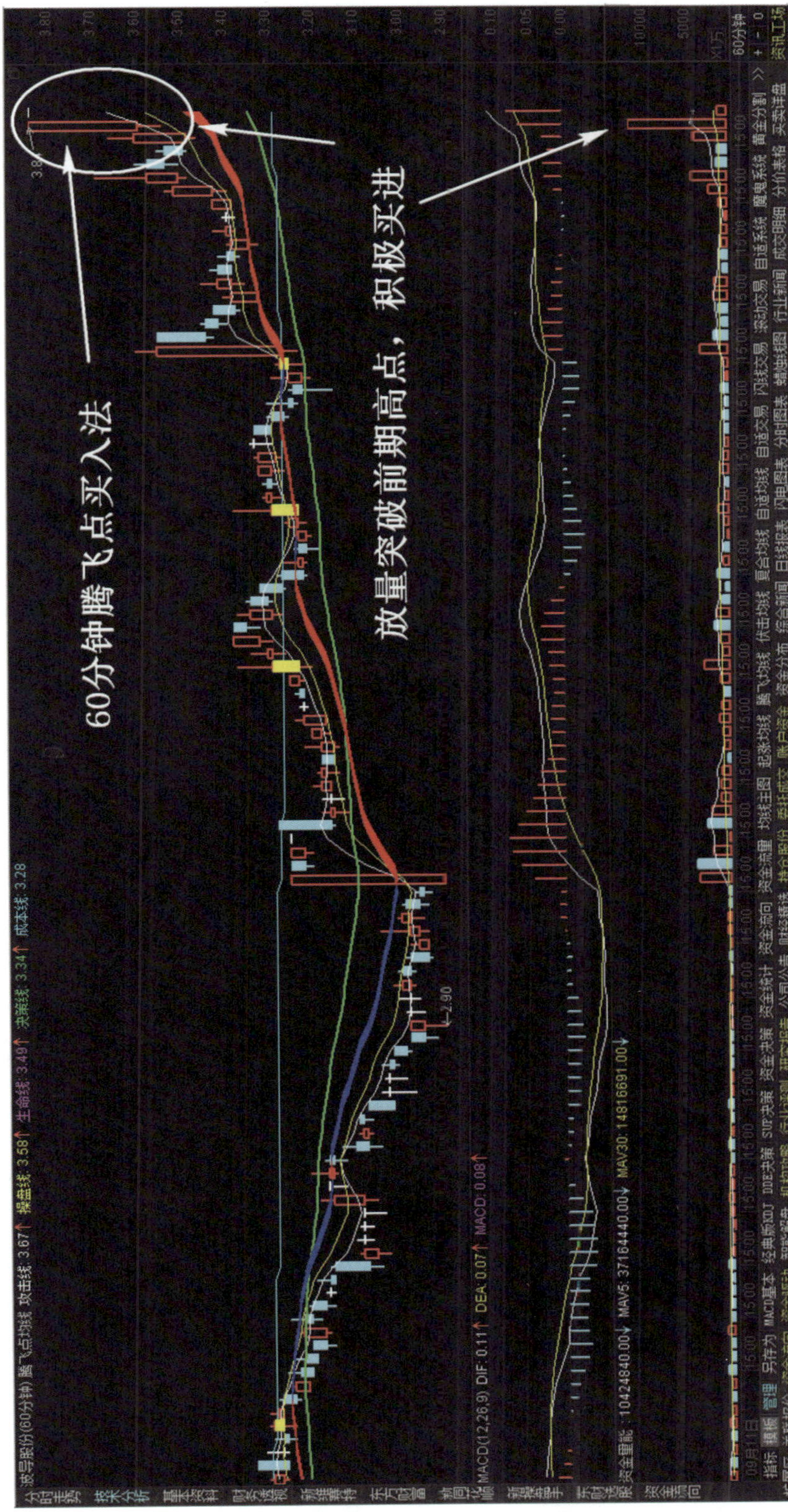

图例 098

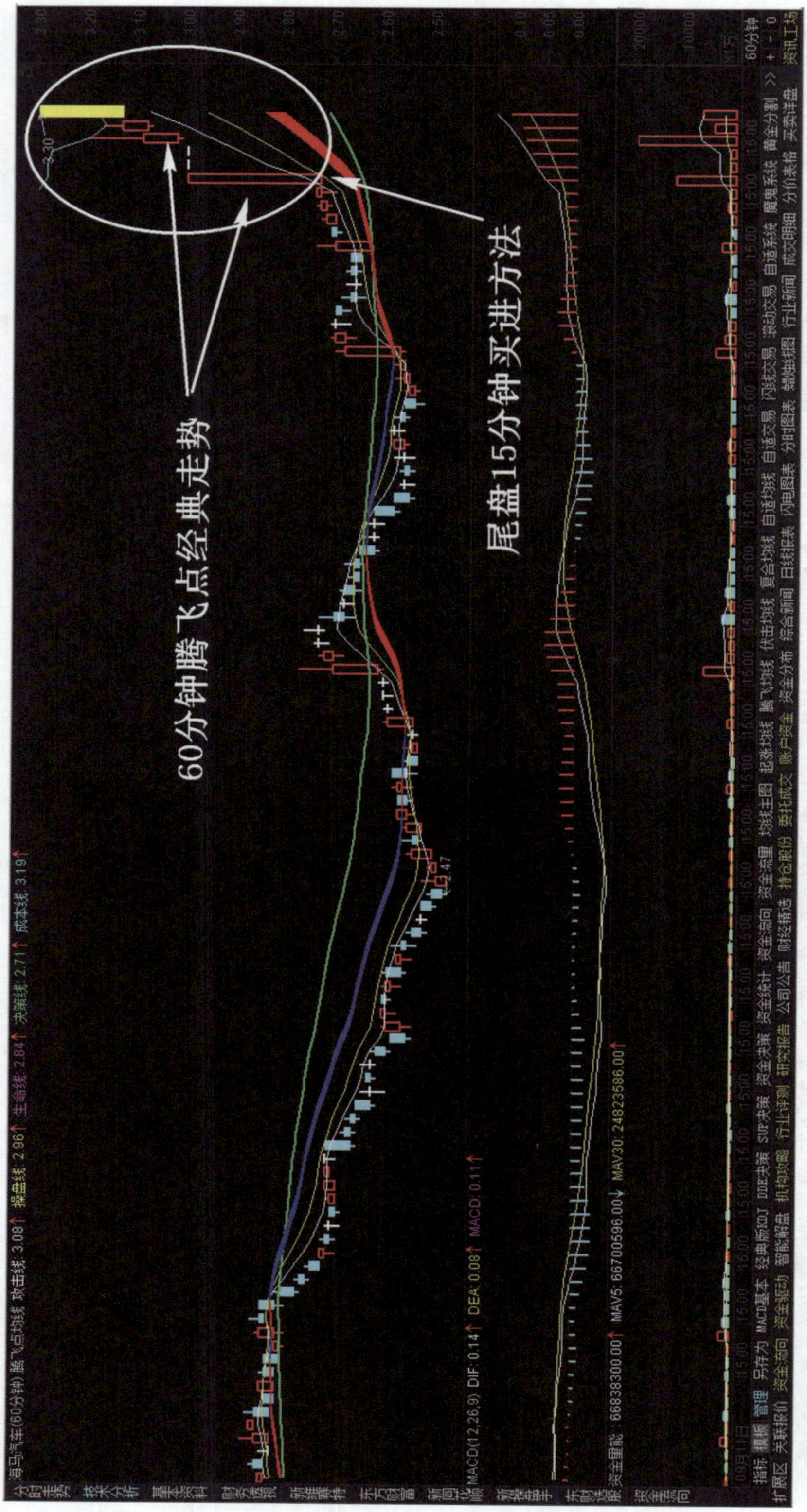

图例 099

第五章
腾飞点技术信号与大盘环境关系

本章学习要点

一、深刻领会大盘环境的重要性。

二、领会大盘对个股的主要影响。

三、领会大盘影响个股的主要类型。

四、领会大盘对腾飞点的主要影响。

五、在实战中反复演练腾飞点技术。

第一节　简要认识大盘的主要功能

一、对大盘功能的核心认知

大盘指数主要反映的是市场环境，我们都是以大盘为依据做个股，从来不脱离大盘做个股。指数就是调节器，调节市场的情绪。所有的投资者都要据此操作。这是最核心的要点。具体而言，对大盘的走势要有以下认识：

一是大盘趋势上涨，市场环境就是宽松的；
二是大盘趋势下跌，市场环境就是严峻的；
三是大盘趋势横盘，市场环境就是冷热相间。

大盘环境宽松，个股就会跟着大盘涨，2009 年从 5、6 月以来，大盘始终以操盘线为依托展开上涨的，每一次的调整都没有有效的打破操盘线，即使中间有一次打穿了，第二天也修复了，这就是强势市场的特征。大盘环境宽松呢，就会导致超级财富出现，个股就会疯狂上涨。很多个股都是如此，比如神马实业、科大迅飞，等等。

短线庄经常会选择大盘下跌阶段的初期，中后期与横盘调整阶段利用突发性事件展开操作，这是他们获取暴利的致命法宝。对短线庄而言，他们无须取得与上市公司之间的合作，那样的话，成本太高，也太麻烦了。

从某种意义上讲，短线庄就是月黑风高半路打劫的那位哥们。

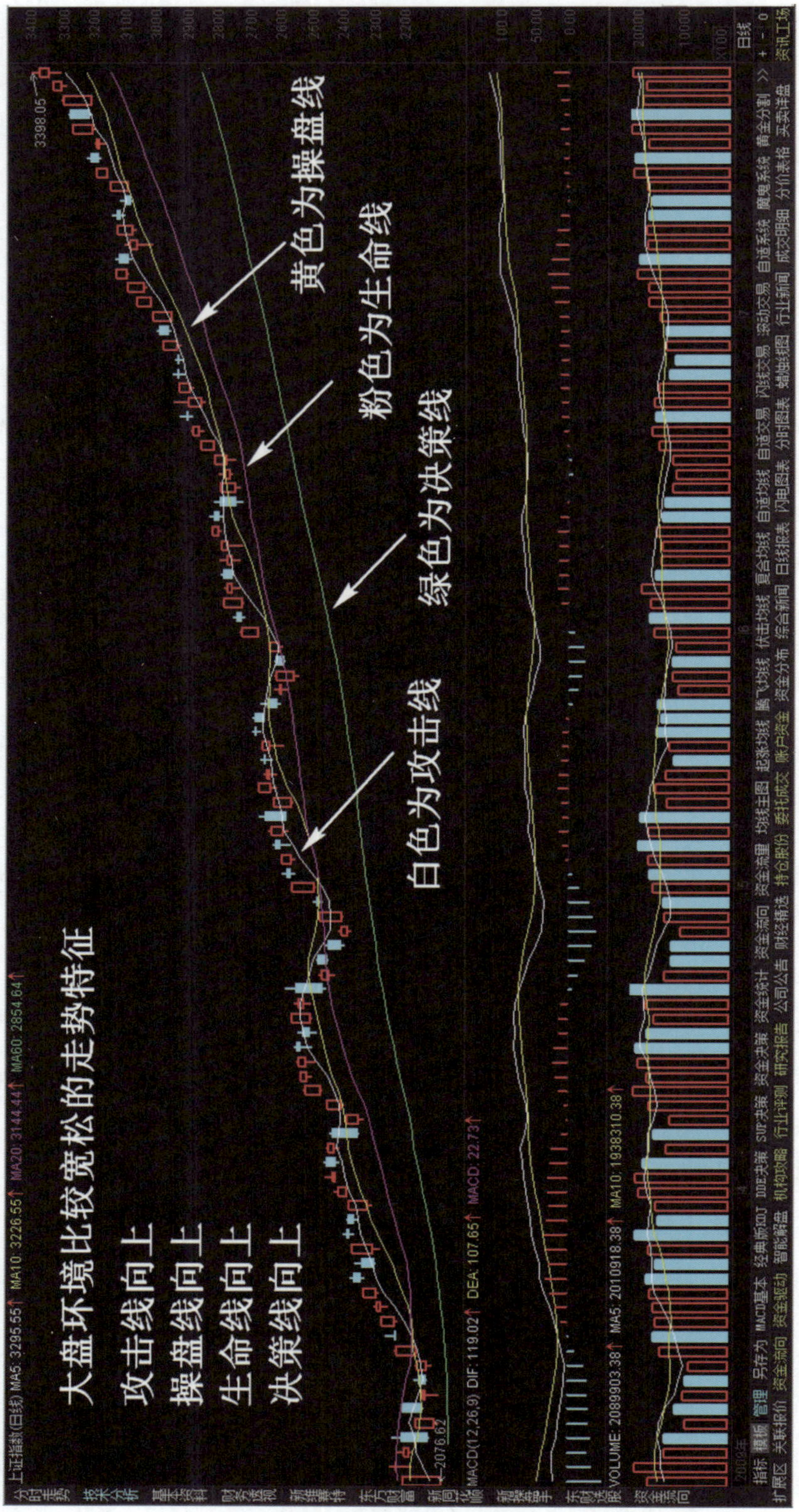
大盘环境比较宽松的走势特征
攻击线向上
操盘线向上
生命线向上
决策线向上
黄色为操盘线
粉色为生命线
绿色为决策线
白色为攻击线
上证指数(日线) MA5: 3295.55 MA10: 3226.55 MA20: 3144.44 MA60: 2854.64
3398.05
2076.62

图例 100

二、导致个股疯涨的四个内在因素

一是上市公司内在的经营质量发生变化；
二是创新业务政策扶持了上市公司业务的发展；
三是机构投资者迅速提升上市公司的股价估值；
四是制造财富效应，吸引市场注意力。

三、大盘指数是机构投资者的工具

大盘指数在阶段性低位的时候，机构投资者就会配置品种建仓。如果是在阶段性高位，机构投资都就会择机获利高抛。机构投资者也不是孬种，不会在里面始终护盘的，赚了钱还是会跑路的。大盘指数对个股价格的趋势具有比较强烈的牵制力，指数上涨，个股就会普涨。

大盘指数与个股几乎是同步的，目前有的基金叫指数型基金，就是以指数配置型为重点的投资基金。配置的股票就很简单，比如说沪深 300 指数，就是以沪深 300 成份股为持仓股票来投资的，如果大盘涨，他们的股票就涨，如果大盘跌，他们的股票就跌。有的是上证 50ETF，有的是做深圳 50ETF 指数的，他们选股就是在这 50 支股中选。等等。

四、大盘走势与腾飞点的类型

逆流型的腾飞点，是指不根据大盘趋势变化而变化，因此逆市而飞。逆流型腾飞点的特点是大盘趋势下跌，个股上涨，大盘横盘个股也上涨。比如神马实业，当日大盘是下跌的，它偏偏涨停。所有的逆流都是短期的，不会是长期的，终归会回到大盘的趋势里面来。因此牛市不要轻易换股，减少操作，大盘都在上涨，沿着操盘线前进，你着什么急呢？不要跟猴子一样跳来跳去，就捏住你那支股票，只要认定了是好股票，拿着几倍都涨出来了。在熊市为什么要换股要频繁一些呢，因为熊市每次大盘反弹都会下跌的，也会沿着操盘线下跌，这样在的话持有的股票肯定是以短线持有为主体。这就要灵活，不要死抱着，这就是两个不同市场的操盘模型。

顺流型的腾飞点，是指顺应大盘的趋势变化而变化，因此也叫顺势而飞。顺流型腾飞点的特点是大盘趋势上涨，个股爆涨，大盘趋势横盘呢，个股也是上涨的，最佳的状态是顺势。这才是最好的操作模型。

第二节　分析大盘时要记住的两个基本点

一、指数对所有的投资者都是产生牵引力的

我们任何时候的操作前提是，首先要判定未来二到三天大盘不会下跌，如果是安全的，所以我们的腾飞点买进后二、三天都是安全的。什么是安全的呢？首选大盘是沿着操盘线在前进的，操盘线与攻击线没有死叉，趋势是向上的。大盘的60分钟攻击线与操盘线是金叉的，生命线与决策线也是金叉的，未来4－8个小时大盘很难下跌，操盘是安全的。如果生命线与操盘线是金叉的，也是安全的，只是降低了操盘的机会。

二、对我们的选股提出了一个条件

选股的时候要注意指数。指数是由成份股构成的，哪些股是成份股呢，我们要把成份股有样本给挑出来，凡是成份股，都是基金配仓的重点，因为业绩必定是好的。比如说沪深300，是由上海、深圳300支股票组成的，这300支股票的业绩符合要求。所以才能支撑沪深300的上升。所以我们选股的首先要点就是指数成份股，凡是指数成份股，必有主力基金配仓，就免了我们到处去找主力的麻烦性。沪深300代表指数，它上涨，指数就不会跌，既然如此，我们就要和指数站在一起。这就提高了我们选股的效率。周五上涨的股全是沪深300股，世界上的好股都在这里面。腾飞点的股就是要从这里面找最适合的。如果范围再小点就从沪深50中找，才50支股是很好找的。参见图例101所示。

无论是短线庄，还是短线接力庄，在操作模式上均没有什么区别。从风险管理角度而言，短线接力庄的风险要略大些，因此，其具备的资金实力与操盘能力远在普通短线庄之上。

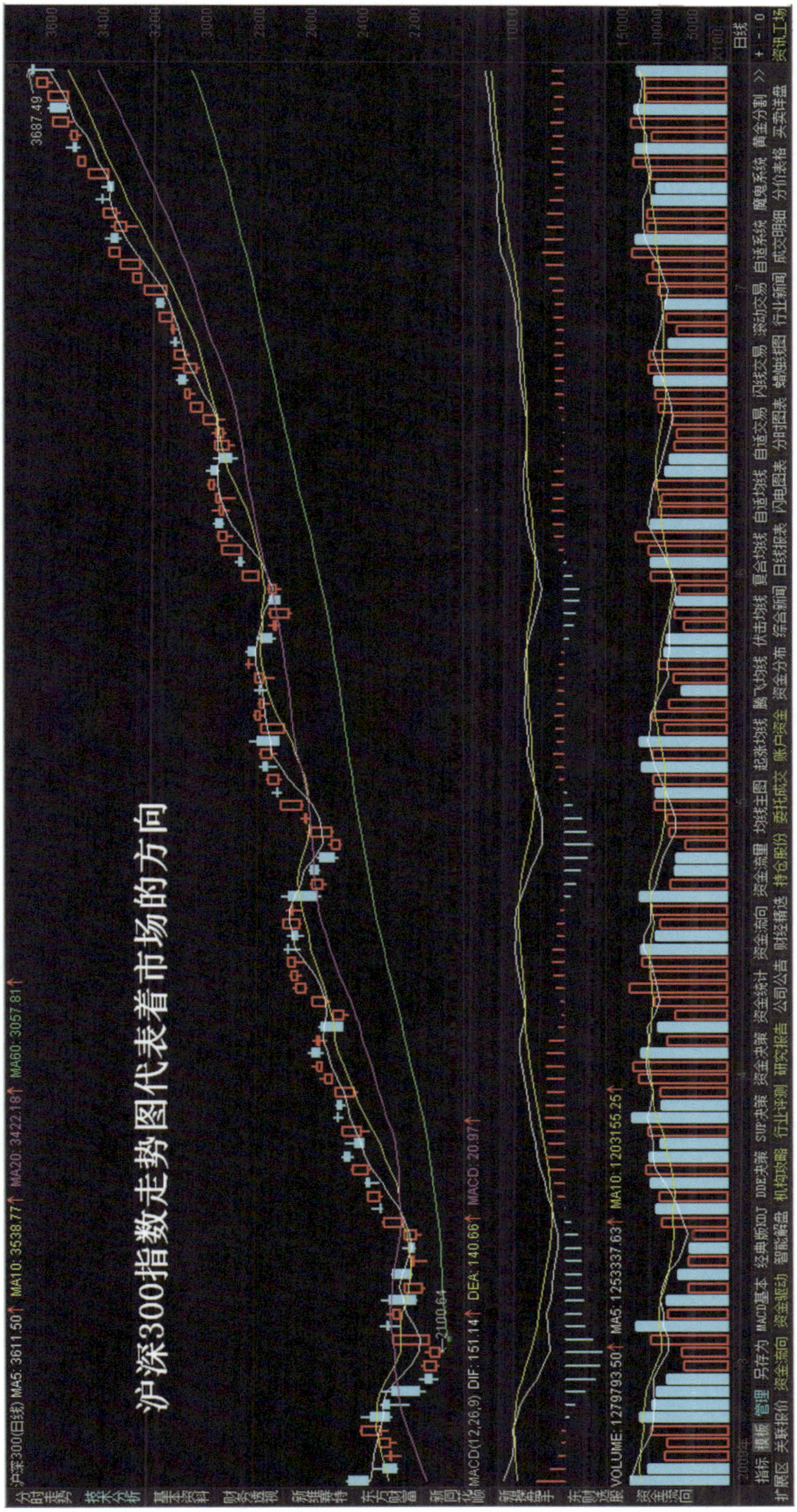
沪深300指数走势图代表着市场的方向
沪深300(日线) MA5: 3611.50 MA10: 3538.77 MA20: 3422.18 MA60: 3057.81
3687.49
2100.64
MACD(12,26,9) DIF: 151.14 DEA: 140.66 MACD: 20.97
VOLUME: 1279793.50 MA5: 1253337.63 MA10: 1203155.25

图例 101

第六章
腾飞点技术信号与板块热点关系

本章学习要点

一、认识板块热点对操作的重要性。

二、认识板块热点与个股的主要关系。

三、认识板块热点对腾飞点的重要影响。

四、认识板块联动与超级主力的逻辑关系。

五、在实战中反复演练并掌握腾飞点技术。

第一节　腾飞点技术信号与市场热点的关系

一、大多数人操作上的认知错误

我们很多人做股票，很奇怪，就是不敢做热点。当天热点出来了后，尽找哪些涨得歪瓜劣枣的股票去看，很不可思议啊。人家热点就在盘口前 10 名排在那个地方，等着你去取钱。找热点就是找形态、资金、人气全出来了的品种，天时地利人和。这就是热点所在。

我们学习所有的技术，都是想成功，想产生爆发式增长的财富。而爆发式增长的核心来自于热点，这是任何时候都不能忘记的。有很多技术是具有动态的，具有可变性的。为什么同样做起涨点、腾飞点，有的人做得不是很成熟，买了就跌，卖了就涨，再去追涨，追上了也涨不了多少的。追究起来，主要原因是没有抓住热点去操作。你偏离了航向。

其实，主力在哪个地方，哪个地方就可能产生较大的战区。这些地方就可能是热点所在。不跟主力部队走的，最后都是慢慢消亡。所以要紧跟热点。这章我们将讲三个要点：一是腾飞点与个股的基本面变化，二是腾飞点当日的板块联动效应，三是腾飞点与当日热点龙头判断。通过学习这些内容，你们就可以学会如何紧扣热点操作，快速地赚到巨额财富。

热门板块分析-所有板块 SUP统计 今日:2012-10-25,四 点右键操作 F8重新计算

时刻盯住热门板块，紧扣热点才是赚钱之道

	板块名称	均涨幅%	权涨幅%	总成交	领涨股票	涨股比	市场比%	换手率%	市盈(动)	主力净买	5日主力净买	60日主力净买	总资金流入
1	牛股池	2.02	1.49	1.82亿	东土科技①	2/2	0.01	22.21	41.16	200.5万	200.5万	200.5万	130.4万
2	燃气供热	[illegible]	2.39	6.07亿	长春燃气	8/13	0.03	1.36	29.45	4278万	4278万	4278万	7432万
3	卫星导航	[illegible]	1.07	9.19亿	北斗星通	13/20	0.04	1.56	46.85	6250万	6250万	6250万	6362万
4	钢铁	[illegible]	1.36	48.4亿	重庆钢铁	30/53	0.23	1.21	63.59	3345万	3345万	3345万	1.15亿
5	异动股	[illegible]	0.86	4632万	鄂武商A	1/1	0.00	0.78	14.74	242.8万	242.8万	242.8万	-366.4万
6	多晶硅	0.73	[illegible]	9.63亿	[illegible]	7/14	0.05	1.38	124.97	[illegible]	5468万	5468万	8651万
7	黄金概念	0.33	[illegible]	[illegible]	[illegible]	[illegible]	[illegible]	[illegible]	[illegible]	[illegible]	-7859万	-7859万	-3143万
8	含可转债	0.22	-0.60	28.0亿	宁波海运	15/41	0.13	0.10	6.95	-7592万	-7592万	-7592万	2036万
9	航空航天	0.19	0.39	4.58亿	中国卫星	5/12	0.02	0.55	64.88	-300.6万	-300.6万	-300.6万	-579.7万
10	运输服务	0.19	0.72	19.9亿	宁波海运	13/29	0.09	0.67	75.80	5229万	5229万	5229万	6103万
11	交通设施	0.15	0.57	11.1亿	连云港	22/40	0.05	0.48	11.77	577.9万	577.9万	577.9万	4797万
12	生物燃料	0.11	0.02	5.04亿	盛运股份	5/10	0.02	0.91	39.99	-1759万	-1759万	-1759万	-4811万
13	201203	0.04	0.09	3152万	益生股份	1/3	0.00	1.66	23.42	-83.4万	-83.4万	-83.4万	-668.5万
14	文教休闲	0.02	0.58	2.71亿	凤凰光学	5/16	0.01	1.90	46.89	1616万	1616万	1616万	-3429万
15	巨潮企债	-0.00	0.00	4.08亿	09青国投	19/279	0.02	0.00	0.00	0.00	0.00	0.00	0.00
16	食品安全	-0.03	-0.94	6.83亿	天瑞仪器	3/12	0.03	1.32	26.87	-6401万	-6401万	-6401万	-2.15亿
17	整体上市	-0.05	-0.12	54.0亿	本钢板材	17/51	0.25	0.52	11.86	-1.84亿	-1.84亿	-1.84亿	-1.34亿
18	送转潜力	-0.06	-0.27	6.32亿	首航节能①	11/22	0.03	3.95	32.22	-2431万	-2431万	-2431万	-6819万
19	太阳能	-0.08	-0.90	12.3亿	向日葵	7/21	0.06	1.20	54.12	-3186万	-3186万	-3186万	-1.07亿
20	低档二	-0.11	-0.33	1.05亿	和而泰	2/4	0.00	0.93	23.16	-365.7万	-365.7万	-365.7万	-224.5万
21	低空股	-0.12	0.01	1.20亿	海特高新	2/6	0.01	0.76	42.64	-552.0万	-552.0万	-552.0万	-1689万
22	大盘价值	-0.13	-0.45	76.4亿	马钢股份	20/66	0.36	0.11	7.17	-3.10亿	-3.10亿	-3.10亿	-2.77亿
23	电信运营	-0.16	1.37	4.72亿	中国联通	1/3	0.02	0.54	34.32	3777万	3777万	3777万	6330万
24	半导体	-0.18	-0.93	16.5亿	向日葵	13/41	0.08	1.95	187.38	1362万	1362万	1362万	-9918万
25	中航系	-0.21	-0.26	11.2亿	四创电子	8/21	0.05	1.50	66.56	-3666万	-3666万	-3666万	-1.14亿
26	矿物制品	-0.21	-0.10	2.73亿	当升科技①	5/11	0.01	0.83	44.62	-287.2万	-287.2万	-287.2万	-2230万

所有板块 自定义板块 地区板块 行业板块 概念板块 风格板块 指数板块 组合板块 证监会行业

图例 102

二、紧扣热点才是腾飞点的操作理念

很多人热衷于赚快钱，这并没有什么不对。但是，在做法上却是与赚快钱背道而驰的。这就是认知上的错误。为了避免这样的错误，我们必须在操作理念上彻底革除以往那些陋习。从现在开始，请各位每一天对自己说三遍：

不是当前市场热点的品种，坚决不做。

不是当前主流资金炒作的品种，坚决不做。

不是当前最火爆的炒作题材，就坚决不参与。

如果你从根本上解决了这些问题，那么你的操作绩效将会很快得到改变。

怎么紧扣热点呢？如果你不会，就每天紧紧盯住涨幅榜吧。参见图例 103 所示。

思考题：

我为什么没有抓住热点？

把原因写在下边的横线上。

（一）________________________________

（二）________________________________

（三）________________________________

（四）________________________________

（五）________________________________

（六）________________________________

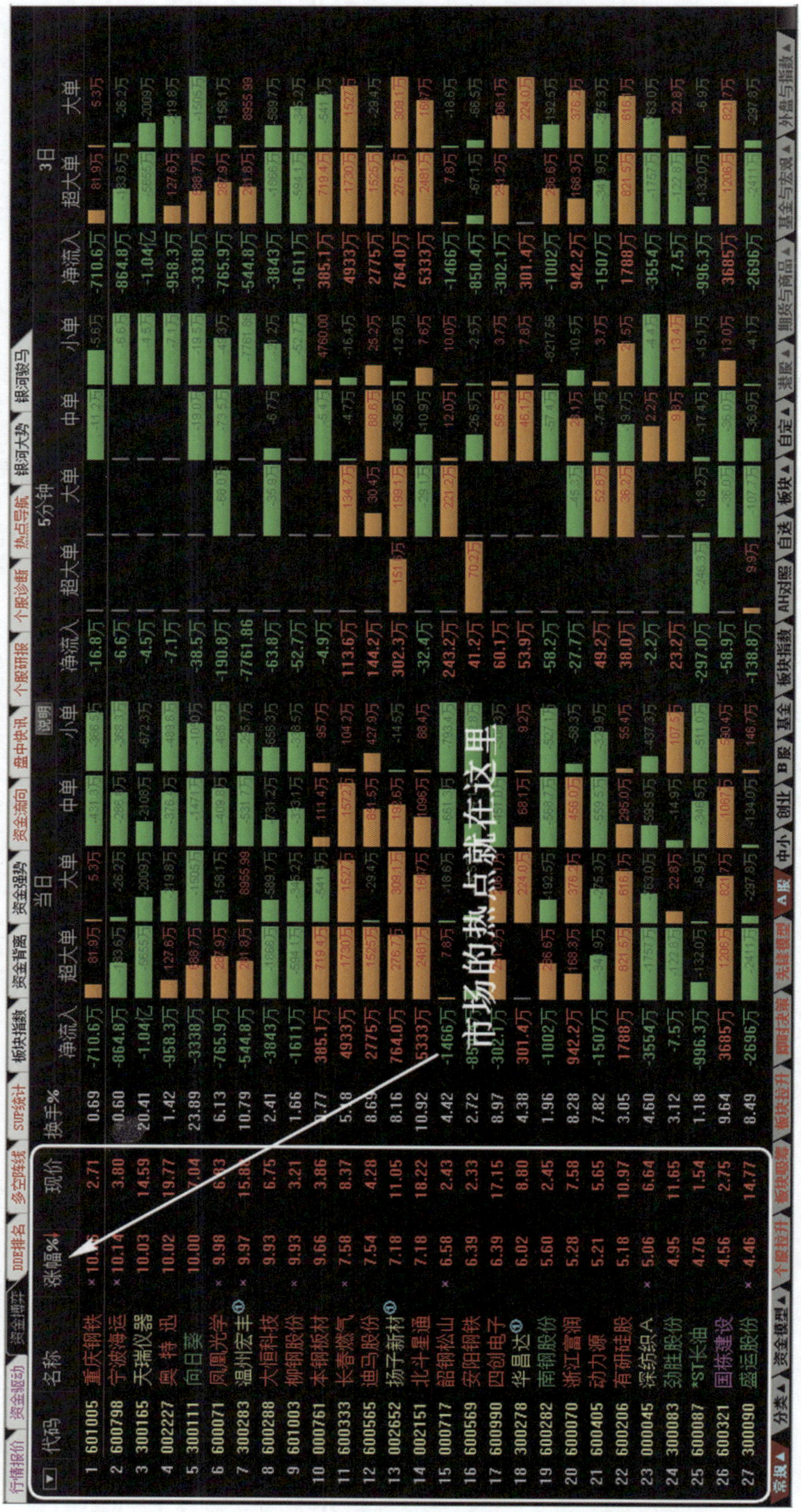

图例 103

第二节　腾飞点与个股的基本面变化

一、腾飞点与个股基本面变化的基本关系

腾飞点的出现有以下几个重要因素，个股内在质量发生变化：

一是上市公司业绩增长；

二是上市公司股权转让；

三是资产重组；

四是新产品与技术开发；

五是新项目投资中。

等等……

腾飞点将反映这些因素的变化，主力资金根据上市公司基本面变化发动行情。比如近期的科大迅飞，为什么有连续4、5个涨停板，背后业绩肯定是爆增，还有新的资产注入题材。

神马实业为什么一口气拉4个板，起涨的时候郑州河南的股票都在一起动，为什么会这样呢？因为国家电力集团到处去收购资产，兼并一些好股票，神马是做煤的，收购它，太简单了。有题材后面必有戏的。所以是要注意的，不然股票上涨的动力就不会爆发出来。

二、基本面变化与腾飞点关系案例分析

柳钢股份（601003）为什么这个月也涨得很牛，大家注意2008年12月的事情，柳钢股份在2008年12月30号公布了一则公告：

武钢柳钢联合重组。重组题材：武钢柳钢（集团）联合公司更名为广西钢铁集团，注册地变更为广西南宁市，注册资本为468.37亿元，其中武钢以现金出资374.696亿元，占注册资本的80%，广西国资委以柳钢评估基准日（2008年3月31日）的净资产评估值93.674亿元出资，占注册资本的20%，武钢柳钢联合重组变更工商登记工作已于2008年12月23日完成，武钢集团进而持有公司84%的权益（即215275.32万股所对应的权益），成为实际控制人（2009年一季报显示，相关

产权转移工作正在办理中）。

柳钢股份以后就不是一个地方性的企业了，正在演变为全国型的大企业。

这个公告是在2008年12月发布的，走到现在有没有用呢？我们就要考虑一下对它的估值是否合理，平台结构完成没有，2008年4元多涨上来构筑了一个大平台，这个平台长达N个周，2009年6月22日出现腾飞点，然后做了一个天梯之后就一去不复返。

就是这么简单一个重组公告。这支股票疯涨，为什么当时自己没有买呢，因为你卖了出去了，你看它这个天梯，调整了5天，第六天又继续上涨。操盘线都没有跌穿，这个百分之几十到翻倍。所以一定要研究公司的基本面，要学会滚动，不要害怕人家下跌，操盘线都没有打穿，你着什么急呢？主力都没有着急，你比主力还着急。是不是你等着钱急用呢？这样的股每个月不用做多，每个月做两支这样的股就OK了，一个月翻一倍。这太简单了，三个月翻三倍，何所难？会赚钱的人就是这样简单的操作，不难吧？参见图例104所示。

一个学生上周五在QQ上留言：老师，我又做错了！请问该怎么办啊？我说：你知道你错在哪里吗？他说：我没有按技术要求去做，买进时间提前了十分钟，结果当天收盘前就套住了，真郁闷啊。我说：好啊，不套住你这种人，庄家套谁去？

他说：怎么办啊？我问：本周，你交易了几次，对了几次，错了几次？他说：我总共交易三次，前两次都做对了，后一次做错了。我继续问：做对的是怎么回事？

他说：嗯，是这样，这两次对的，我都是严格按技术要求操作的。我说：很好！那么做错的这次是怎么回事呢？他说：唉！当天我选了两只股，准备在尾盘买进其中一只，结果还没到尾盘，我看到其中一只调整状态看起来比较好，我以为可以捡便宜了，便下单买了它。结果，持仓这只今天跌了5%，而没买的另一只却涨停了。

我发了一个大笑的表情给他。我说：这么牛的事情你也干得出来。如果下次还犯猎，我继续恭喜你！他说：老师，现在套住了，应该怎么办？我说：你的交易纪律中不是有风险控制原则吗？现在应该是你执行自己的原则问题了，怎么还要问我？

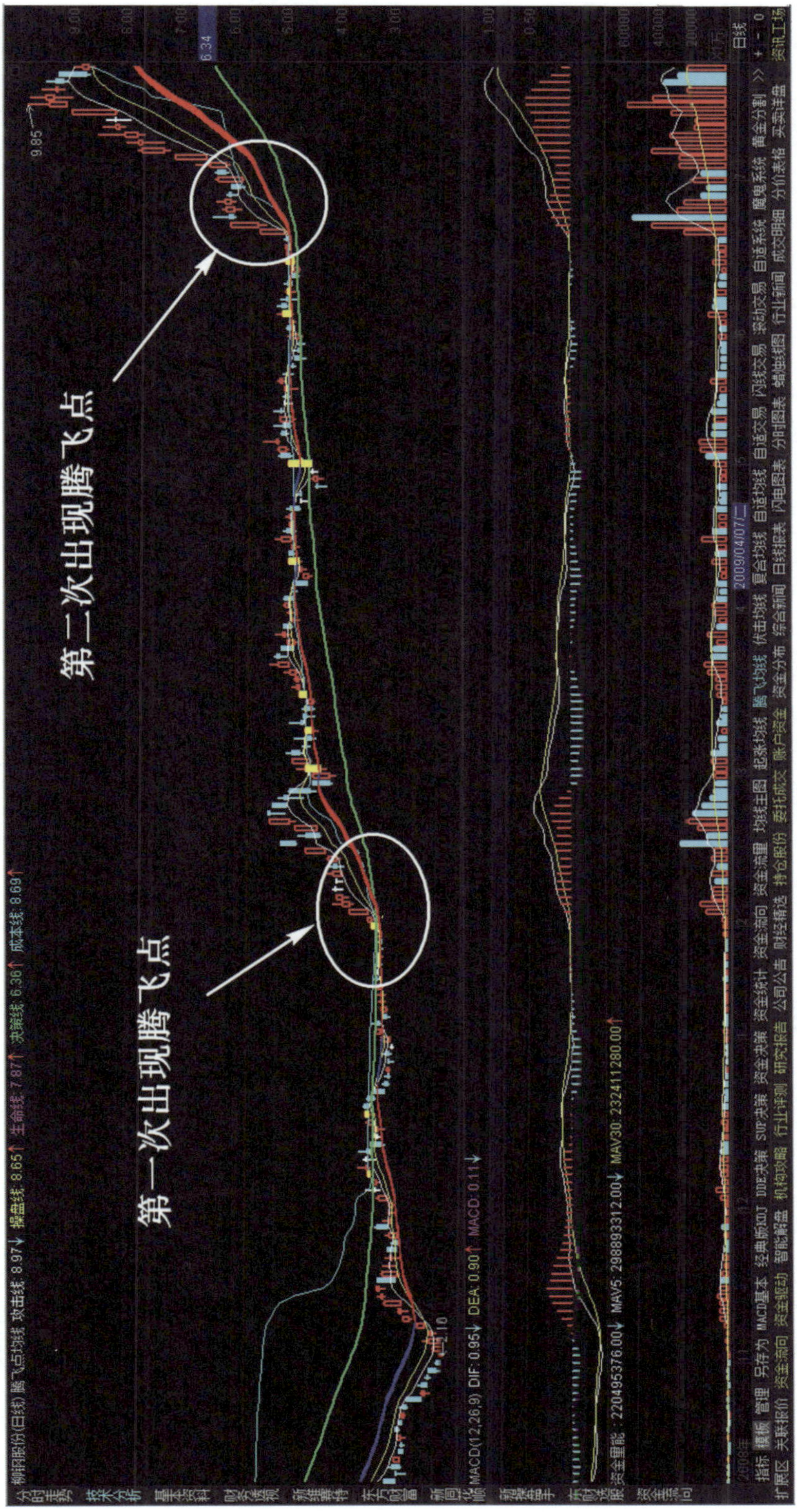

图例 104

第三节 腾飞点与当日板块的联动效应

一、板块联动是超级大主力在表演

腾飞点出现的当日，同一板板联动是助推行情上升的关键，同时也是判断行情大小的重要因素，板块联动是超级主力操盘的结果，包括公募基金、保险公司、券商、私募等资金流的共振。操级大主力通过资金布局，与各主力之间的联手，才能顺利启动同一板块的其他各股，并形成互相呼应的局面。如那几支铝业股发神经，一口气一天都能涨停，绝对是大资金联手在操盘。什么是操盘，就是操人。

二、超级主力要干的事情是什么

板块联动可以一下子的激发市场投资者的参与热情，从而为主力打开持仓盈利空间，起到推波助澜的作用。主力的目的是什么，就是引导投资者在关键的时刻、在恰当的时机去推动所持仓品种的价格。这就是主力要干的事情。所以我的口头禅：操盘就是操人。

第四节 腾飞点与当日龙头的判断

一、为什么龙头偏偏就是它

我们来看一下钢铁板块出现明显的板块联动效应，柳钢股份成为龙头，怎么样看龙头？钢铁股全部启动，柳钢涨幅居前，我们接下来就要抓热点了，我们就要抓热点中的焦点。

热点中的焦点就是龙头。

龙头只能有一个，一山不能容二虎，就是在板块转换时龙头也是涨幅最大的。

龙头是板块热点中的焦点。龙头的4个特征就是这样的，别无其他。

龙头股的表现特征：

一是同一板块当中，当天最先上涨；

二是涨幅最大；

三是最早涨停；

四是量价最健康。

如果当天板块热点当中，流通盘比较大的大盘股最早涨停，龙头就是它。敢于启动大盘股的主力，实力必然较强。如果当天热点板块当中，流通盘比较小的中小盘股最先涨停，那么龙头就是它。因为中小盘股的主力主要是私募和游资为主。这帮家伙爆发力是很强的，历来就很凶。以后大家做私募了，那种霸气要体现出来。不要涨一天就调整几天，那就不是人干的活……这是为什么呢？就是因为不好出货，因为没有人跟，跟到最后别人都下去了，只有自己在那里。出货时间太长，如果你的资金的时间有要求，时间到了你还没有赚到手，最后只有跳水出货。这就是资金链断了，只能找死，自取灭亡。

为什么说钢铁板块的柳钢股份是龙头呢？

首先要找到热门板块排行，当天明显钢铁板块居前。领涨龙头就是柳钢。一找就找到它，当天没有买进去第二天开盘任意价格买进去。既然人家都有行动，你还害怕什么呢。

当天的大盘基本是下跌的，只有钢铁板块涨幅居前，这天太好选股了。对于高手来讲，我们每天都在等待大盘爆跌，大盘一跌，天上就掉钱下来了。看一下柳钢，前面的平台有N周，我敢保证一定在黄金数列里。我们来数一下，2008年12月以来基本没有涨，联合重组这么好的事情。估值偏低。平台19周（离21周）还差一点点，到这个时间点你就要注意的。第一次突破60周线因时间不够，所以突破之后就洗盘。最差的也可以在6元左右买入。天梯已经构成，题材又有。从月线也可以看出问题来。看这个月主力明显建仓，巨量换手118%，然后时间点是调整了三个月，第4个月开始巨量启动，6月的时候在调整，调整收盘价是5.88元，通过月K线就能发现问题。月线的第5个月必然是时间之窗。

柳钢出现腾飞点的当天攻击的时候三波攻击涨停，量峰健康，形态优美，封板之后就不开板，实力是很强悍的。当时就应该用起涨点的方法进行测算。目标没到，操盘线没有跌穿，打死也不下轿。这就是对待龙头股的正确态度。参见图例105所示。

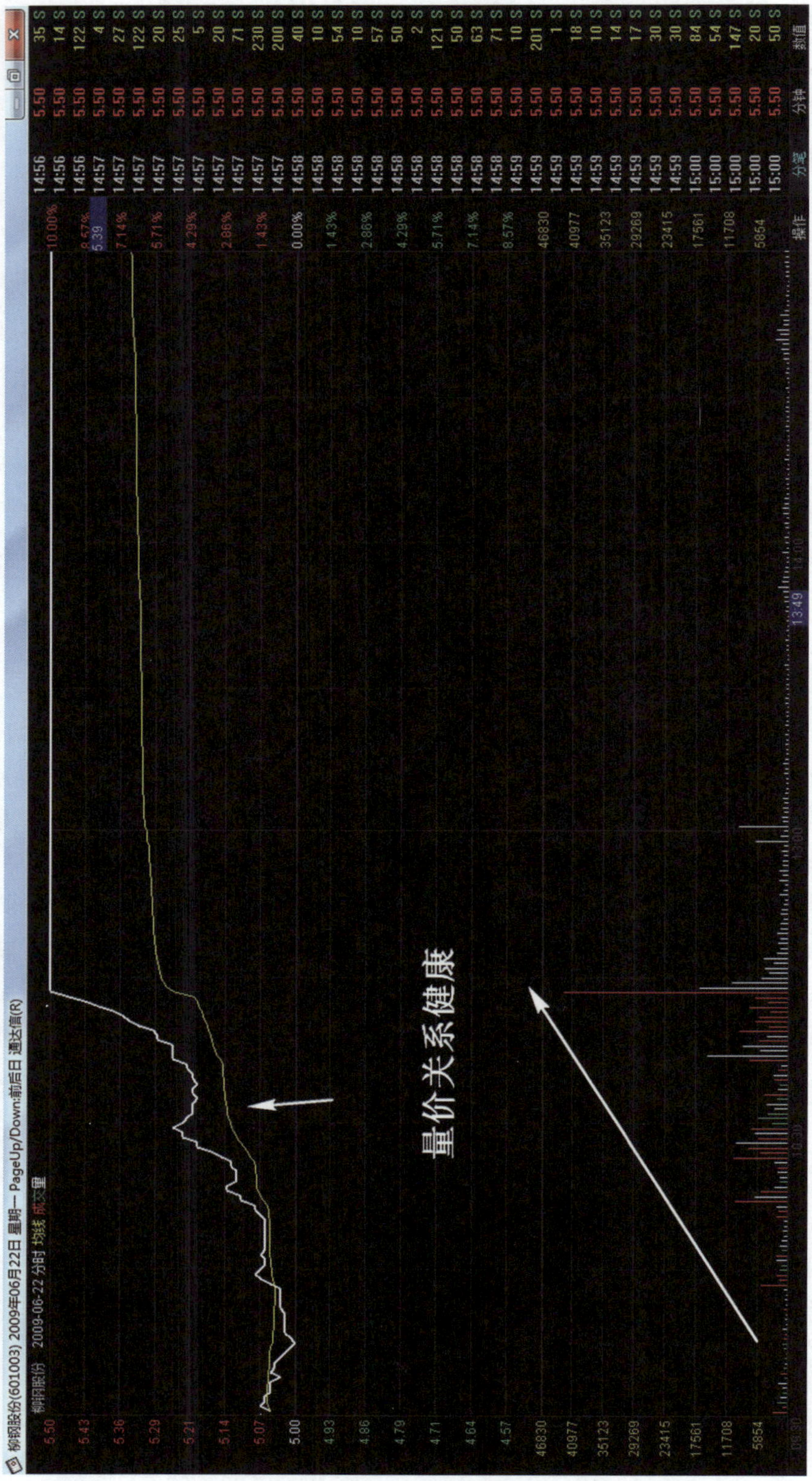

图例 105

二、集中注意力把握好第一次热点

我们在操作板块热点的时候，所有技术的集中度都在对第一次热点的把握。

我们要养成一个习惯，把买股选股的顺序设计如下，反复演练，熟练掌握：

一是看一下盘中有没有热点，热点排在第一的；

二是看它是不是领涨性的板块龙头；

三是热点和龙头看完后，马上看它的形态，技术形态是不是符合腾飞点特征；

四是腾飞点特征看了后，马上去看它的周线和月线形态是不是符合要求、有没有阻力、如果有的话阻力在哪个地方。要看出来。如果阻力位挨得很近就放弃，因为阻力位很近说明这个股票上涨的空间很有限，不利于操作。

在热点和龙头选出来之后，就没有第二个选择了，也不要再选了，肯定要做龙头的。这是规矩。第一道程序里看有没有热点，如果没有热点，或者热点表现不明显，没有激发市场的人气，那么今天就不做热点，而改做做形态最好，涨得最好的那支股票。

三、什么样的股票会成为热点

我相信每天的操作都有热点，盘中热点有两种：一是板块热点，二是概念热点。比如说最近的概念是什么呢？是中报预增题材。

什么样的股票才有中报预增呢？

（一）原先就是绩优股。

2008 年的行业景气下降，今年回升了，今年的中报肯定是要报喜的：比如沪深 300，凡是中报业绩能实现预增的，全部在沪深 300 成份股里。

ST 以重组为题材另当别论。

（二）看是否具备什么概念。

比如周五的沪深 300 里找一支华闻传媒。它是众多的铝业股中杀出来的一支黑马。为什么要上涨？第一是沪深 300 里的股，说明原先是支绩优股，每股净资产只有 1.57 元，业绩 0.19 元，是否有操作的空间，业绩是不是预增了。要分析一下别人是如何分析的，公告中是如何说的。虽然业绩只有 0.19，但是派息 0.2 元，扣税之后还有 0.18 元，首先这个公司还不错，就这支股来看，有资产注入的概念是比较大的。不是业绩预增。从公告来看，华闻传媒自己做庄自己的股票，买入自己的股票。股权集中之后以后可能存在股权转让的可能性。集中之后在大宗交易的平台交易筹码就更多了。再分析评论里有没有。股价的上涨主要来自于资产注入。第一股东已经是首都机场了。参见图例106所示。

我讲技术，学员他们都懂，都明白。我讲MACD金叉是做多信号，同时，对这个金叉有许多严格的技术参数要求。因为，事实上并不是所有的金叉就是买进信号。可是，真正能够运用这一技术要点的人却很少。

懂技术，但并不会利用技术去获得操作的成功，这说明了什么问题？

这个问题的核心存在两个方面：

其一，并不真正懂技术。知行合一，才算是懂技术。知行不合一，说明只是一知半解。

其二，贪婪、恐惧与侥幸。这是一个病态的心理。具备这种心理的投资者只能称之为“病人”。这种心理的病人有一个共同的特点就是：股价上涨的时候贪婪，总是梦想涨停板，涨停之后又梦想连续涨停；套牢的时候害怕继续跌，怕坠入无底深渊；买进的时候心存侥幸，以为技术原则不要太死板，一定要灵活应变。

上边讲的这两个临床表现，就是受到投资心魔所控制的典型症状。

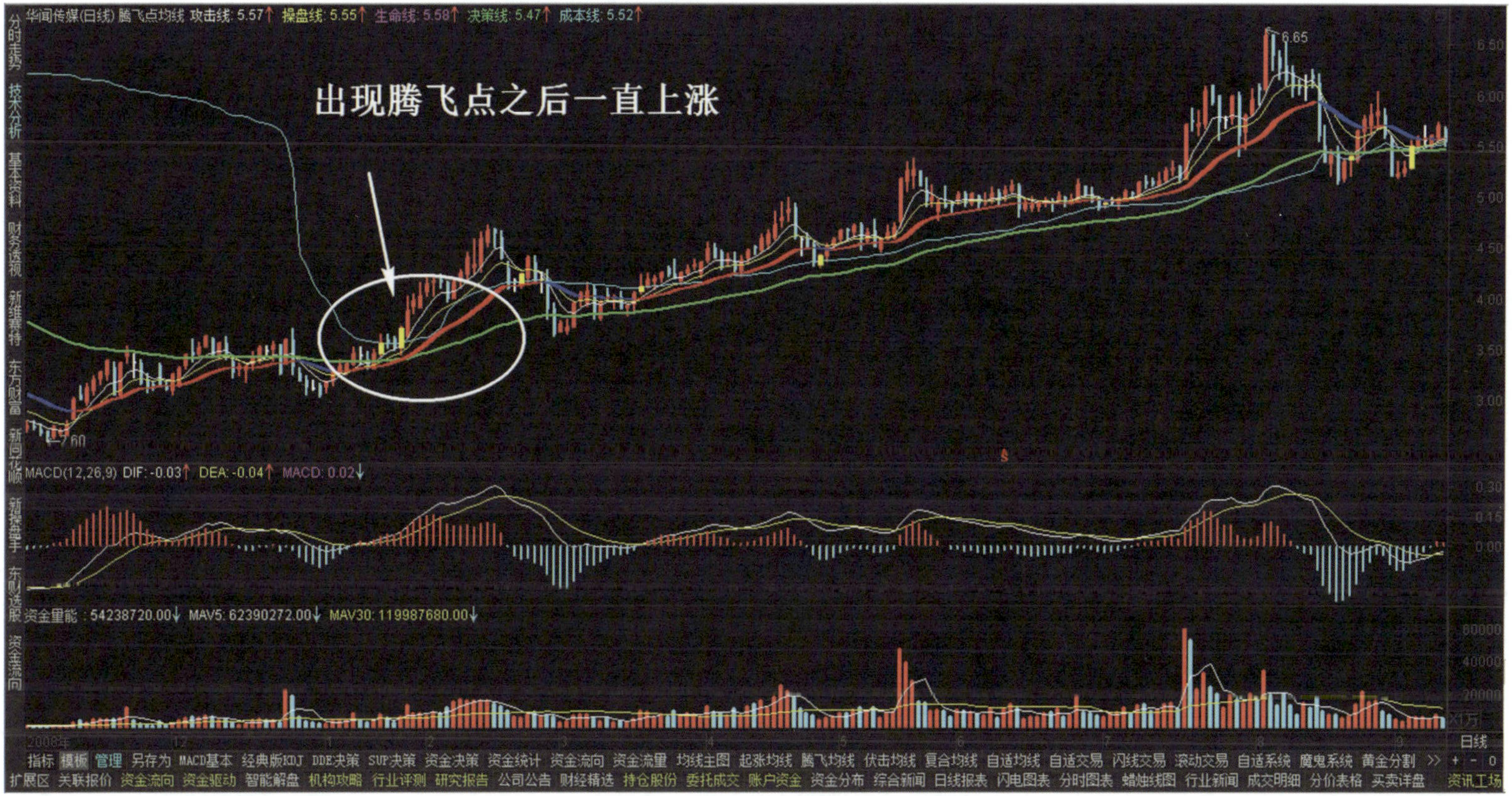
华闻传媒(日线) 腾飞点均线 攻击线: 5.57↑ 操盘线: 5.55↑ 生命线: 5.58↑ 决策线: 5.47↑ 成本线: 5.52↑
出现腾飞点之后一直上涨
6.65
MACD(12,26,9) DIF: -0.03↑ DEA: -0.04↑ MACD: 0.02↓
资金量能 : 54238720.00↓ MAV5: 62390272.00↓ MAV30: 119987680.00↓

图例 106

第七章
起涨型腾飞点与主力操盘行为

本章学习要点

一、了解起涨型腾飞点的基本含义。
二、了解起涨型腾飞点的构成原理。
三、了解起涨型腾飞点的主要类型。
四、了解起涨型腾飞点的判断方法。
五、反复演练并掌握腾飞点操作法。

第一节　起涨型腾飞点形成的原理

一、起涨型腾飞点形成的基本原理

起涨型腾飞点形成的原理跟起涨点形成的原理相似，腾飞点形成于主力完成第一阶段建仓计划之后，起涨型腾飞点产生之际，主力基本上已经完成对目标品种的重仓配置，所有的起涨型腾飞点包括起涨点在内都是这样的。因此，主力必需通过第二阶段拉高股价使第一阶段的基础仓位迅速产生盈利，从而脱离持仓风险区。也就是说，起涨型腾飞点是主力完成建仓之后谋求盈利的必然举措。腾飞成功，则主力获利。否则，主力则无利可图。

二、主力为什么要故意制造起涨型的腾飞点

所有的起涨型腾飞点产生之前，股价均会形成一个中继整理平台，以构成一个最基础的形态结构。股价产生腾飞时，市场的中小投资者通过对技术形态的研究分析发现目标，已经清醒的意识到主力启动新一轮行情的意图。

对中小投资者尤其是技术型的中小投资者来讲，他们都属于跟风型的，如苍蝇一样的，没有苍蝇不盯无缝的蛋。所有的主力都会留很多缝在那些地方吸引跟风者来盯。主力通过起涨型的腾飞点特征，有效的引导了中小投资者的跟风。

主力为什么要这样做呢？这是故意示弱，故意让你看出来主力是如何做的，主力的目的很简单，就是要引导你进来跟风，你们一跟风就进一步推高了股价，达到四两拨千斤的作用。

你不要以为主力很小气，主力非常大方的，主力就是天天让你赚钱，让你睡不着觉。

你们一兴奋，主力就好办了，因为你们赚了钱就会传染给更多的人，其他的人就会跟着进来，到最后的时候还有傻瓜跟着进来，涨了200%还跟着进来，以为会涨到1000%呢。这就是为什么指数已经是6000点了，还有人疯狂跟风的原因。

人心贪婪啊！

第二节　起涨型腾飞点的经典形态特征

一、底部平台特征

如何识别股价阶段性位置？很简单，第一是股价已经完成对决策线的初步突破，前面是下跌的，长期下跌，决策线与生命线构成一个下降通道，这个时候股价反弹，对决策线完成初步突破。初步突破之后不会急于迅速突破拉升，通常会围绕决策线展开振荡整理，并构成典型的平台特征。这个平台有可能是一个月，也有可能是三个月不等，这要视主力的操盘计划而定。不要死脑筋，要学会正确地理解这个振荡整理。

请注意成交量的特征，一般是从左至右，先大后小，在电脑屏幕上显示的成交量先是大的，后面慢慢变小了，平台成交的后期成交量萎缩到地量结构。这句话很关键的，因为一开始建仓之后，不断的拉高建仓，所以股价产生反弹，那时候很多人认为是反弹，认为这是股价的反弹行情而已，没有意识到主力拉高是建仓用的，所以建仓完毕之后，主力就不动了，然后很多人该卖的也卖完了，不该卖的在那里也不动了，这时候股价就慢慢的横盘，横到后期就没有量了，如果这时候是萎缩到了地量，说明主力的建仓已经完成。

那么，接下来股价展开第二阶段的调整就要开始了，生命线与决策线终于发生金叉，原先二条线是死叉持续向下的，经过股价反弹、横盘后成交量由大变小，构成一个平台，这时候生命线也已经走平向上了，决策线也走平了，到最后的时期，生命线与决策线发生金叉了，这个时候股价向上运行，并且在某一天放量突破平台所有的重要阻力区，这时候宣告起涨型腾飞点已经形成。宣告主力开始行动了。

这样操作腾飞点很有意思，你进早了不行，进晚了也不行，你不偏不倚，股价刚好腾飞你就进去了，这是最经典的操作，所有的基金经理都要为你的精彩操作高呼万岁。

例如内蒙华电（600863）在2009年2月初的时候，前面生命线与决策线构成一个长期下跌的通道，这时候股价反弹，突破生命线与决策线然后构成一个平台，注意成交量先大后小，到平台整理的后期，成交量就萎缩了，然后生命线与决策线构成金叉，在某天这个腾飞点出现，腾飞点出现的时候伴随着巨量突破，构成很经典的技术形态。

顺便说一下，你们想成为高手，就要专门背形态图谱。我们训练操盘手的时候，有一个课程就是实训图谱演练，要专门背各种形态图谱。要把经典的操盘形态都背下来，背完了之后自己再设计，叫设计形态，设计形态就叫美术工艺。背好这个形态就吃不完用不尽了。

再看安阳钢铁（600569），从底部突破平如之后回调，决策线线与生命线发生金叉，请注意主力是拉高建仓的，主力围绕站在决策线上建仓，到最后有一天主力带量突破，这个平台因为建仓的时间比较长，长达 5－6 个月才结束，这也是很经典的例子。在某天看到突破之后，不要看它的最低价，而要看它这样振荡的一个幅度。看看就知道主力的意图了。

又比如万通地产（600246）的平台，突破之后横盘，成交量是先大后小，再来个后期突破。底部平台的是股价处于第一阶段的低位，就是第一次反弹突破决策线，那个时候就叫阶段性低位的平台。这是我们理解阶段性低位的基本原理。参见图例 107、108、109 所示。

> 失败的敌人不是别人，而是自己。
>
> 战胜自己，天下无敌。
>
> 一个优秀的职业操盘手，他就是的一个没有任何情绪的交易机器人。
>
> 他所有的操作都是严格按照自己的技术交易原则来完成的。
>
> 如果是在工厂，那么这种交易方式可以归纳为：程序化、标准化、流水作业。

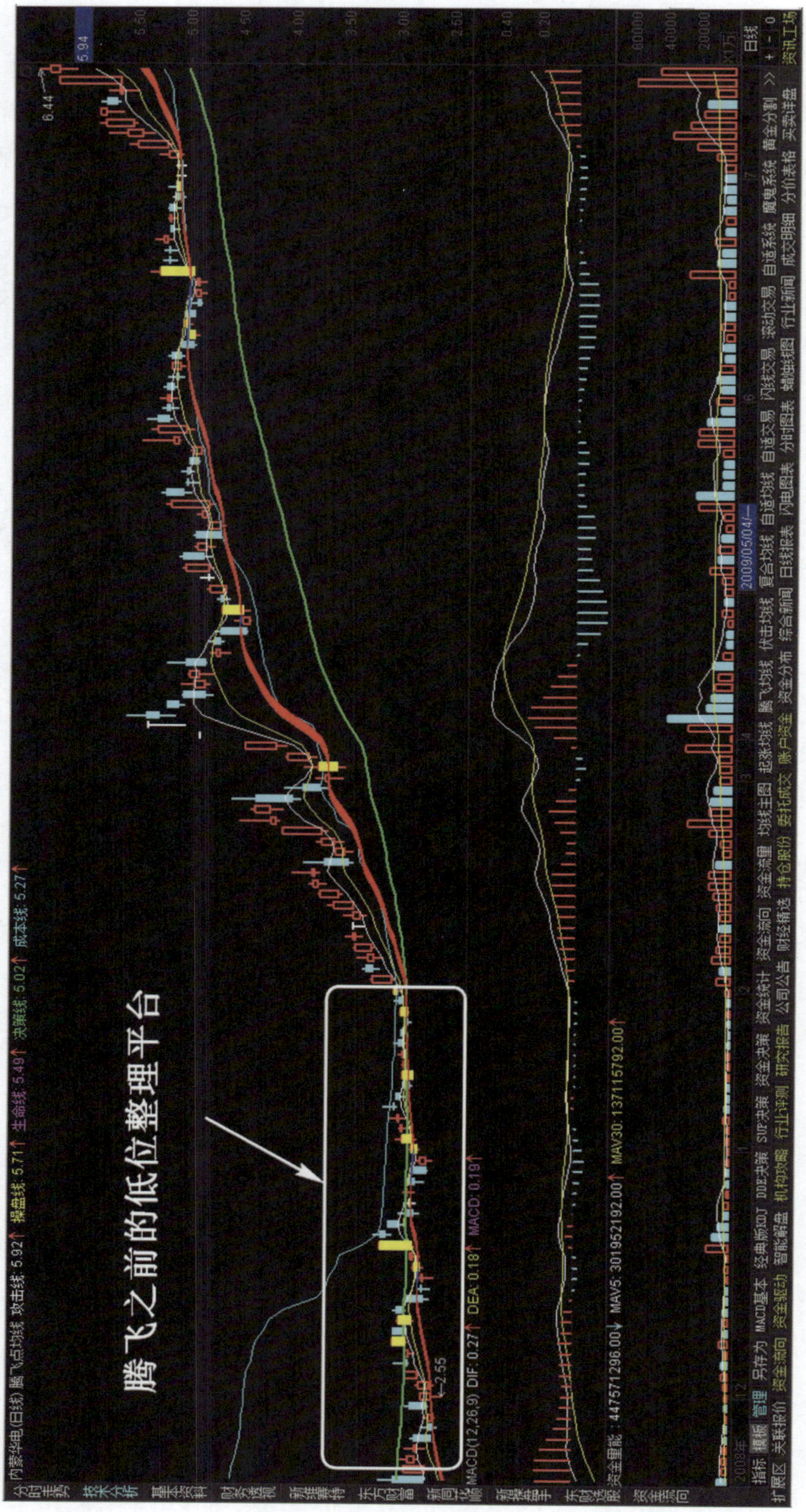
内蒙华电(日线) 腾飞点均线 攻击线: 5.92↑ 操盘线: 5.71↑ 生命线: 5.49↑ 决策线: 5.02↑ 成本线: 5.27↑
腾飞之前的低位整理平台
6.44
2.55
MACD(12,26,9) DIF: 0.27↑ DEA: 0.18↑ MACD: 0.19↑
资金量能: 447571296.00↓ MAV5: 301952192.00↑ MAV30: 137115792.00↑

图例 107

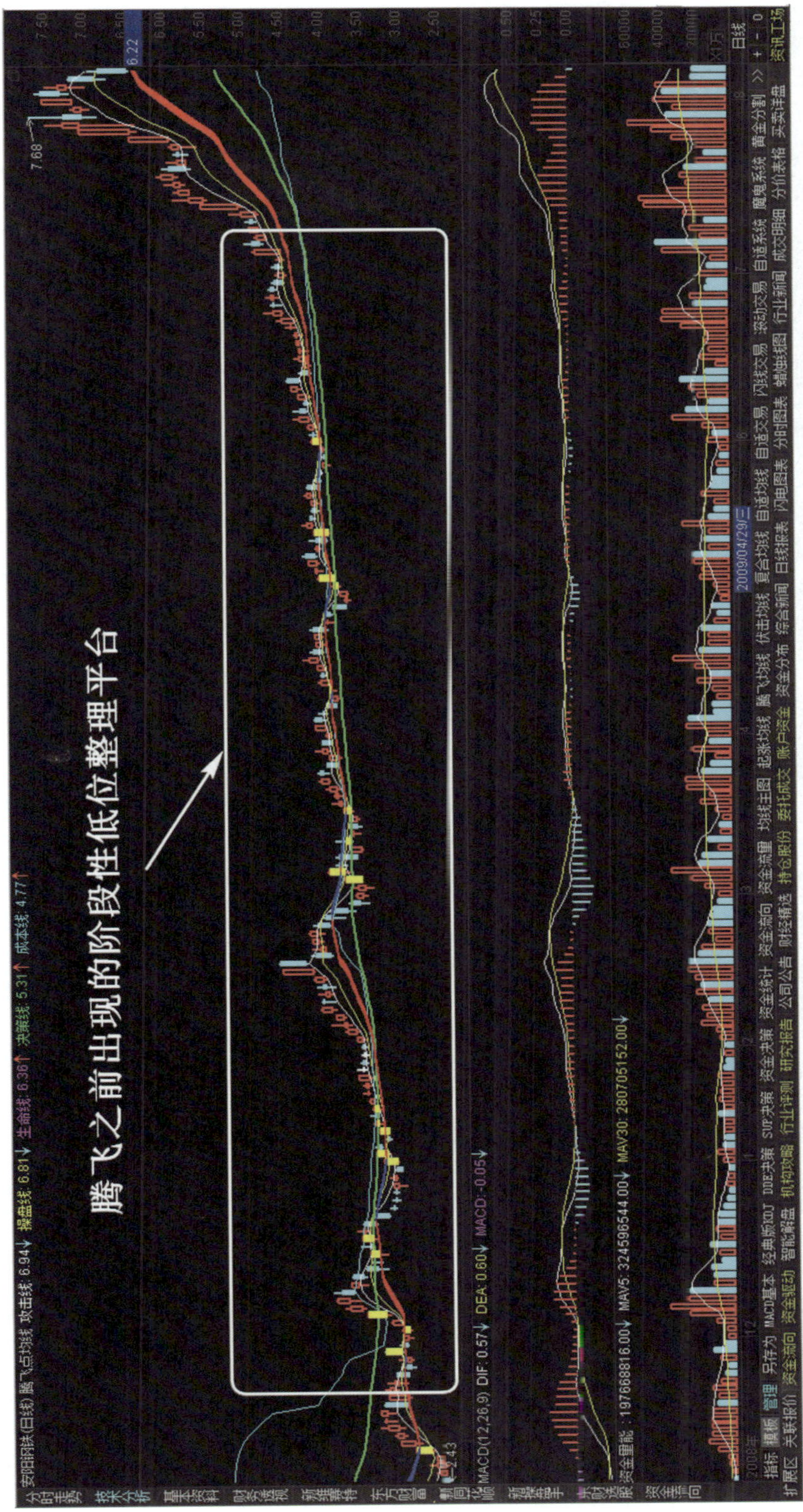

图例 108

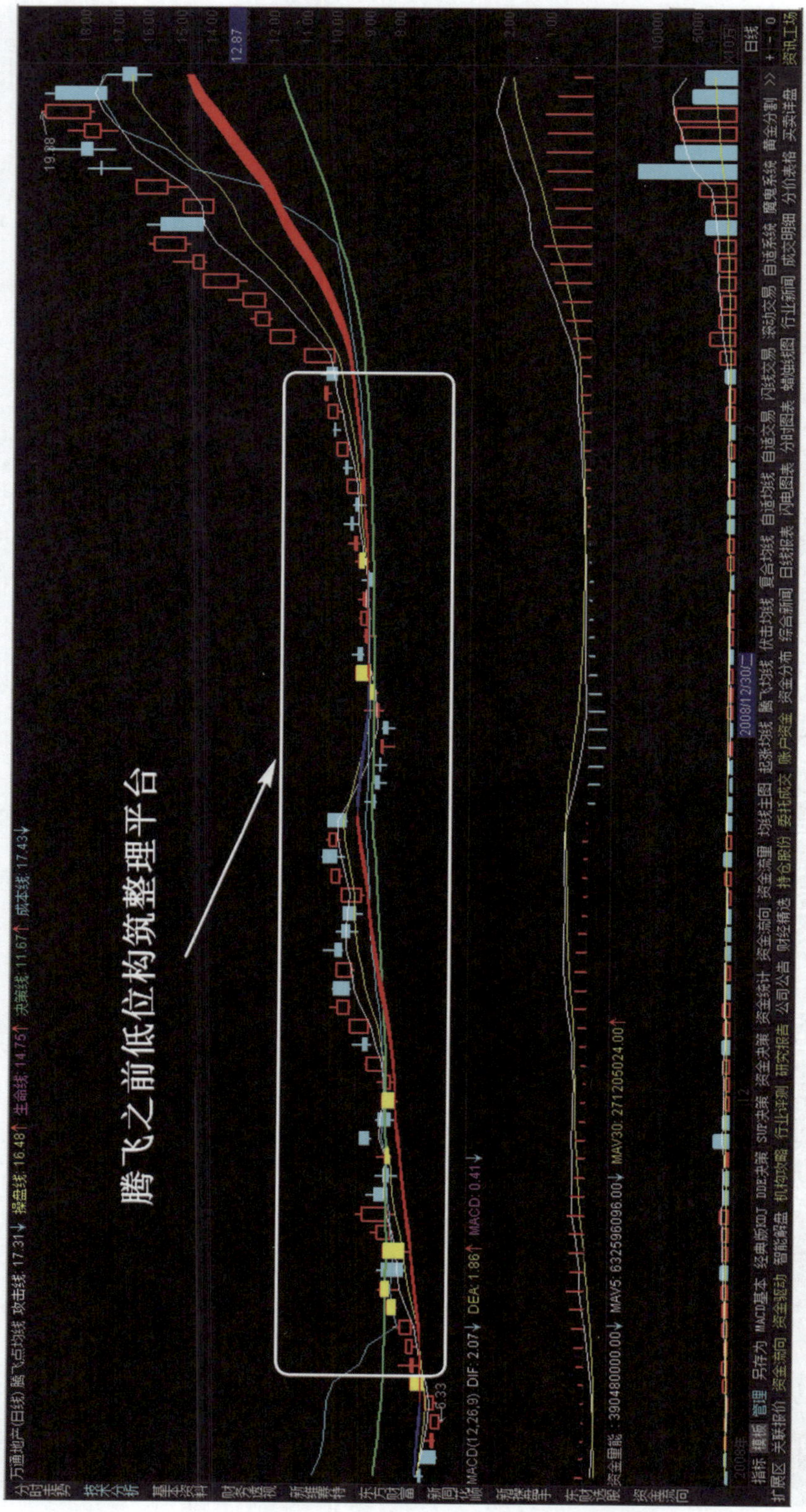

图例109

二、空中加油形态

空中加油是如何形成的呢？股价经过一个中继波段拉升之后，展开横盘整理，就是从底部平台启动，展开一个中继波段拉升，然后在那里横盘，横盘整理的时间长度高达2个月以上大型平台，其甚至长达6个月以上，如山河智能、中铁二局、国恒铁路等等长达6-8个月这样一个平台结构，这是很厉害的，是长线主力所为。横盘整期间，股价始终围绕在决策线上下约20%的空间内展开波动，是很强势的，跌穿决策线的概率非常小，大部分情况是在决策线之上20%的空间内展开波动。每一次回调到决策线就会受到支撑。这种经过一波行情之后展开的平台整理通称为空中加油形态。牛市里有很多的空中加油形态。

空中加油形态的后期成交量开始逐步放大，并多次出现试盘动作，如长上影线试盘，说明主力有点忍不住了，主力心肝都痒死了，要开始拉升了。当试盘动作完成之后，成交量再次萎缩，当地量再次出现之时，这说明平台整理可能要结束了（这都是操盘手平时干的活）。这时候生命线与决策线发生重要金叉，当然有绝对控盘的品种（比如基金重仓股）可能不会等到金叉就拉上去了，股价在某天放量突破平台所有重要阻力，宣告起涨型腾飞点终于形成。

比如帝龙新材（002247）这个平台构筑2个多月，突破之后就涨上去了。创兴置业（600193）一个月左右的一个小型空中加油平台。城投控股（600649）也是一个月的平台。

神马实业（600810）空中加油时间要长一些，空中加油时间长达3个月以上，因为整理时间很长，蓄势很充分，所以，它的爆发力就很强。参见图例110、111、112、113所示。

破解投资心魔最好的方法就是把自己变成了个不受外界环境与个人情绪干扰的交易机器人。只要你的心不乱动，不好动，以这样的方式，你就会逐渐走出心魔控制的怪圈了。

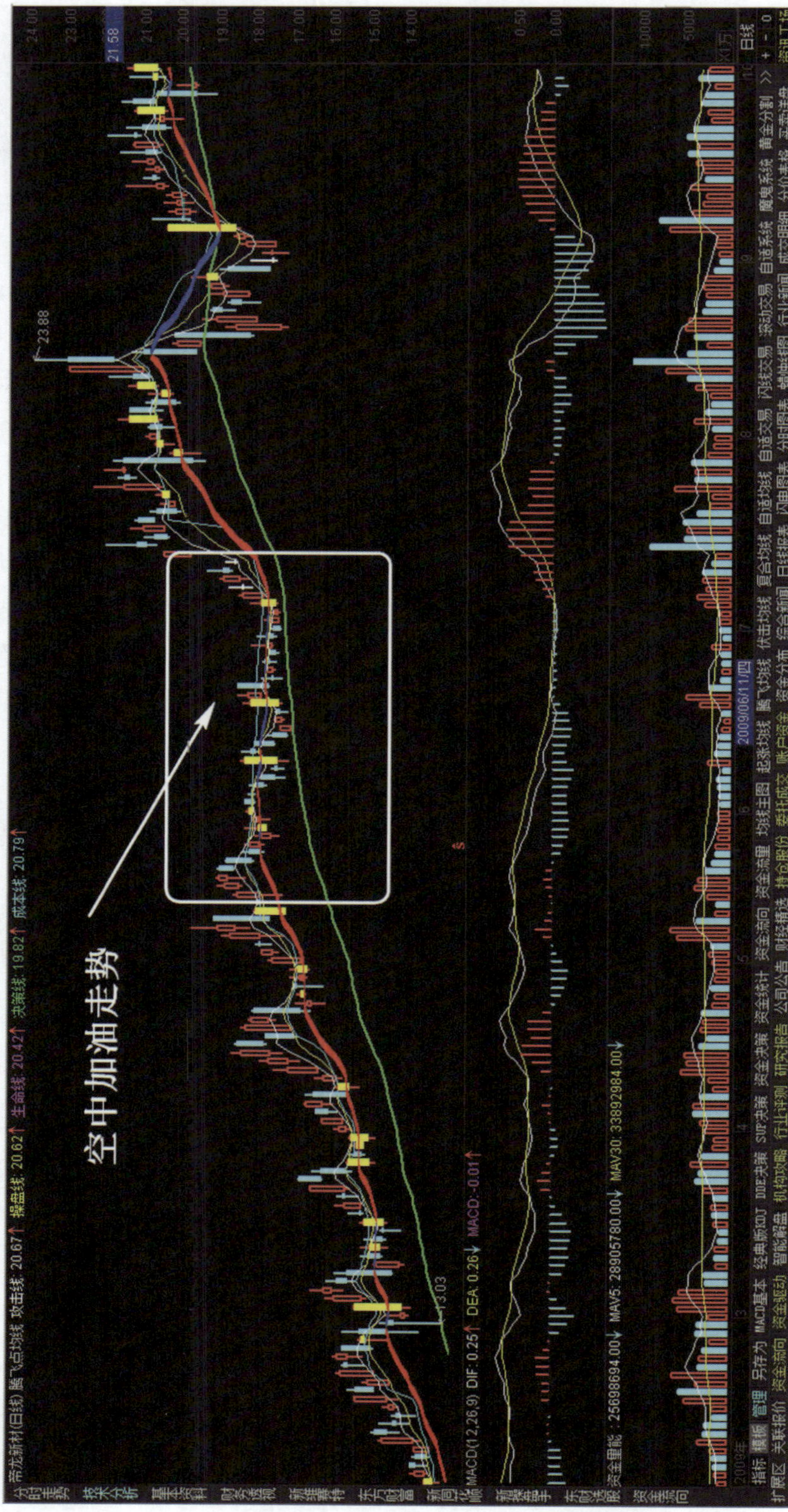

图例 110

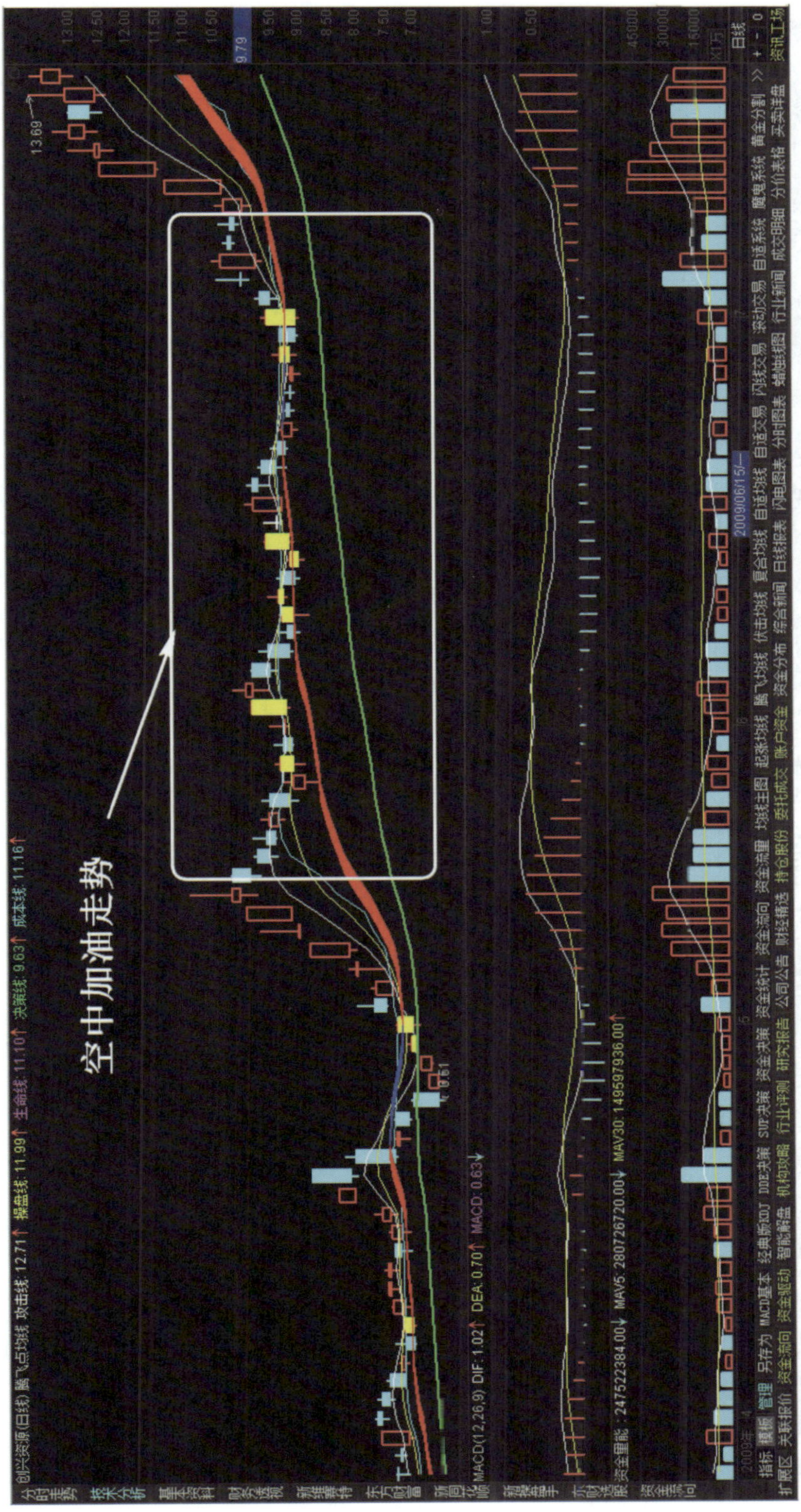

图例 111

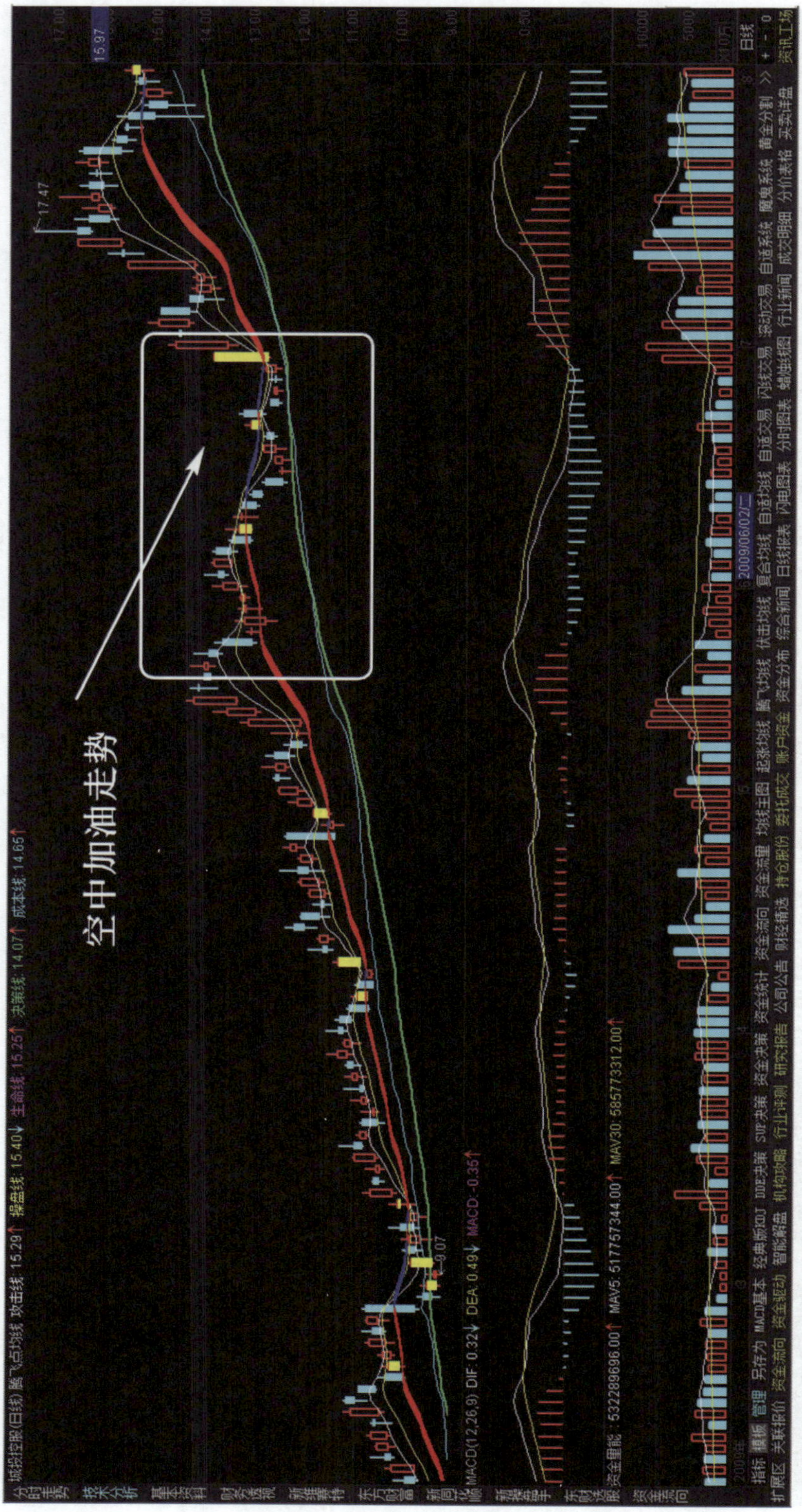

图例 112

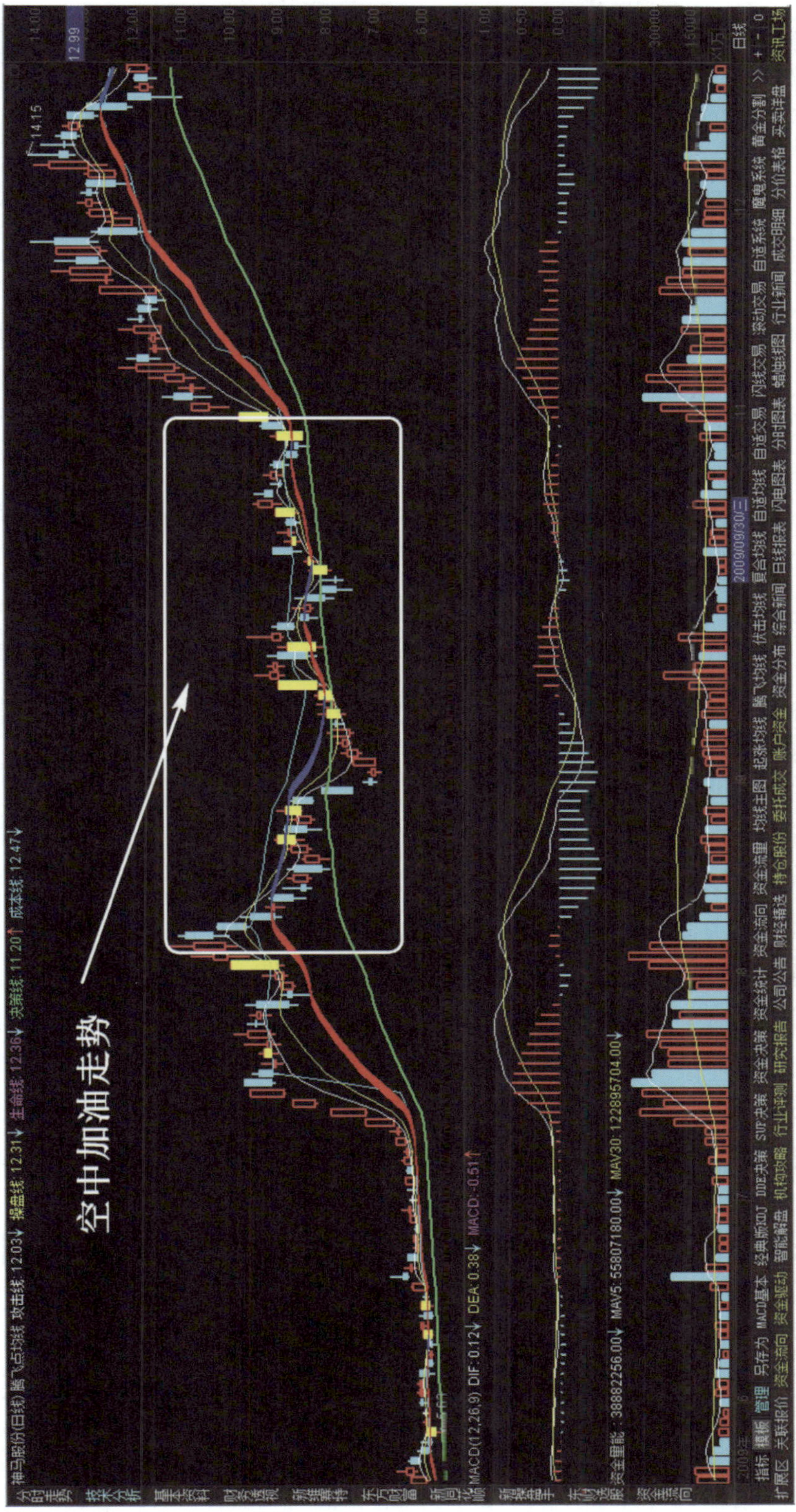

图例 113

第三节 起涨型腾飞点之前的主力试盘行为

一、涨停试盘

此手法多发生在底部平台和空中加油期间，主力主要通过涨停板观查盘中的抛盘量和跟风资金的对比情况，分析和判断筹码的稳定度。当天涨停之后，次日往往会展开放量振荡，涨停之后的第三天股价往往就会下跌，或者横盘整理。

主力一个试盘行为，有三种操盘意图。

主力涨停试盘一方面可以测试盘中的抛压，一方面还可以测试跟风者的热情，还可以出现在涨幅排行榜中吸引眼球，为后续操盘打下基础。

这是很经典的一石三鸟之计。

比如中茵股份（600745）前面涨停试盘，后面在6月底也出现了一个涨停试盘。中间还夹杂着其他的试盘行为。相信主力下周又有动作了。主力做了一个空中加油平台，操盘的意图已经十分明确。参见图例114所示。

二、长上影线试盘

本手法通常发生在空中加油期，主力在盘中一度放量冲高，之后以回头波展开调整，故而当天发生上长影线，这种方式主要测试盘中抛压力度，以此判断盘中筹码的稳定程度，同时也吸引跟风者的注意力，为后续操盘打下基础。股价在当天盘中攻击的时候，以冲击型量峰为主，说明主力在短时间内拉高股价，当上涨至一定幅度之后，盘中撤出买盘资金，观察卖盘的跟风状态，导致当天股价冲高回落。主力只是投入很少的一部分钱，快速的投入资金拉高股价，拉到一定时候主力就不买了，静静地就看散户买卖的情况。

比如靖远煤电（000552）在上涨之前连续做了2个上长影线试盘，6月中旬和7月初分别做了试盘，试盘完了之后它的成交量就萎缩了，最终用巨量突破。这支股已经创出了6000点以来的新高。这是很牛的品种。一般的试盘上长影线不会低于2个百分点。比如最近的德赛电池（000049）的上长影线就特别长，长度达5-6个百分点。又比如说中国中期（000996），每次试盘的时候都有3个百分点的上影线。参见图例115、116、117所示。

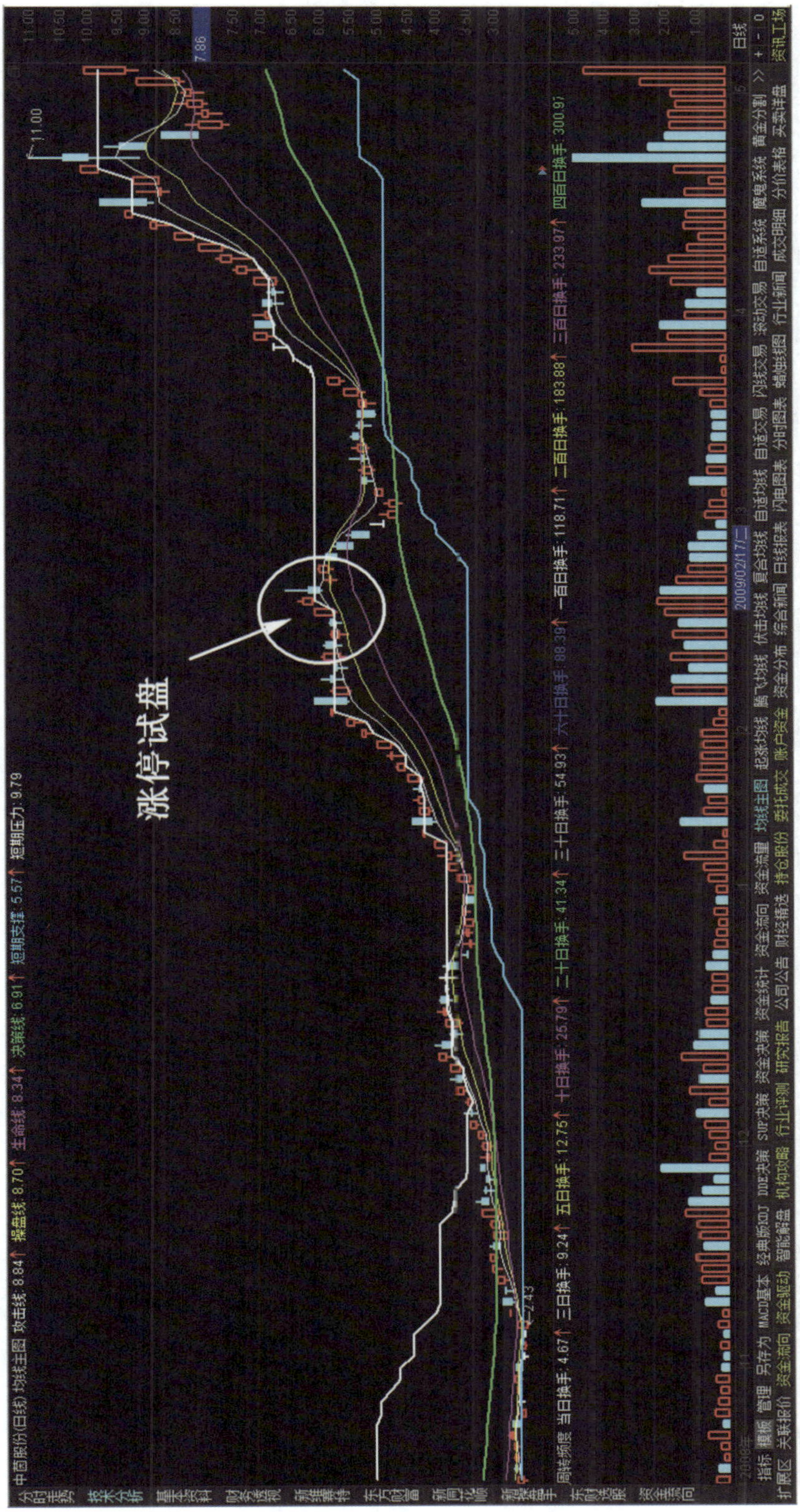

图例 114

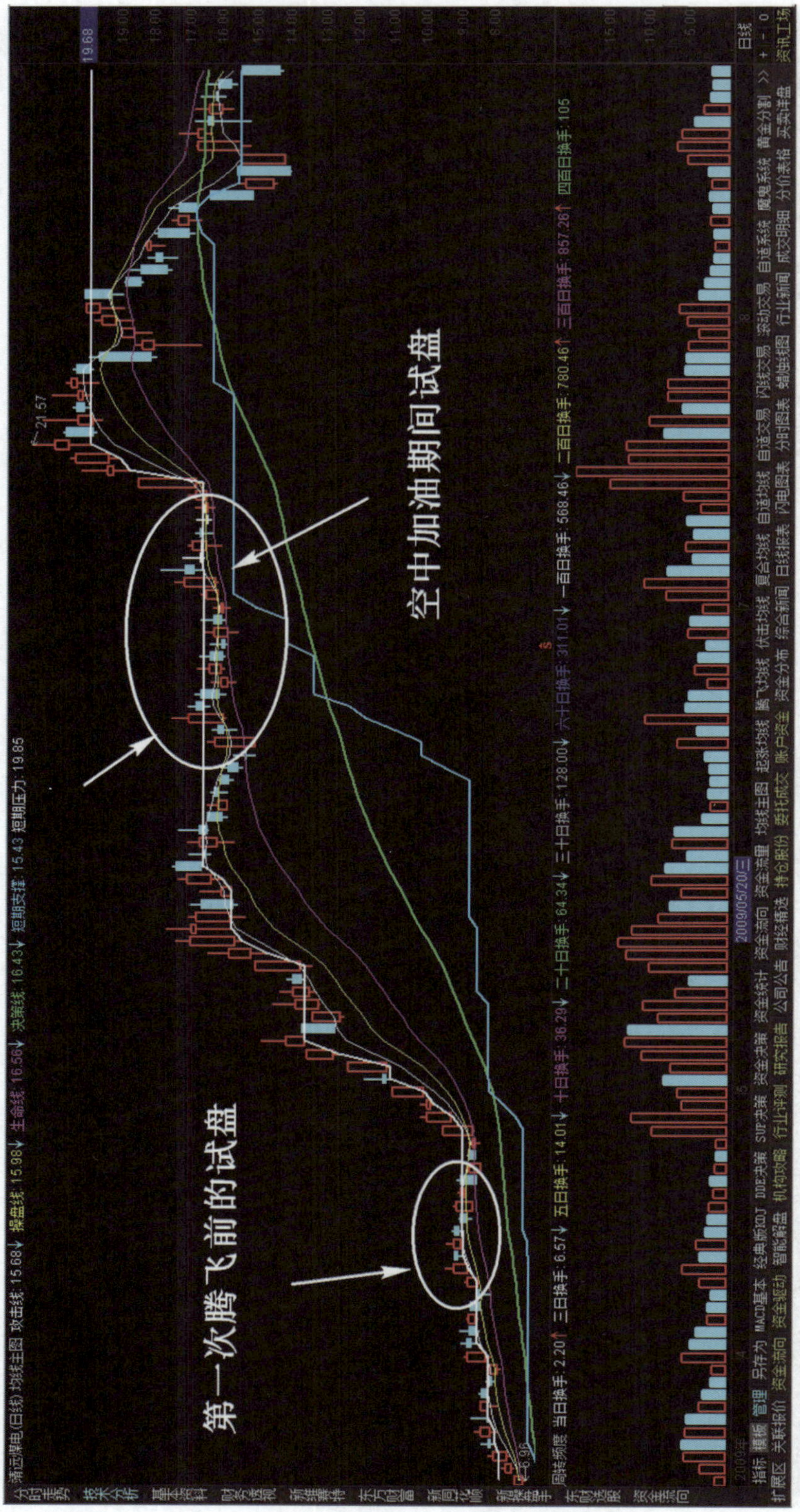

图例 115

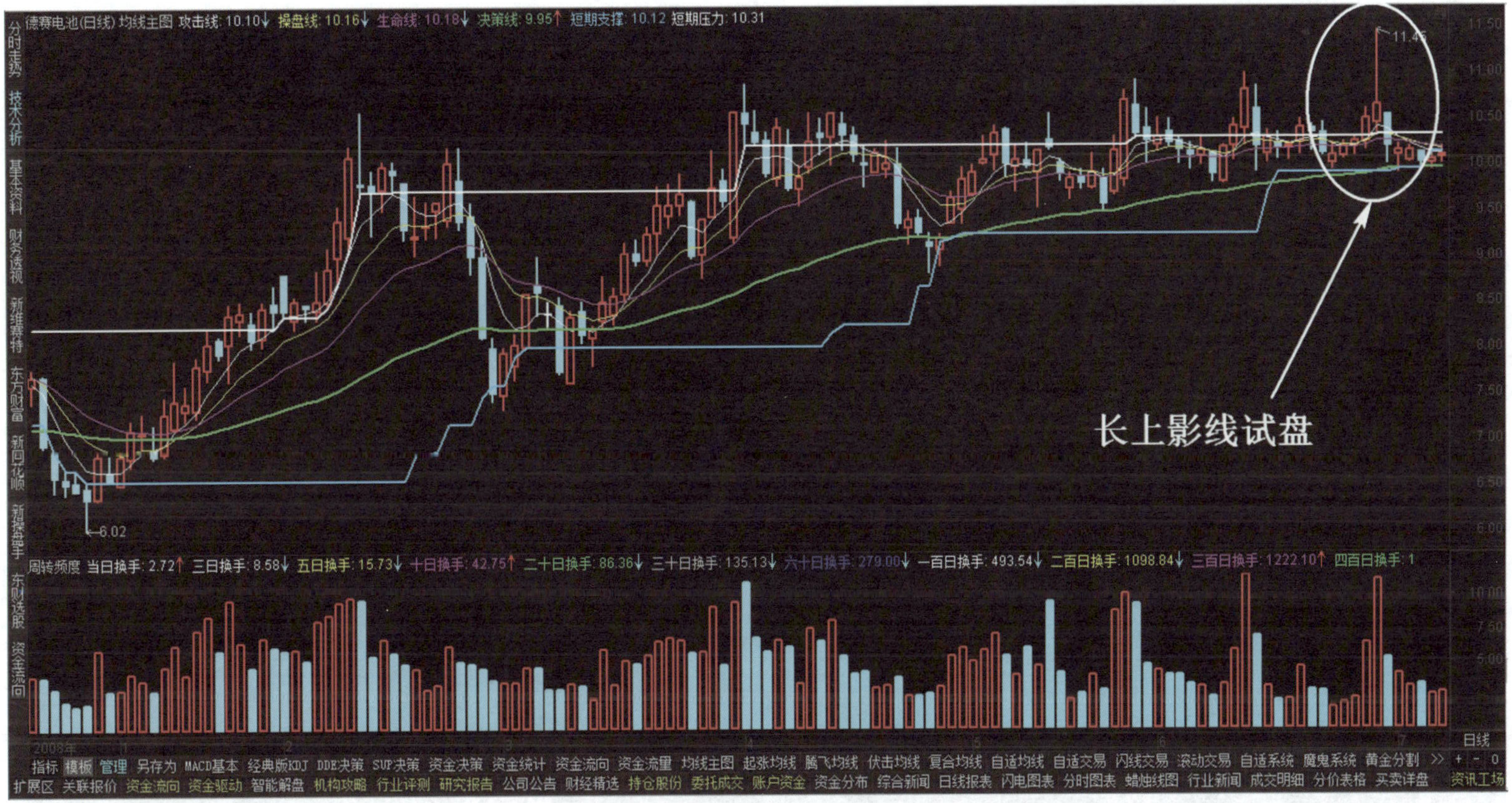
德赛电池(日线) 均线主图 攻击线: 10.10↓ 操盘线: 10.16↓ 生命线: 10.18↓ 决策线: 9.95↑ 短期支撑: 10.12 短期压力: 10.31
11.46
6.02
长上影线试盘
周转频度 当日换手: 2.72↑ 三日换手: 8.58↓ 五日换手: 15.73↓ 十日换手: 42.75↑ 二十日换手: 86.36↓ 三十日换手: 135.13↓ 六十日换手: 279.00↓ 一百日换手: 493.54↓ 二百日换手: 1098.84↓ 三百日换手: 1222.10↑ 四百日换手: 1
日线

图例 116

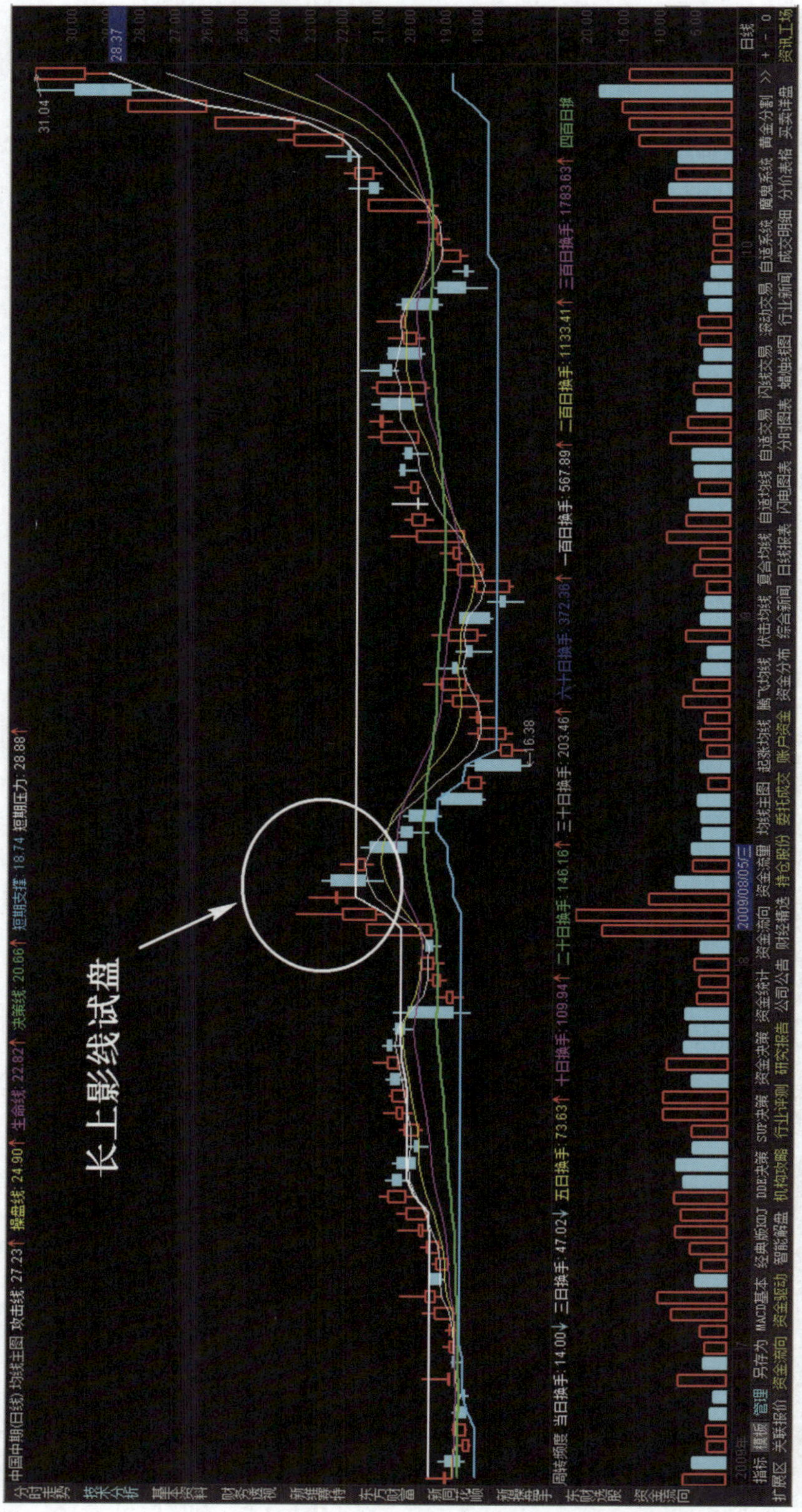

图例 117

三、长下影线试盘

本手法通常发生在底部试盘期，与上长影线所不同的是，上影线主要测试抛压，下影线主要测试支撑，主力在盘中故意向下砸盘至重要技术支撑位后，再将卖盘位置的卖单撤出来，以互观察买盘大户及散户买入单量变化，进而观察该股在市场中的关注度。同时盘中向下打压砸盘也可迫使部分投资者害怕亏损而恐慌性抛出低价筹码，一卖就卖在最低点，达到再次吸筹的目的。有些更狠的打到跌停位置，快要跌停了就拉起来，在这个位置是最容易死人的，5% 有的还可以人承受，10% 就受不了抛出了，往往是一抛后不到 5 分钟又涨了 7 - 8 个点。

凡是用上长影线试盘的，都会利用这种打法。都会采用这种崩盘的方式，其实都跌得不多。有些更狠的干脆就打到跌停的位置，注意凡是遇到这种情况都是放量的，这方面恐慌盘就出来了嘛，恐慌盘一出来主力就在那里接盘，这招是非常凑效的建仓手法。

这样的例子很多，参见图例 118、119、120、121 等等。

有一个关于六祖慧能的故事可能会对大家有所帮助，我们现在来看一看：

两僧人对着一面幡在激烈争论，一僧说没有风，幡如何动？所以是风在动。

一僧说幡不动，又如何知道风在动，所以是幡在动。两人面红耳赤各执一词。

慧能大师听到了，对二位僧人说：并非幡动，亦非风动，而是你们的心在动啊。

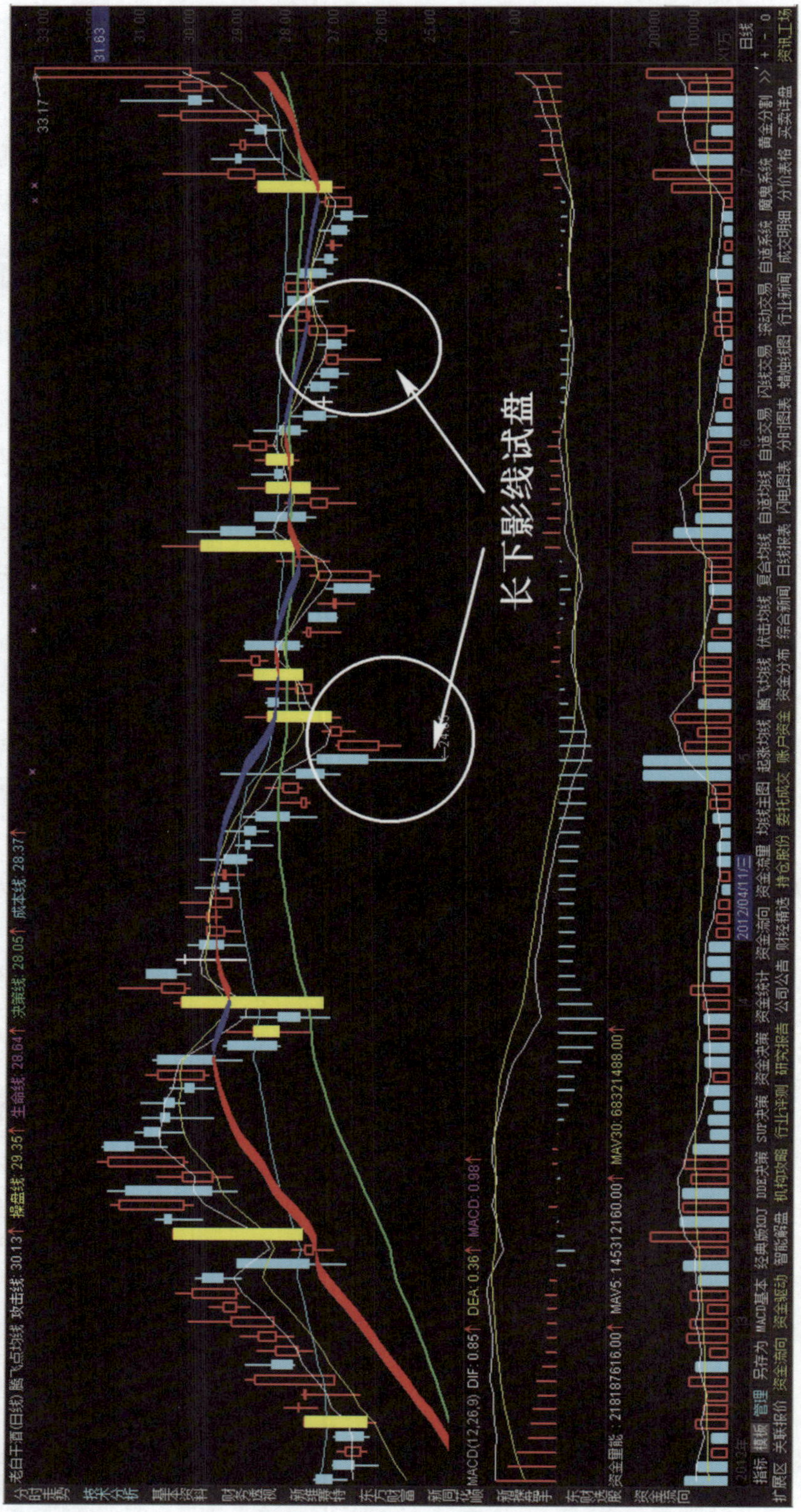

图例 118

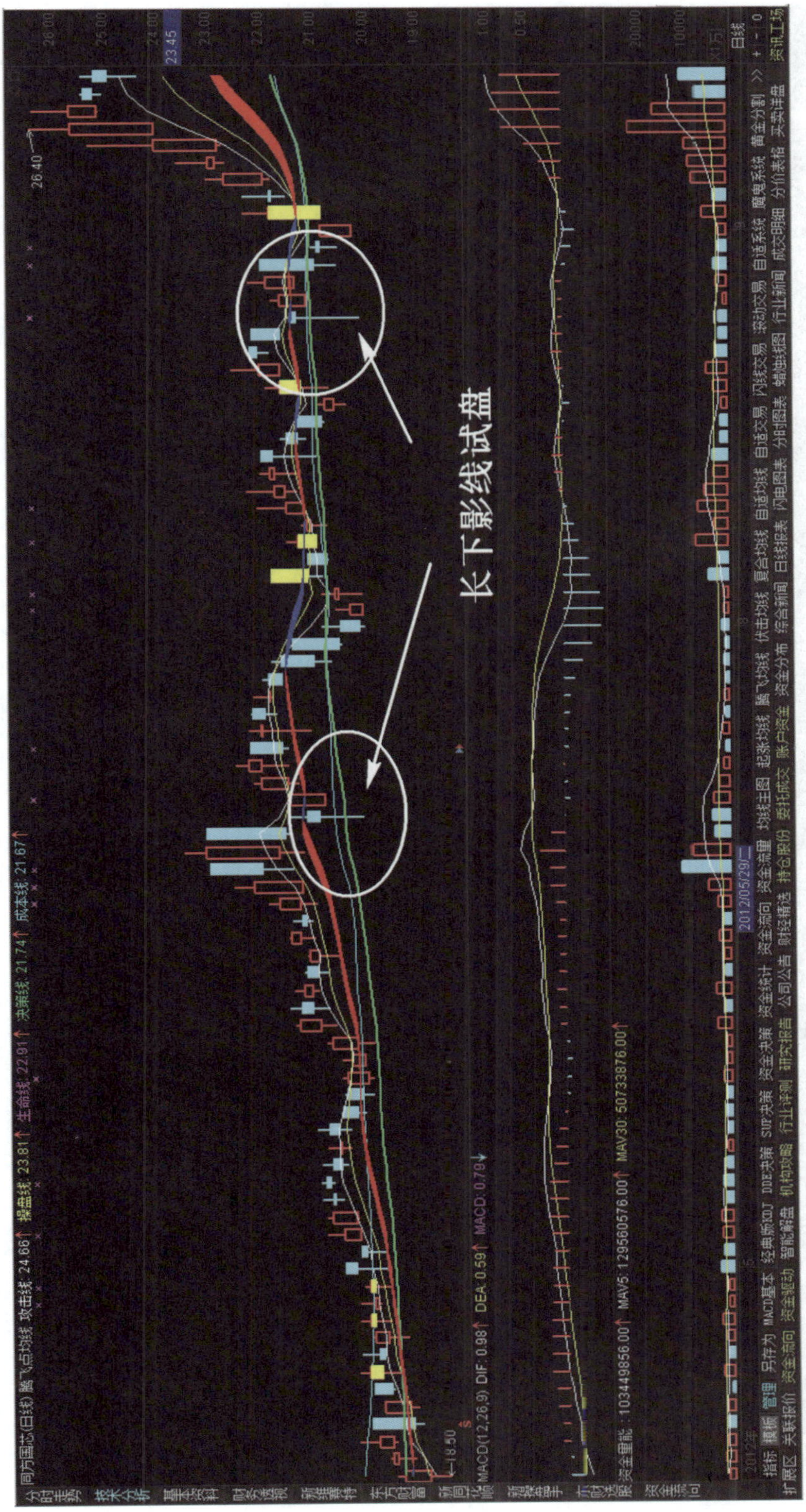

图例 119

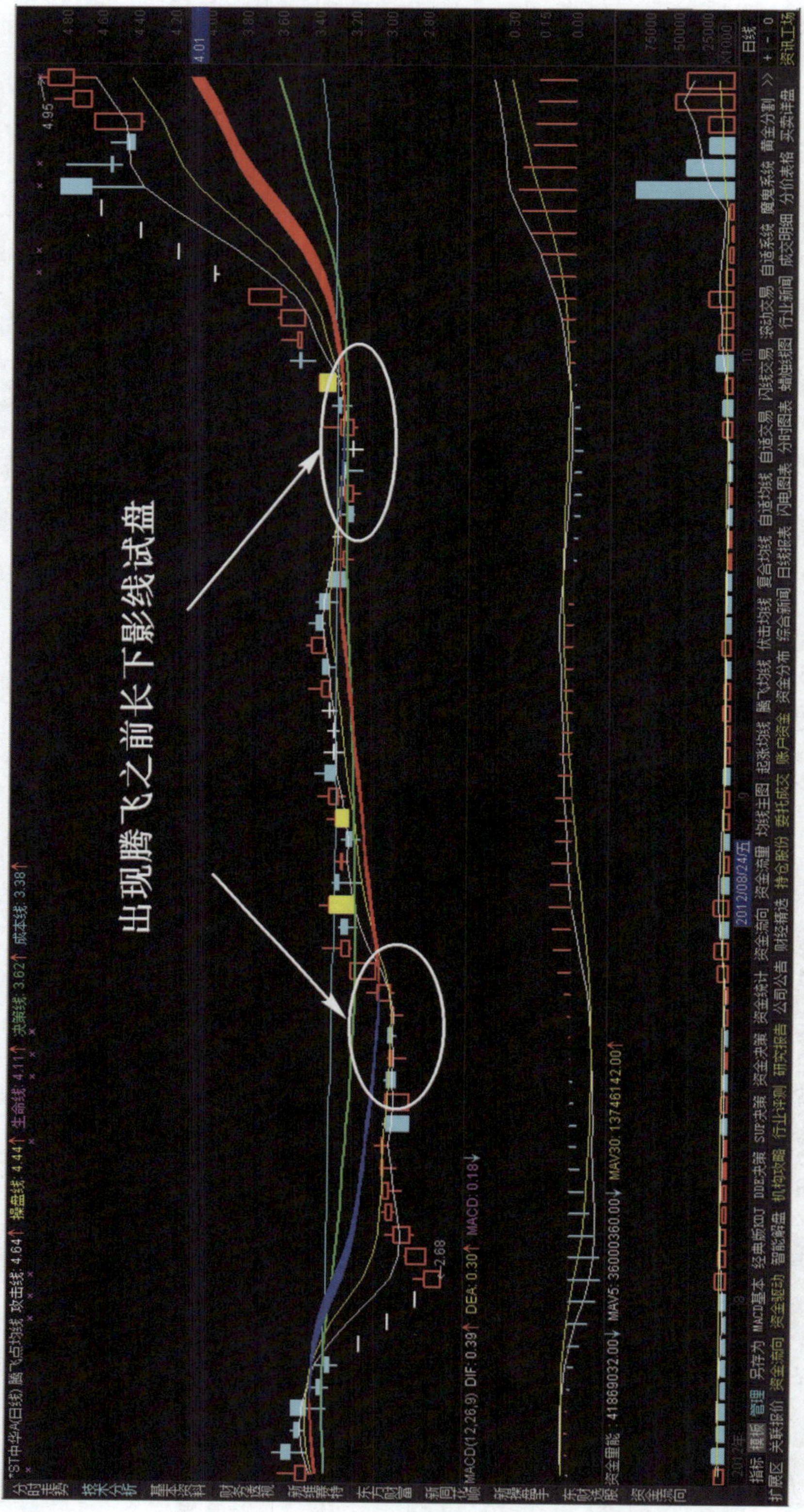

图例 120

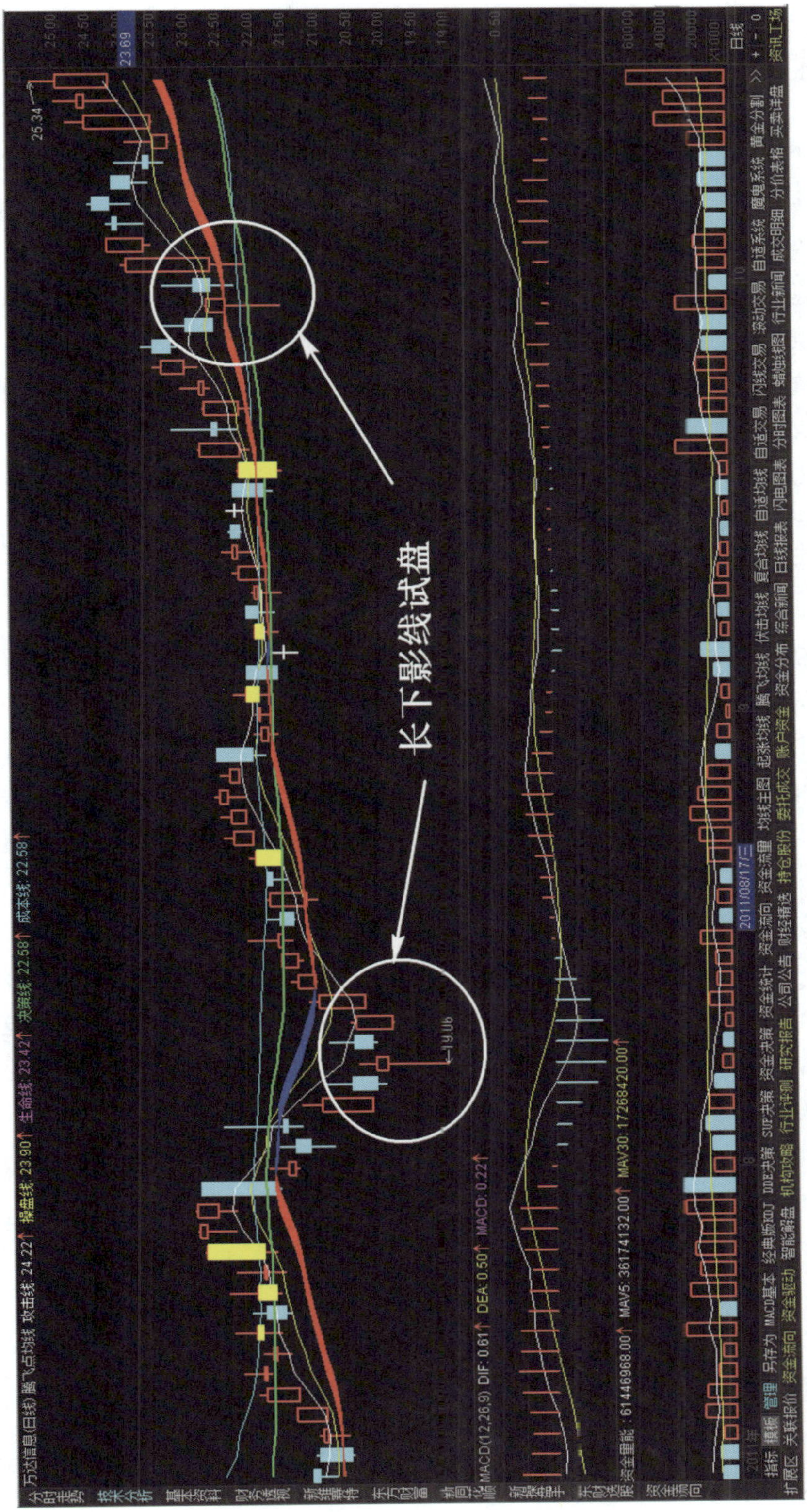

图例 121

四、打压挖坑试盘（大部分投资者都喜欢到坑里去）

通常发生在底部平台和空中加油期二个阶段，起到打压洗盘和吸筹的双重作用，在操作手法上，与长下影线略有相似，基于主力不断用大单向下砸盘为主，下影线一般一天就完成了，而挖坑要挖很多天，主力的目的是测度下档买盘力量的强弱，如果买盘力量较强，主力就继续向下打压砸盘，同时在砸盘的过程中迫使部分投资者害怕巨大亏损而恐慌性抛出，主力趁机在较低的价格区再交悄悄的买入。

打压挖坑压盘的过程当中成交量会急速持续的萎缩，当成交量出现在地量结构的时候，就宣告试盘动作结束。如果说下影线试盘是很黑的，那么打压挖坑的就更黑更暴力。因为越是挖坑挖到中间过程中，很多人开始还能抗得住，认为是洗盘，但是洗着洗着投资者心里就发生变化了，不对头啊，洗了这么多天还不见动静哪？还在洗耳恭听，是不是不干了？心里就没有底了，结果就割掉了，结果等了二天，主力又起不了，所以说很黑很暴力。

有些主力是你割完之后这二天还不拉起来，让你割得心里很平静，割对了，突然有一天你发现在涨停板那个位置就在那里，这时你终于发现割在地板上了。这招一般比较常用。

比如广东明珠（600382）涨停之前挖坑在那个位置，挖一坑在决策线那里，成交量萎缩到地量了，地量一也现很快就放量，然后不到一周就涨停了，后面还有涨停出现。

又比如凌云股份（600480）明明要涨的，这家伙比较阴险，把决策线还打穿，做出一幅不干了的趋势，并没有出现长阴线这种特征，而是小阴线，这样在向下走，但很快就用阳线吃上来。最后突破决策线，出现了一个大量的大阳线，这支属于一个典型的大牛股。它横盘了几个月都从来没有跌穿决策线，却在这快要上涨的前夜跌穿了。奇怪吧？

参见图例 122、123、124、125、126 所示。

> 给所有学习的朋友一个忠告：
> 不要以为跟着伍朝辉学习，你就可以战无不胜了。
> 如果不赶走你的投资心魔，就是神仙也救不了你。

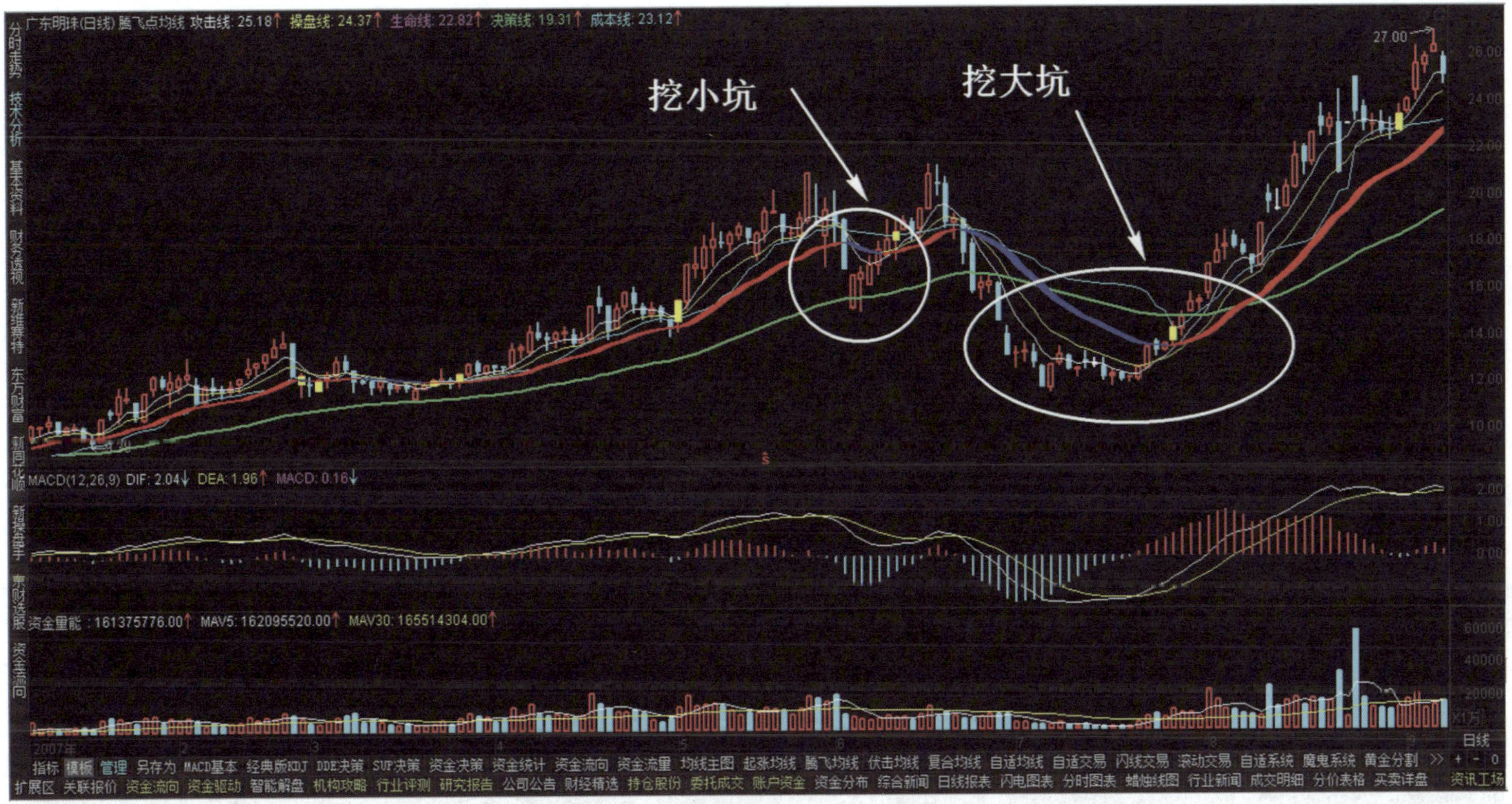
广东明珠(日线) 腾飞点均线 攻击线: 25.18↑ 操盘线: 24.37↑ 生命线: 22.82↑ 决策线: 19.31↑ 成本线: 23.12↑
挖小坑
挖大坑
27.00
MACD(12,26,9) DIF: 2.04↓ DEA: 1.96↑ MACD: 0.16↓
资金量能: 161375776.00↑ MAV5: 162095520.00↑ MAV30: 165514304.00↑

图例 122

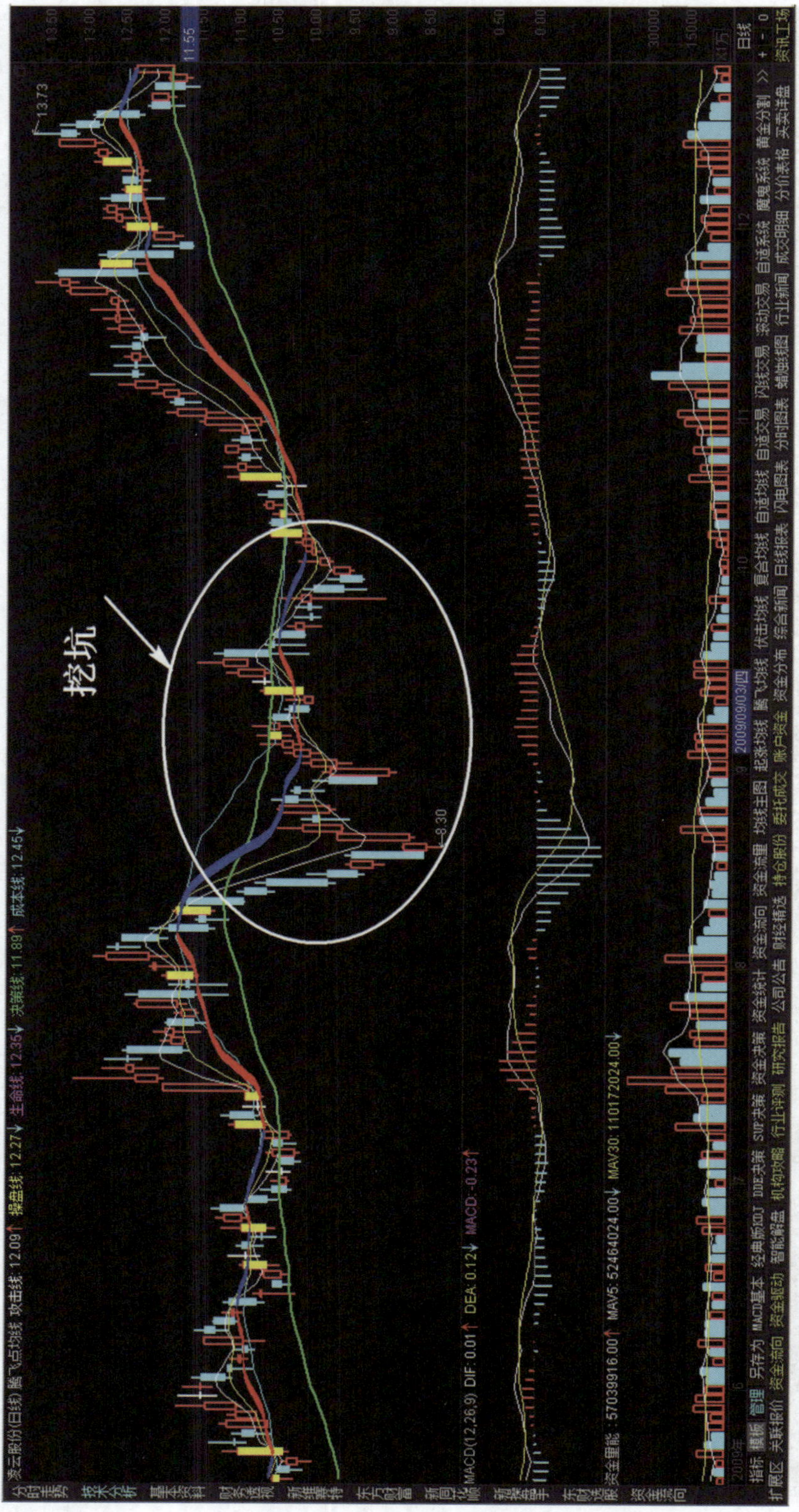

图例 123

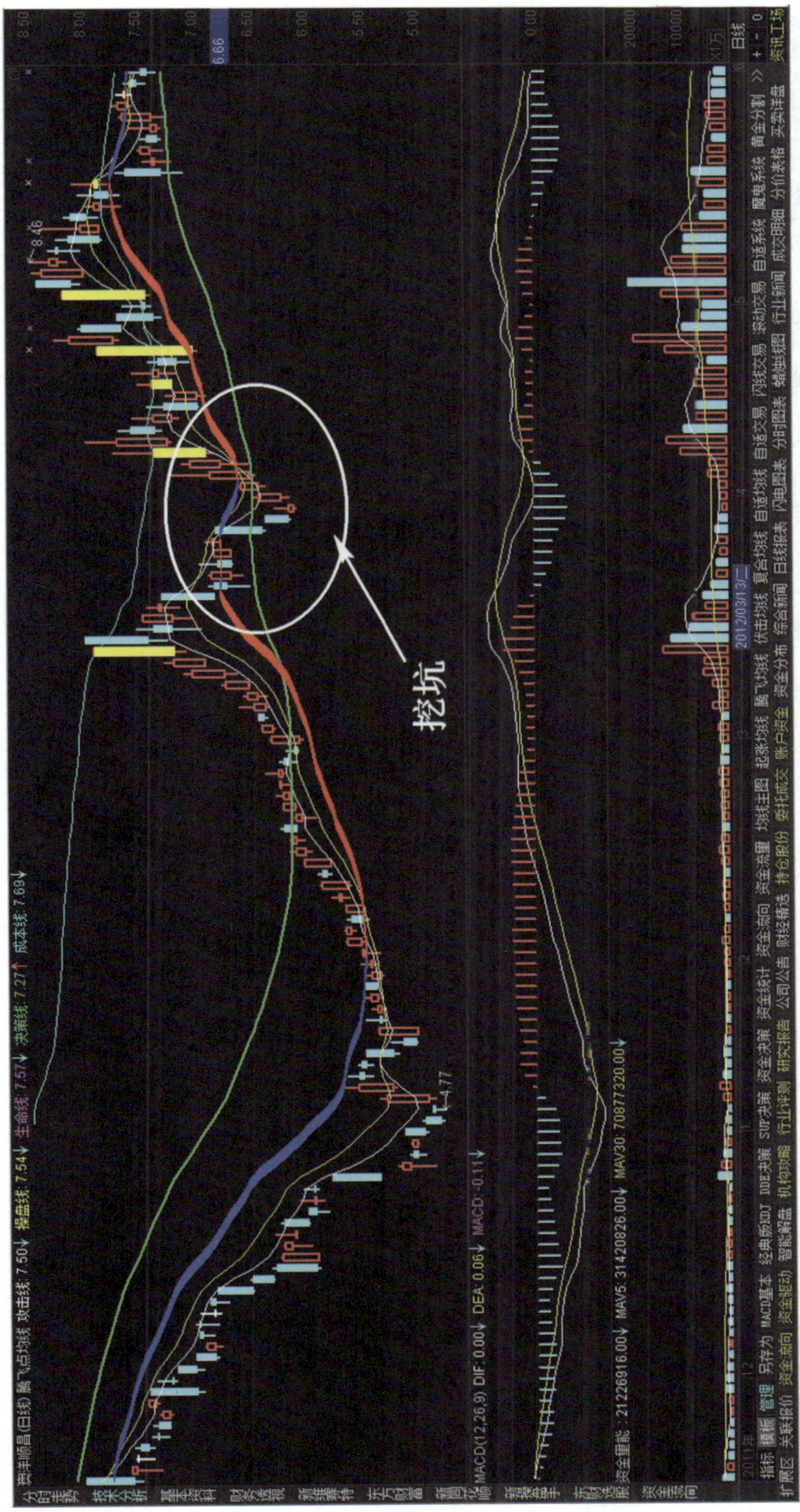

图例 124

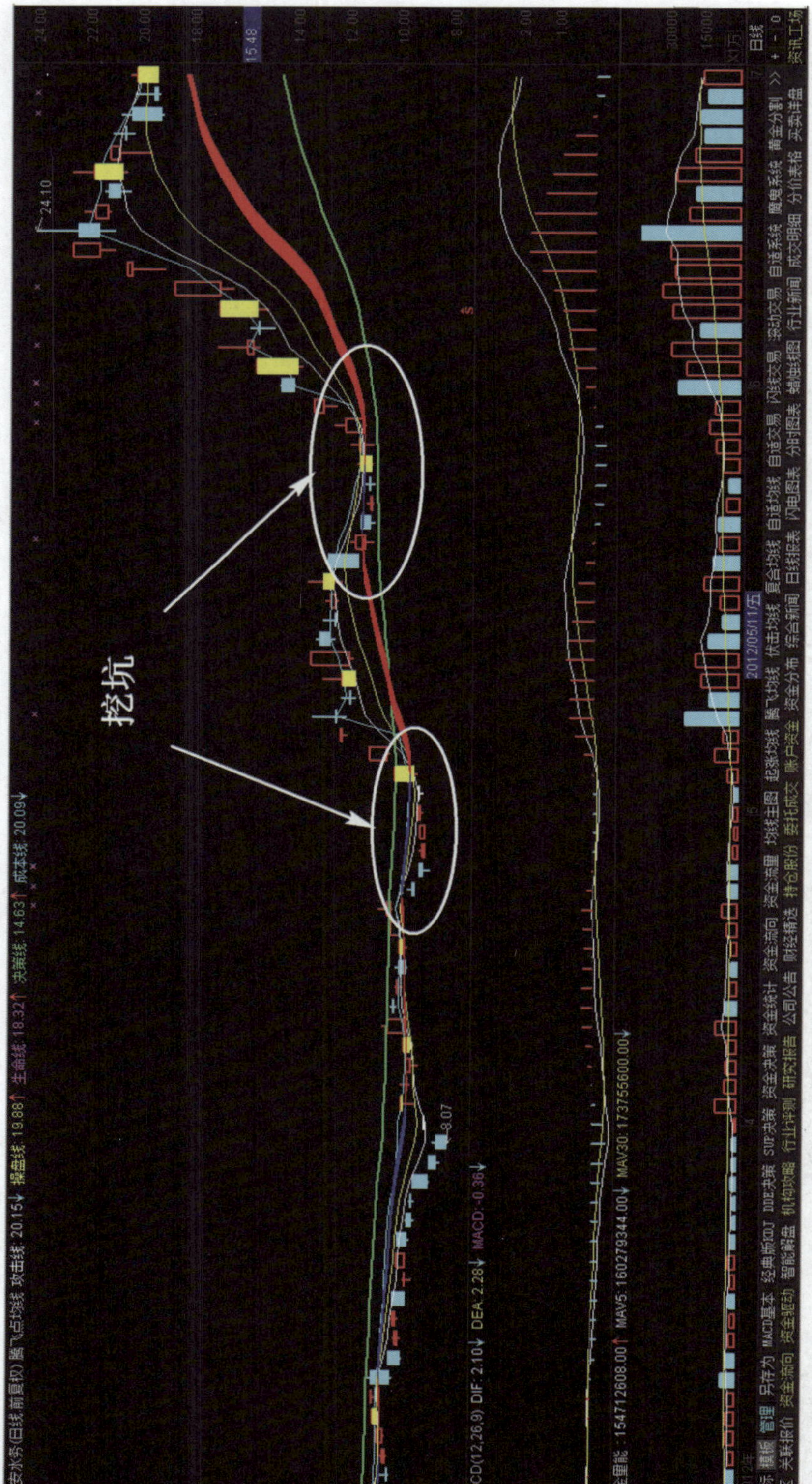

图例 125

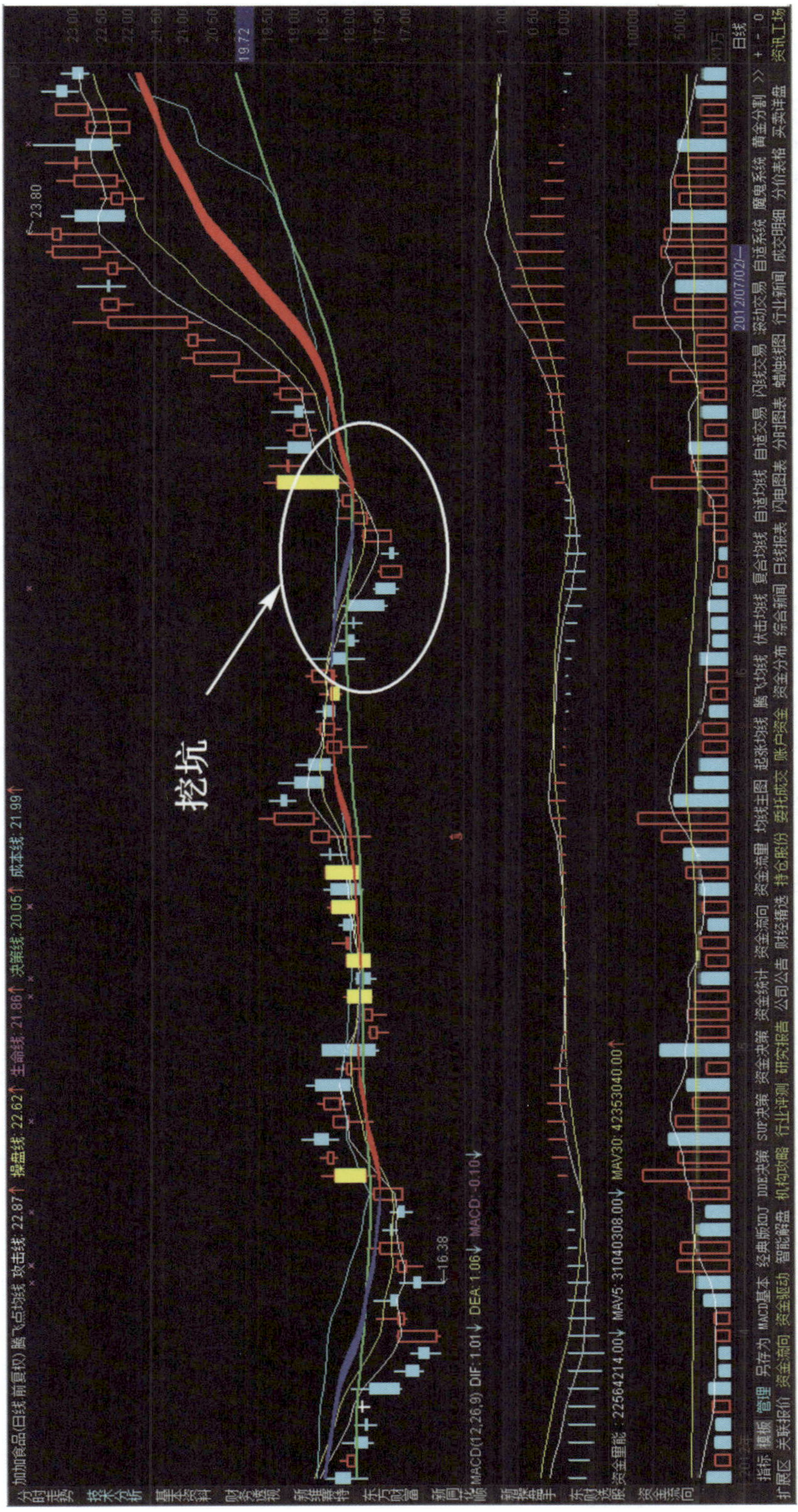

图例 126

第四节　起涨型腾飞点与主力基本操盘计划判断

一、起涨型腾飞点是主力第二阶段操盘计划的开始

起涨型的腾飞点是主力经过前期建仓、试盘、打压等等操盘动作之后的新一轮操盘行为，因此，起涨型腾飞点代表了主力新的第二阶段操盘计划的开始，这个腾飞点表明了主力急于摆脱极重持仓成本与风险的双重制约，同时有意通过引起市场中小投资者的注意力，达到利用市场群众的力量推动股价加速上涨的目的。

二、起涨型腾飞点目标价位的预判

主力经常会洗盘，比如挖坑之类。如果你在挖坑的洞里出来了，结果人别一放量上涨，你革命的豪情再次出现，临盘不管什么价格买入，正中了主力的计策，你来得正是时候。这是主力展开大波段操盘行情计划的开始，这要以腾飞点当天的开盘价计算波段上涨行情的空间，基本上可以用 0. 382 或者 0. 5、0. 618 或 1. 618 等黄金分割率来进行测量，就是这波行情的最终目标。没有到达就不要急急忙忙下车。

参见图例 127、128、129、130、131 所示。这些例子请各位对照软件反复研究。

一个成功的学生告诉我，她在 2010 年的操盘业绩是 10 倍收益！我为她的成功感到骄傲。她的成功经历是怎么样的呢？她说，她也经历的痛苦的学习过程，她终于战胜了自己，现在的所有操作都是严格按技术原则展开交易，完全变成了一个交易机器人。

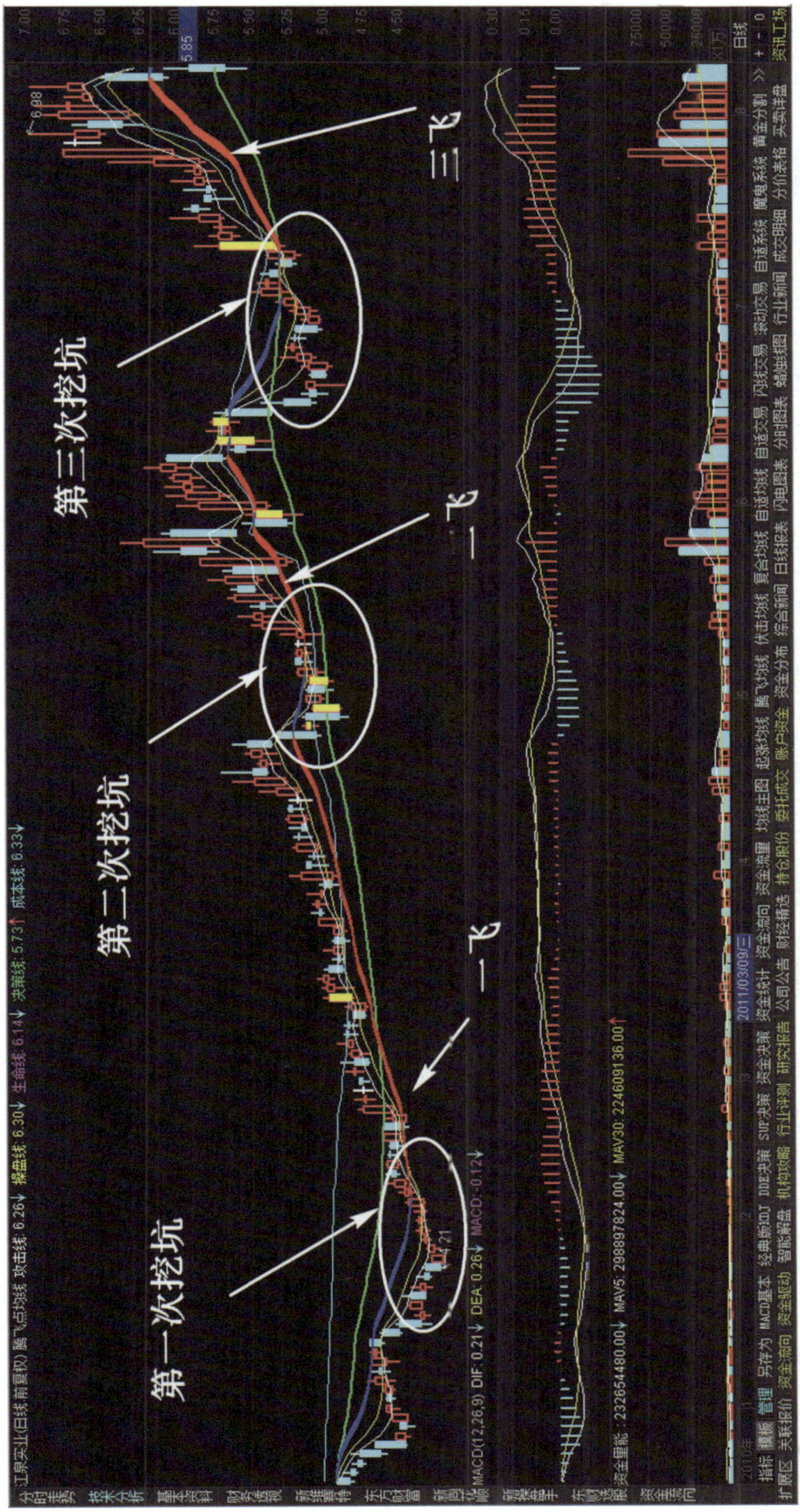

图例 127

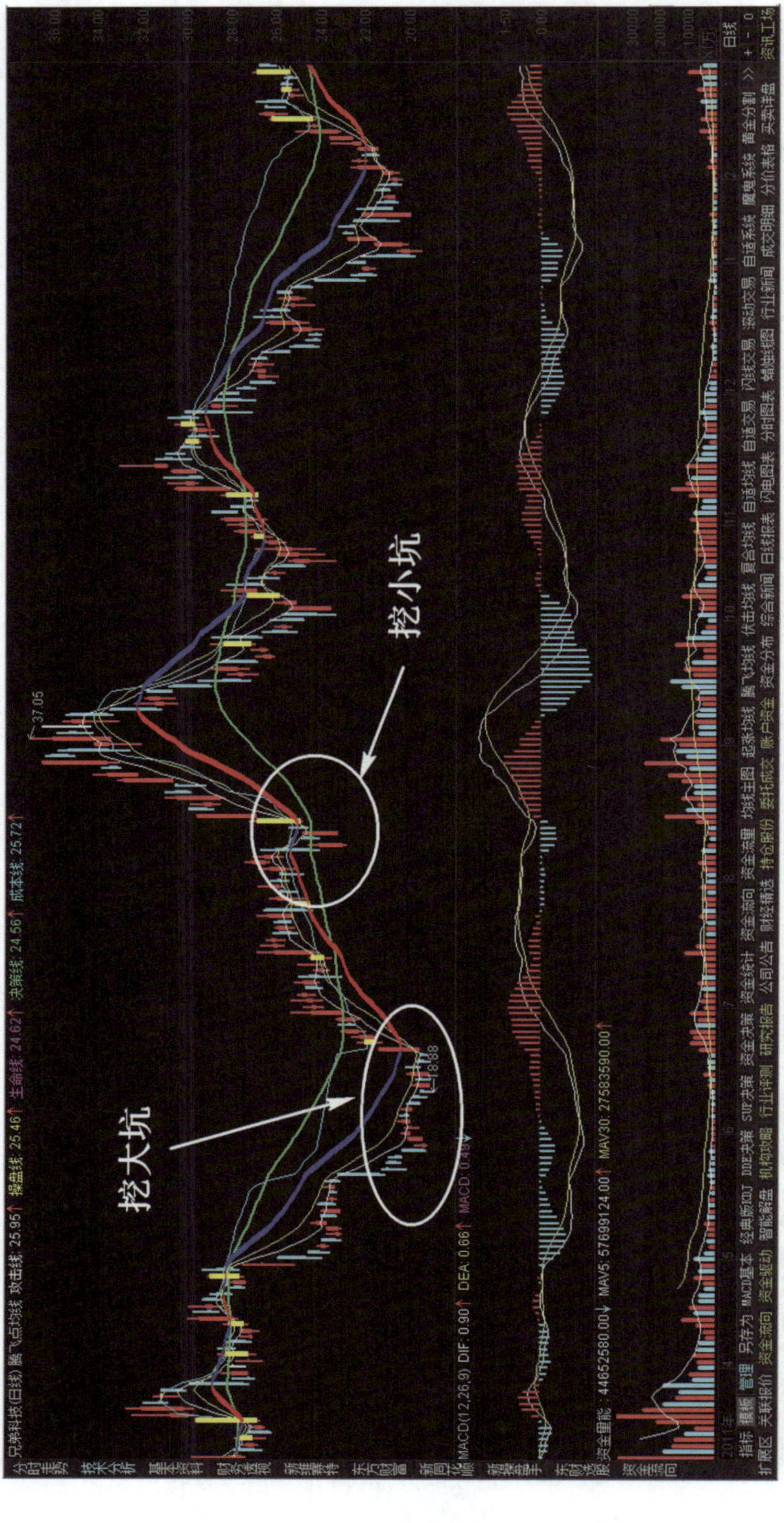

图例 128

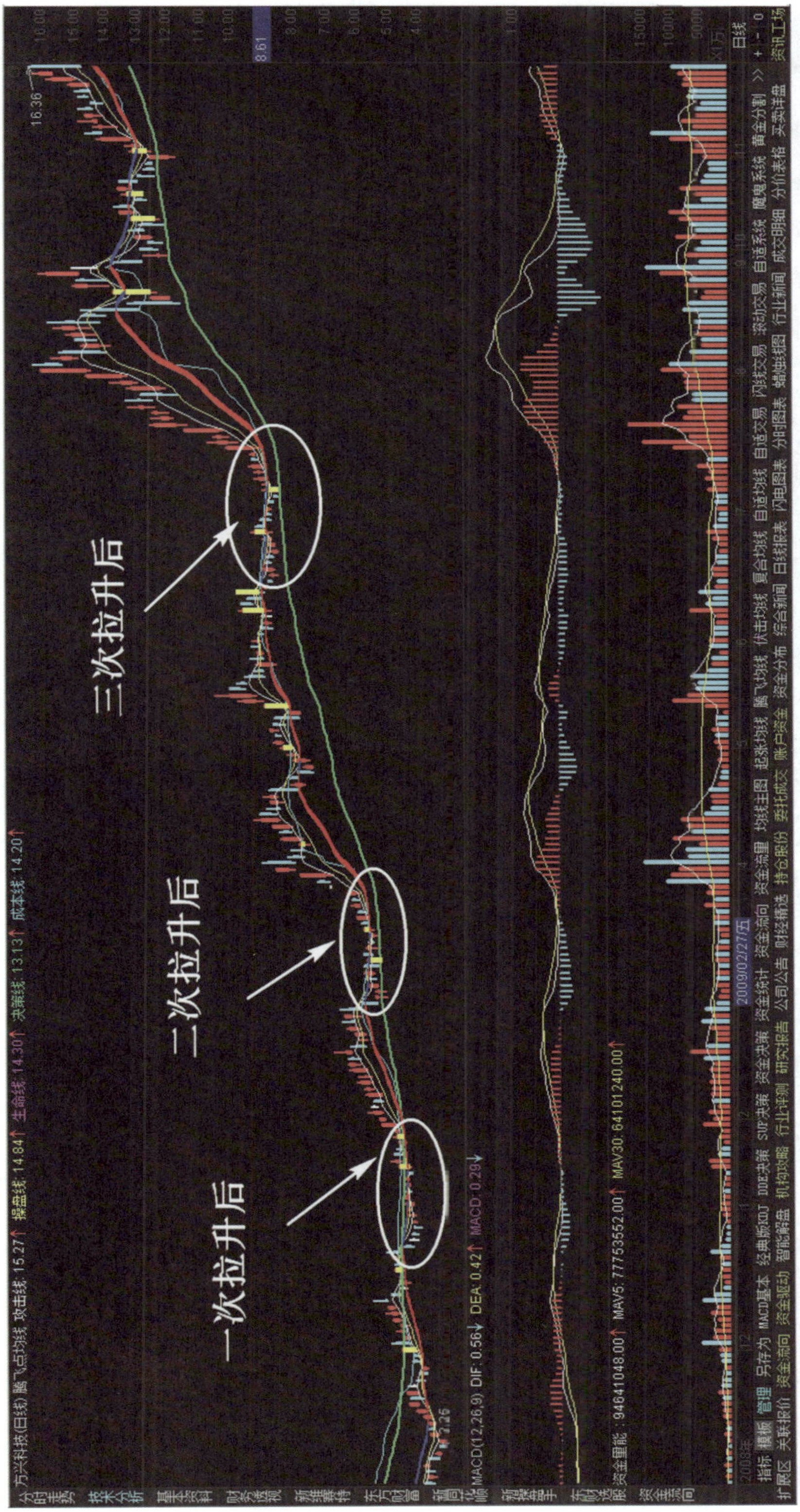

图例 129

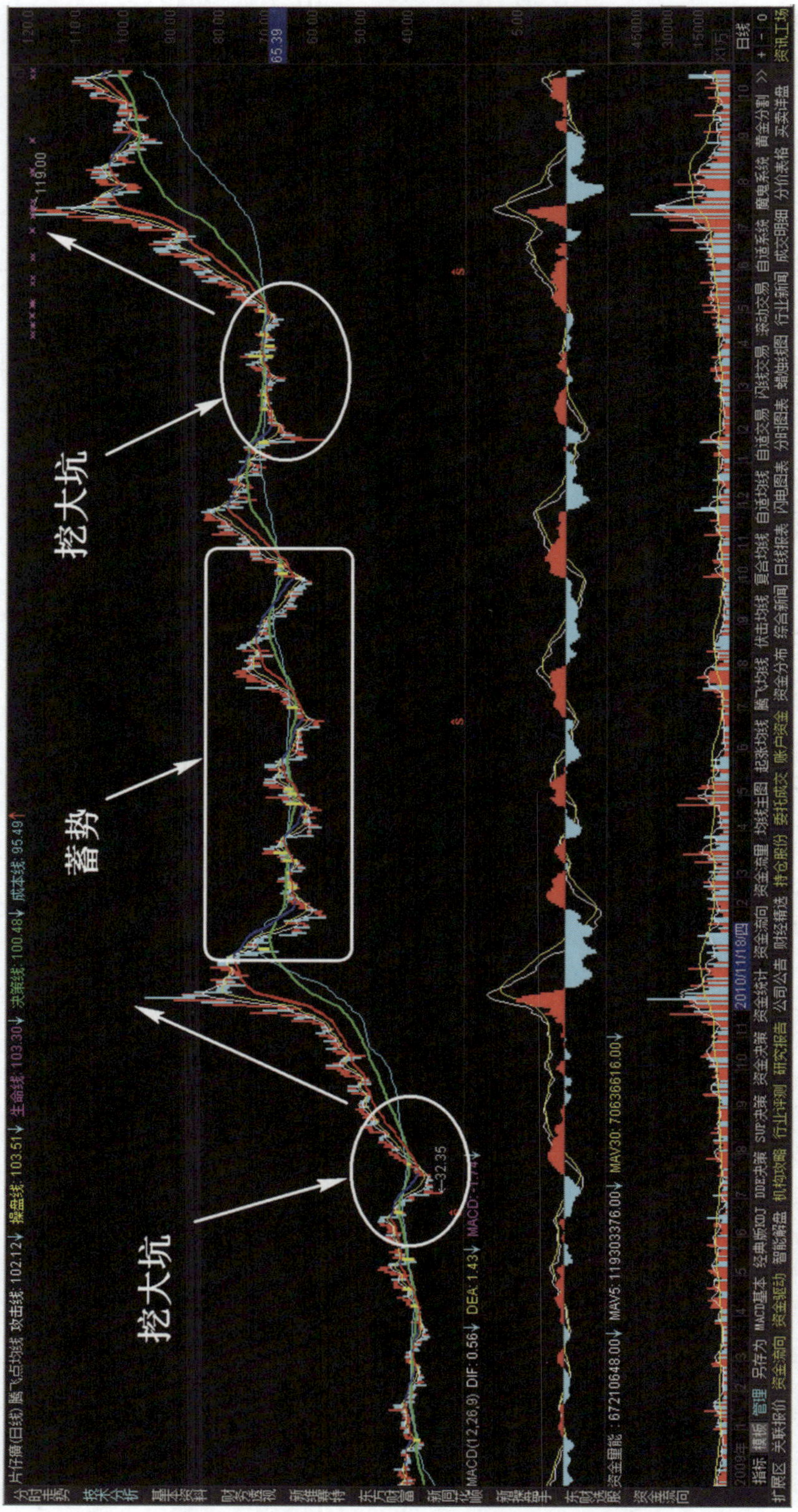

图例130

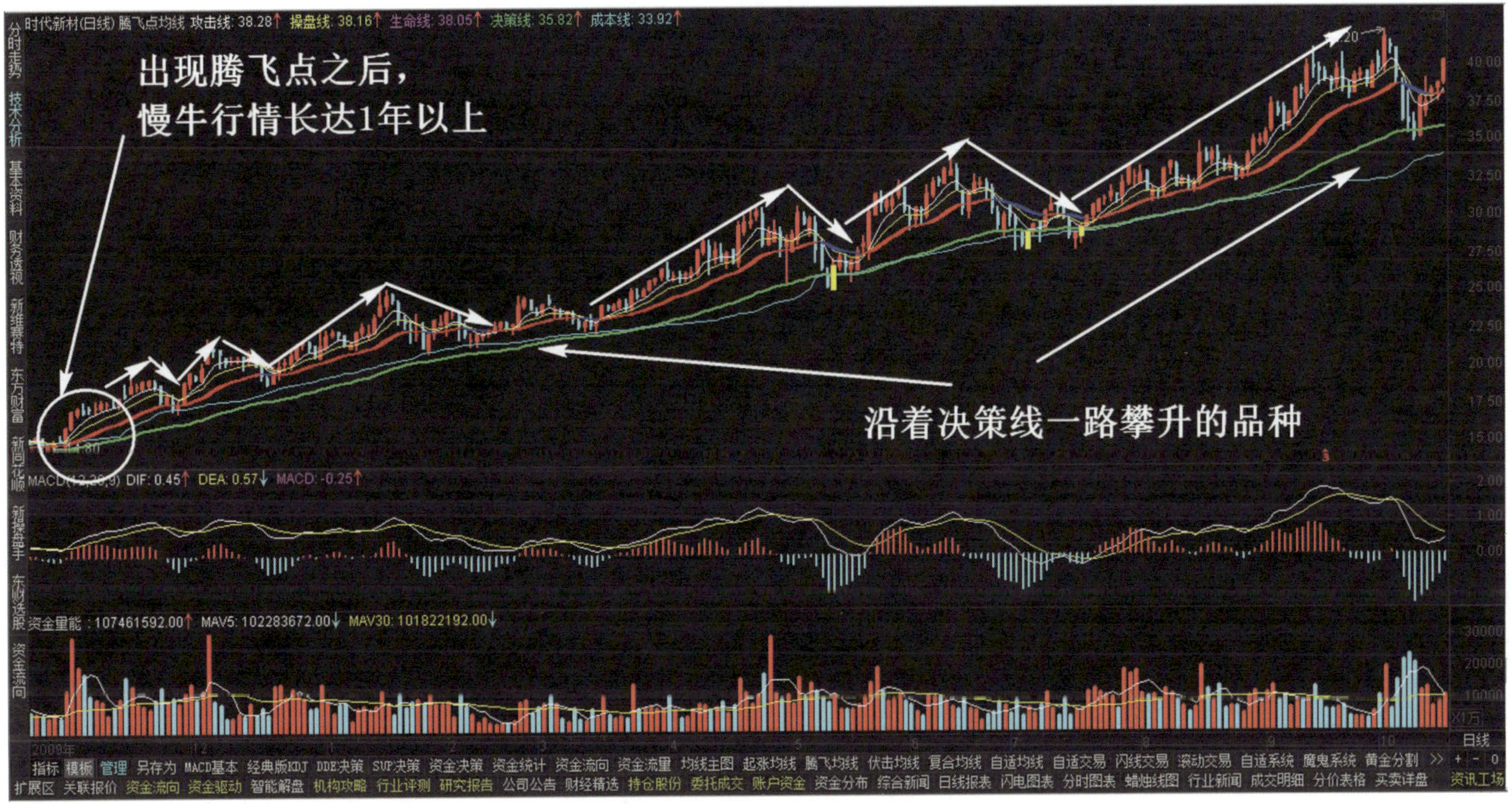
时代新材(日线) 腾飞点均线 攻击线: 38.28 操盘线: 38.16 生命线: 38.05 决策线: 35.82 成本线: 33.92
出现腾飞点之后，
慢牛行情长达1年以上
沿着决策线一路攀升的品种
MACD(12,26,9) DIF: 0.45 DEA: 0.57 MACD: -0.25
资金量能：107461592.00 MAV5: 102283672.00 MAV30: 101822192.00

图例 131

第八章
加速型腾飞点与主力操盘行为

本章学习要点

一、了解加速型腾飞点的基本含义。

二、了解加速型腾飞点的构成原理。

三、了解加速型腾飞点的主要类型。

四、了解加速型腾飞点的判断方法。

五、反复演练并掌握腾飞点操作法。

第一节　加速型腾飞点形成的原理

一、加速型腾飞点与起涨型腾飞点的区别

加速型腾飞点形成之前，股价同样会形成一个中继整理平台，以构成一个最基础的技术形态结构。股价进入上升通道时，所有的市场中小投资者均能够通过对技术形态的研究，发现股价正明显的进入到上升通道之中，波段行情特征十分清晰明了。加速型腾飞点出现时，股票已经有了一个明显的上升通道，主力通不定期加速型的技术特征完全引爆了中小投资者的跟风热情，进一步的按计划推高股价，完成了主力的预期目标。

而起涨型的腾飞点还不是引爆，它只是引导。引爆与引导是两码事，引爆是爆炸了，引导还可以有点温柔性的动作。我们来看中国远洋（601919），他就完全的引爆了市场。

每一个投资者，都是股市远征军的一员。你是长官，资金则是你的士兵。

我们每一天的交易，其实质内容却是以“博弈”为核心。因此，把股市交易比喻为一场战争，也没有什么过分之处。战果是你的收益，代价则是你套牢或割肉。

具体比喻如下：A. 下单 = 总攻；B. 获利高抛 = 胜利；C. 套牢 = 被包围；D. 长期套牢 = 战俘营；E. 斩仓 = 突围。

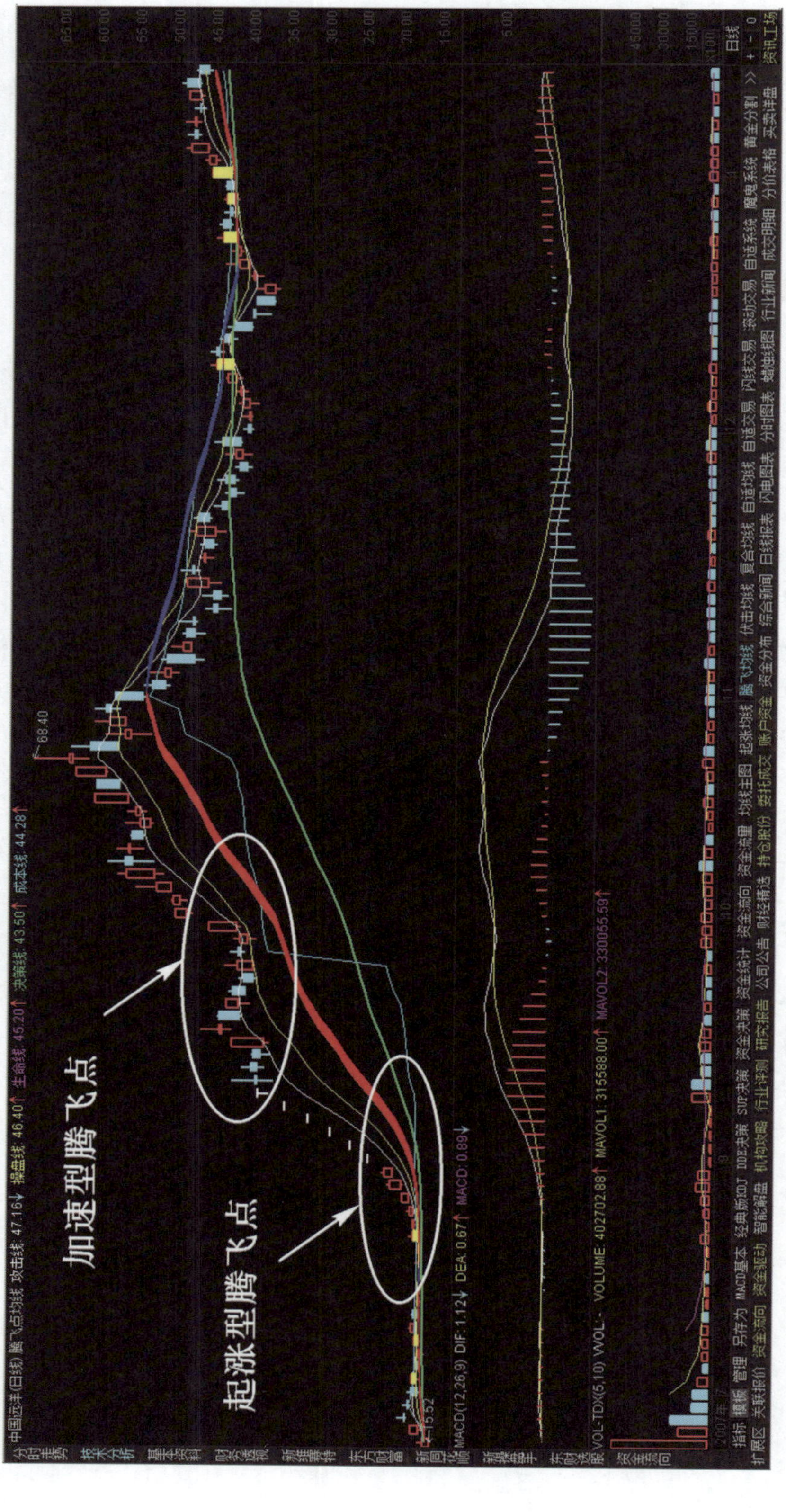
起涨型腾飞点
加速型腾飞点
68.40
15.52
MACD(12,26,9) DIF: 1.12 DEA: 0.67 MACD: 0.89
VOL-TDX(5,10) VVOL: VOLUME: 402702.88 MAVOL1: 315588.00 MAVOL2: 330055.59

图例 132

二、加速型腾飞点的明显特征

加速型的腾飞点有 2 个明显的特征：

一是跑道型的，跟飞机起飞一样的小跑道；二是天梯形的。

（一）跑道型的加速腾飞点

股价经过小幅度的振荡盘升，已经完成对前期平台所有阻力的化解与消除。这里要注意小幅振荡盘升，就是小阴小阳线沿着操盘线上升。每天不死不活的就突破了，所以股价采用的是小阴小阳线结构低点不断抬高的手法，突破平台的最高点，并形成明显的上升通道，即跑道特征。航空母舰飞机起飞的时候，前面有一个小跑道，那个跑道叫做弹飞点。成交量呈有序温和放大特征，通过平台阻力的时候量能放大明显，而逢阴线则迅速缩量，攻击线与操盘线线呈 45 度角稳步上升，股价每次回调不破操盘线。生命线与决策线始终保持金叉并持续向上结构，在股价拉出大阳线放量上涨的当天，即宣告加速型的腾飞点形成。这种走势套用用一句熟话说，就是我不跟你玩了，就跑掉了。

比如如海印股份（000861），修建了一条空中跑道，前面用一根大阳线拉起来，拉起来以后你以为它涨得很猛了，其实不是这样的，它就这样斜着向上走，这个形态是很典型的，这个手法运用得比较好。这种跑道始终没有跌破操盘线，每天碰到操盘线就弹上去了。这种起涨的时候很像弹射机构，向上一抛就涨停了。一般情况下这个跑道一形成，早上要是看见大单巨量选股，发现这种高开巨量大单的，前面有一个跑道，开盘就买进去了，不会等到涨 4 个点才去追。跑道都形成了，哪我就不管你了。这种走势平时要注意跟踪。

再比如焦作万方（000612），在起涨腾飞之前，前面有一个小型的跑道，跑道前面都没有大阳线，都是小阴小阳线，量温和放在。也是这种类型。

又比如国风塑业（000859），这个跑道修建得像山区的跑道，前面放量走上来之后，始终在那里搞呀搞的跑道，没有打穿操盘线就起不了，腾飞起来了当天任意价格都可以买入，这种跑道是很多的。跑道未来的走势是不一定的，跑道修建成完成之后，后面就加速了，加速后，后面就姿态优美。这又是另一种类型的跑道。

再比如新兴铸管（000778），前面修建成了一个很小的弹射似的跑道，这个就是个非常急促型的。要注意这些跑道结构，要仔细去观察。我们再看看它是基金重仓股，看看它修建的跑道，当天看到它三量高开我们就买进去。参见图例 133、134、135、136 所示。

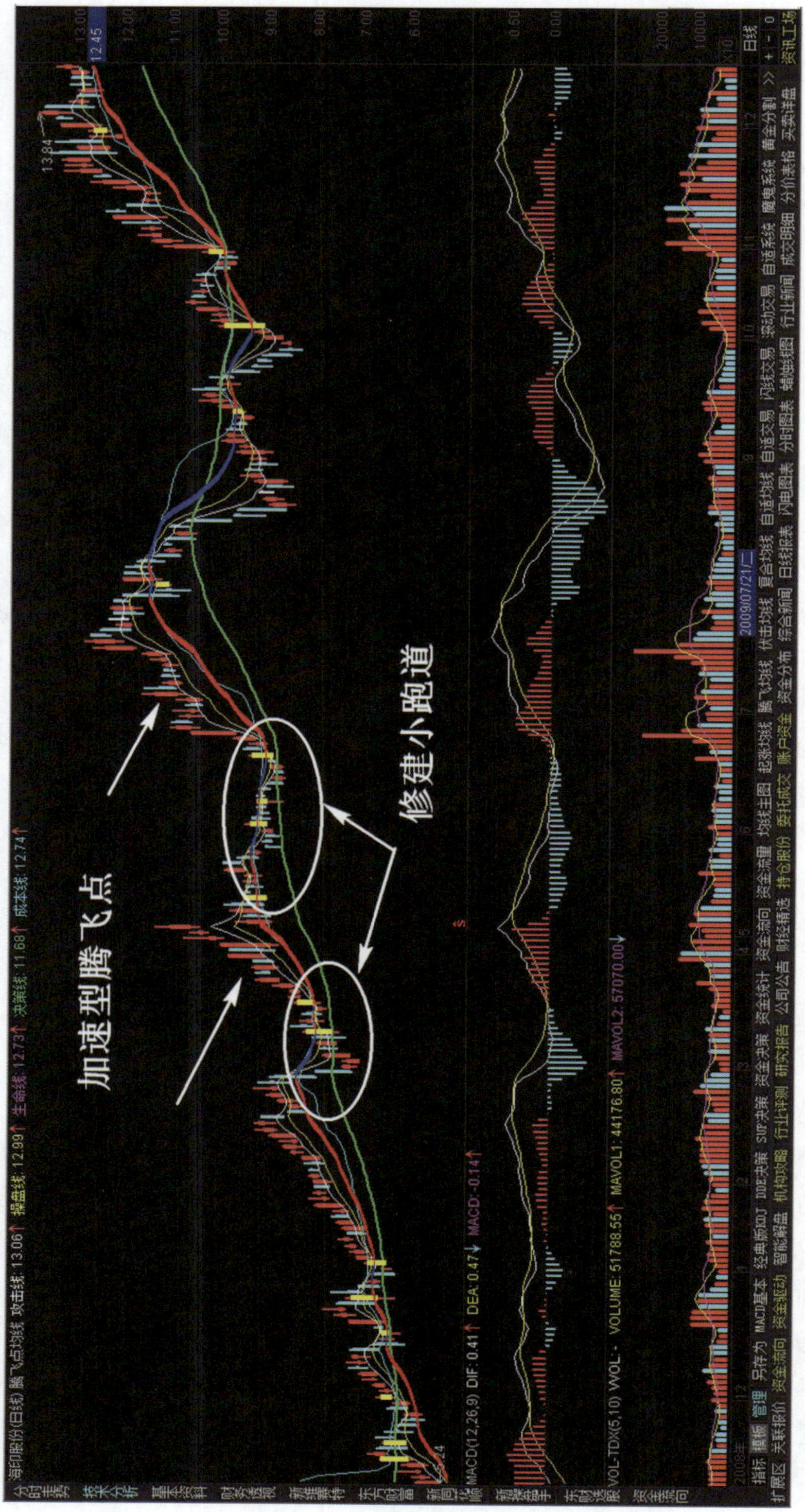

图例 133

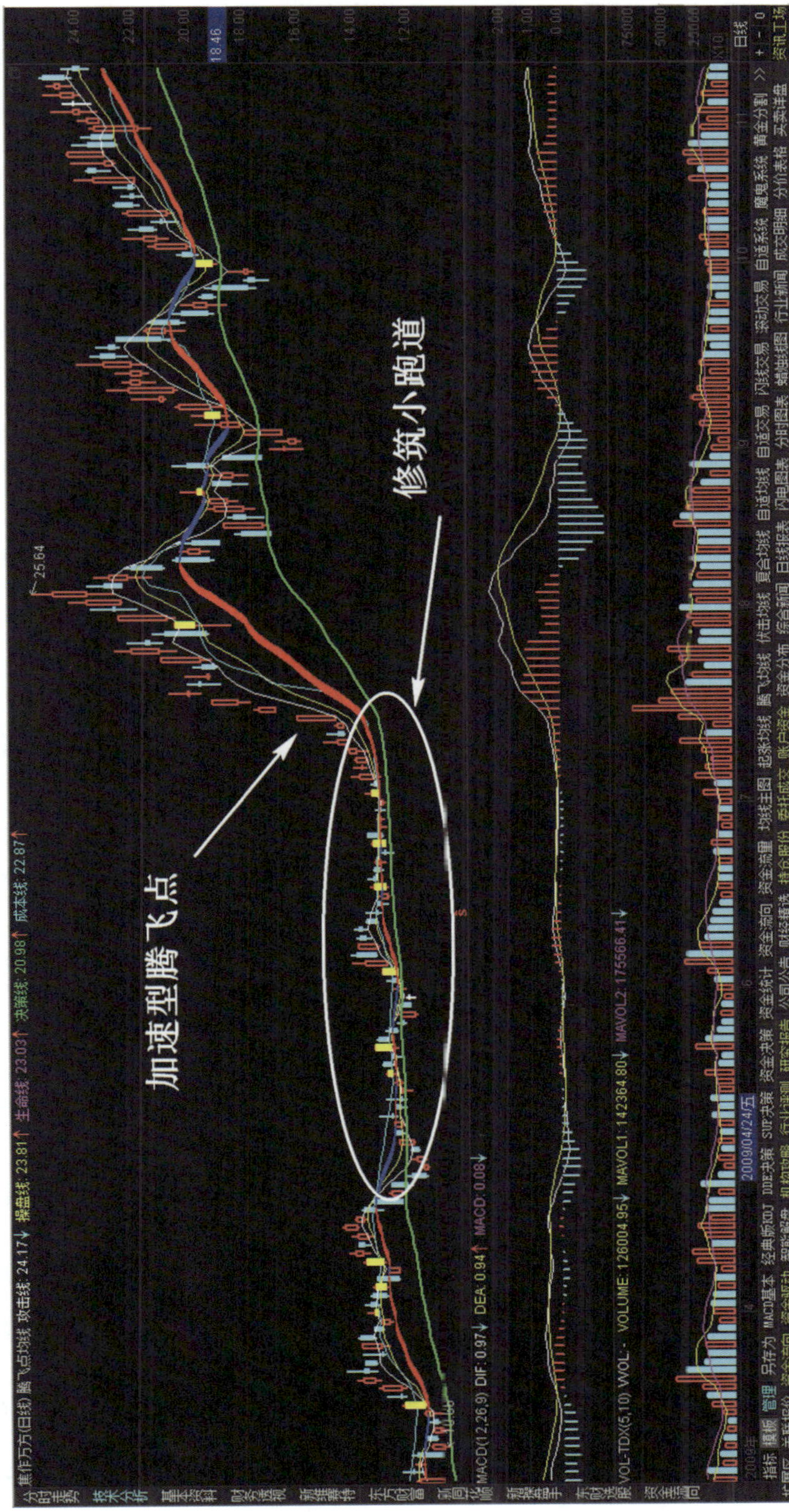

图例 134

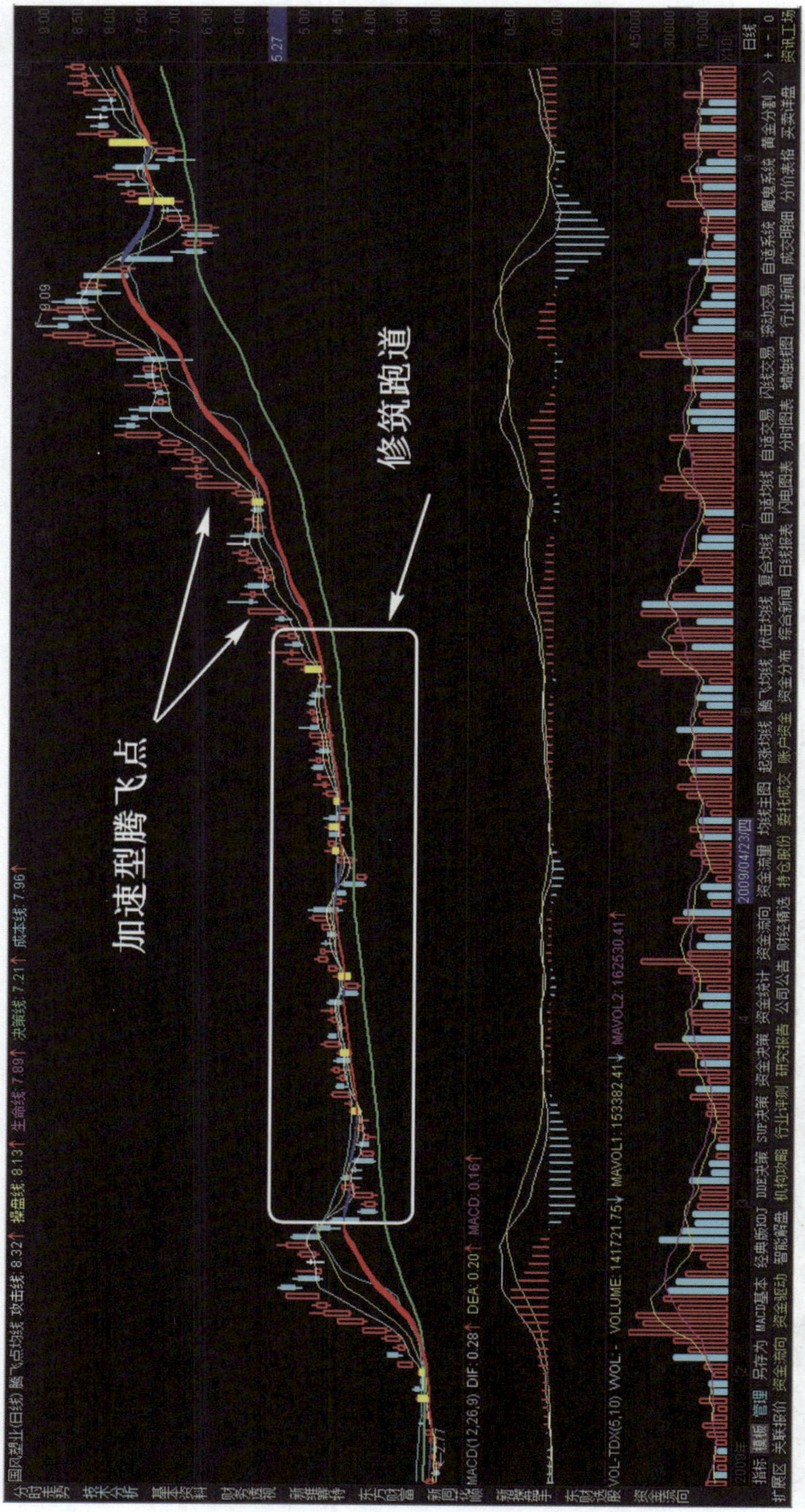

图例 135

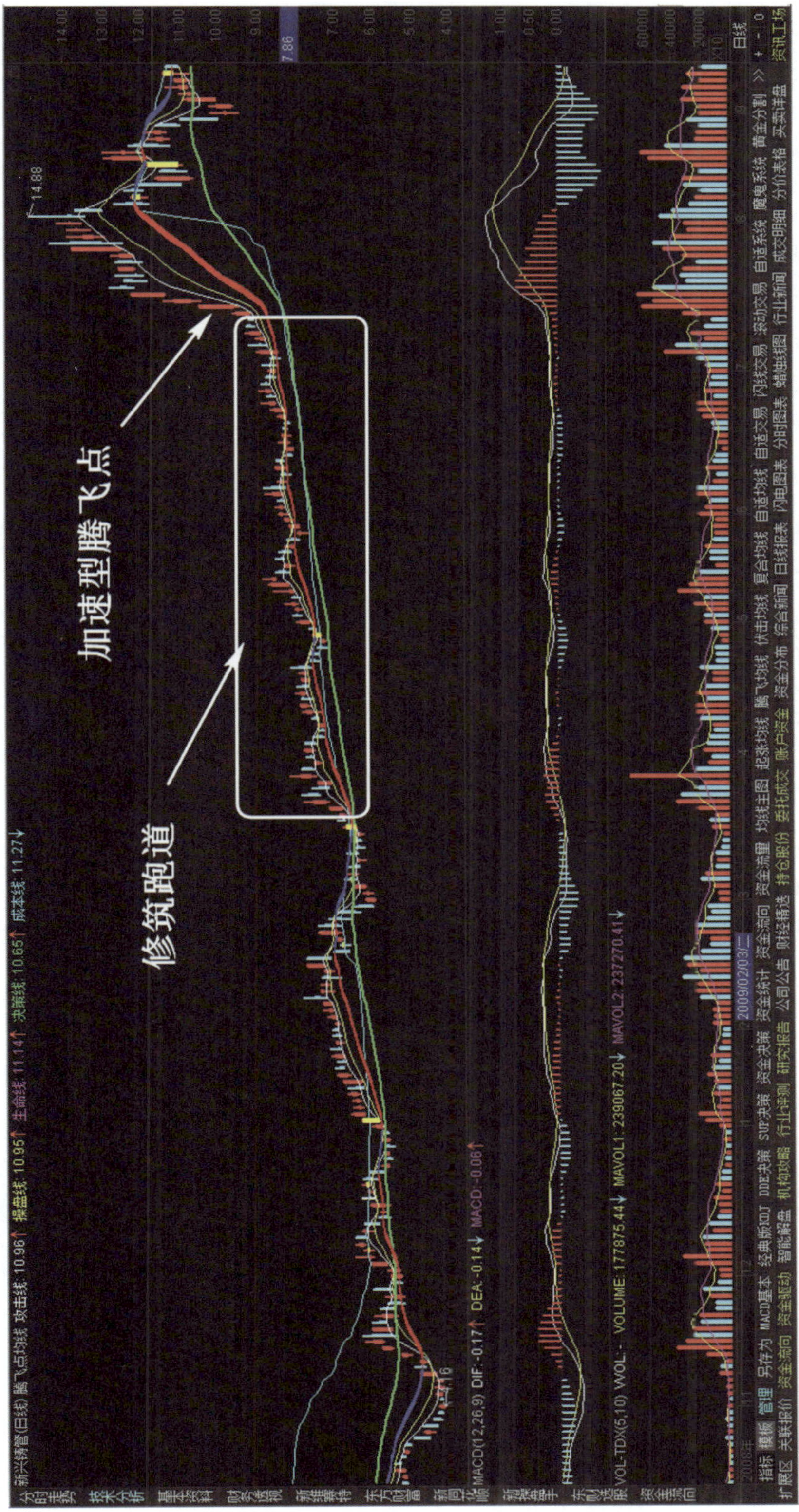

图例 136

（二）天梯型的加速腾飞点

“好风频借力，送我上青云”，在轻功里有种功夫叫“纵云梯”，是很厉害的，几纵几纵就上去了。天梯型的腾飞点特征是这样的：股价连续巨量突破前期平台，且彻底化解平台阻力，股价通过平台后，振荡整理时间周期约在 5－13 个交易日之间，期间以操盘线为依托，构成典型的天梯特征。强势整理的时候，股价不会轻易向下击穿操盘线，逢阴线则量能大幅萎缩。操盘线的方向仍然以 45 度角保持向上趋势，生命线与决策线保持金叉结构持续向上。当股价再次放量向上突破天梯区所有重要阻力区时，宣告加速型腾飞点形成。

比如柳钢股份（601003），突破长达 4 个月的平台之后，用 2 个涨停板巨量突破的，第三根阴线是阴十字星，出现巨量，然后就横盘，横盘了 6－7 个交易日，形成一个天梯结构，最后是缩量的，再后就上天了，天梯形成。请注意在调整的过程中，先开始是放量的，天梯的后期是缩量的，再次向上走，成交量没有必要过前面的量了，就均衡状态向上走了。

又如大洋电机（002249），也构成了一个天梯结构，这是除权之后的一个股票，天梯 5 天就走上去了，第六天就涨了。到了第五天，你就要特别引起注意了。

再如城投控股（600649），也是构建了一个天梯之后，还是第五天上去，在操盘线到支撑。至于怎么买这样的品种，是在天梯的腾飞时买还是在天梯的后期买呢？只能说仁者见仁，智者见智。学过起涨点的，肯定是在天梯的末期买了，天梯一出现，你就加仓了。

参见图例 137、138、139、140 所示，这是经典的图形，请各位认真背下来。

在平时的交易过程中，你有没有想过要对你的资金安全负责？你想过这些资金就是你的士兵吗？每割肉一块钱，就意味着一个士兵的生命消失了。从割肉的那个资金级别再起步，要想获得一个点的收益，则至少付出两个点的代价。

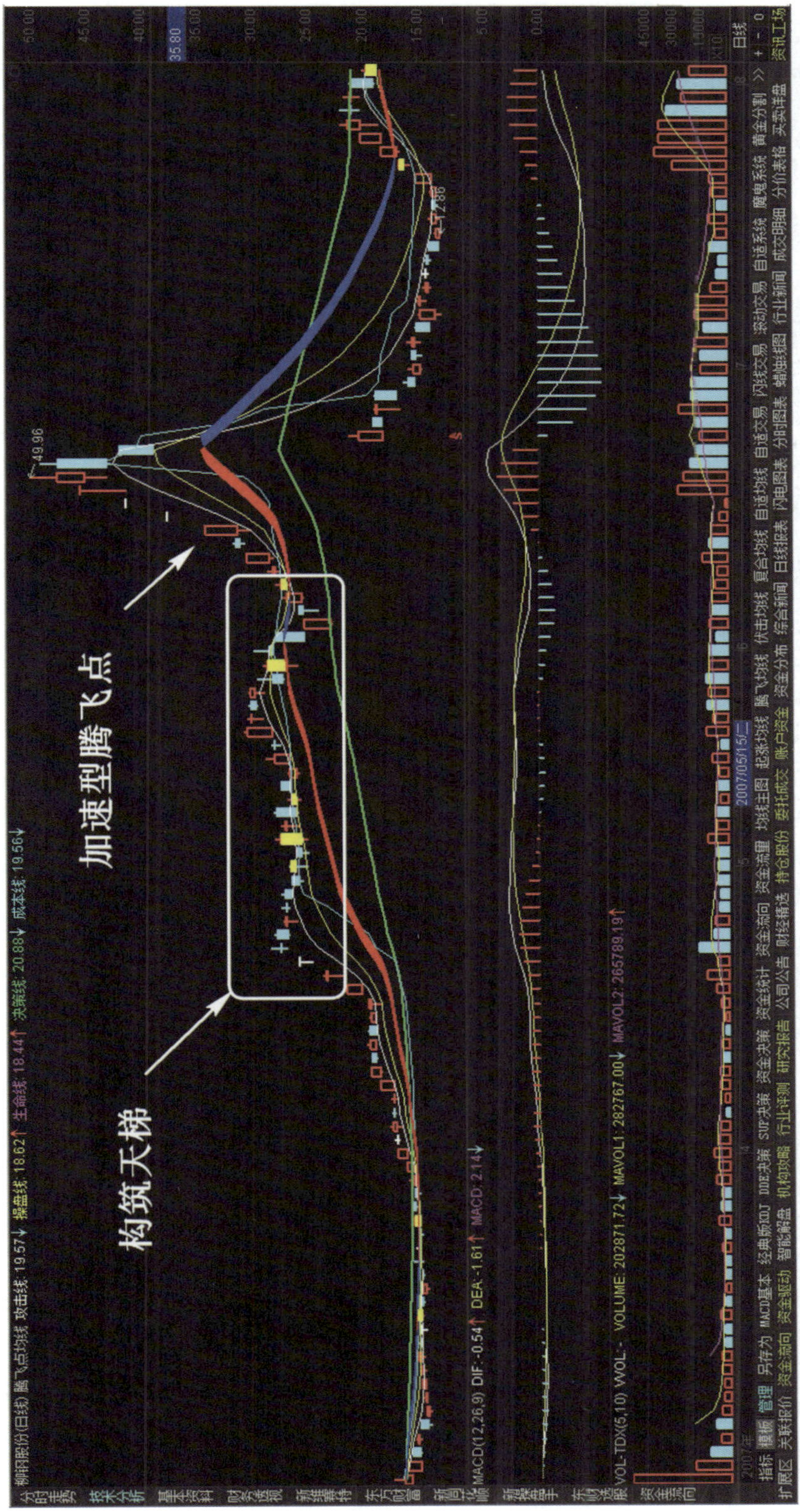

图例 137

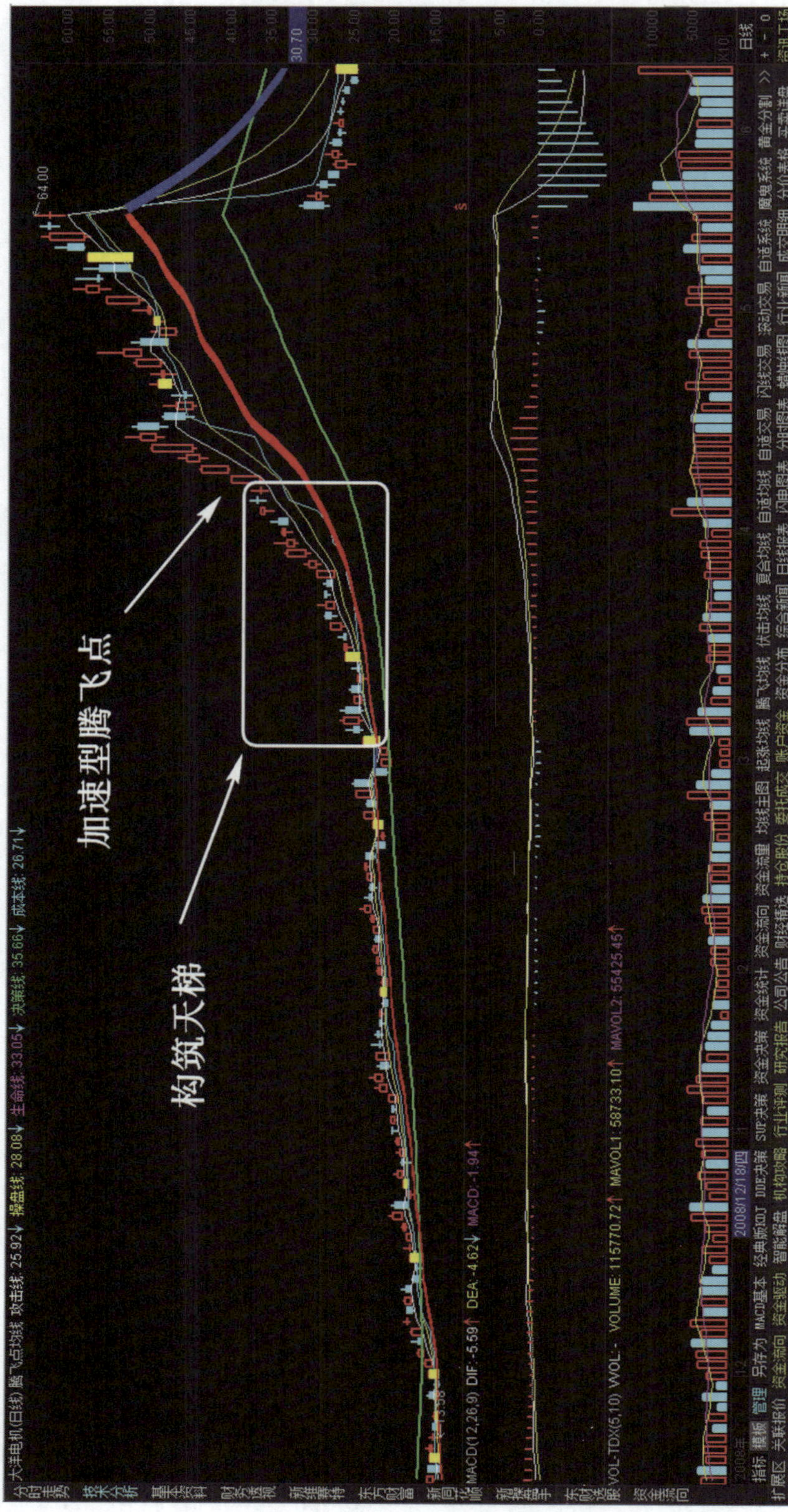

图例 138

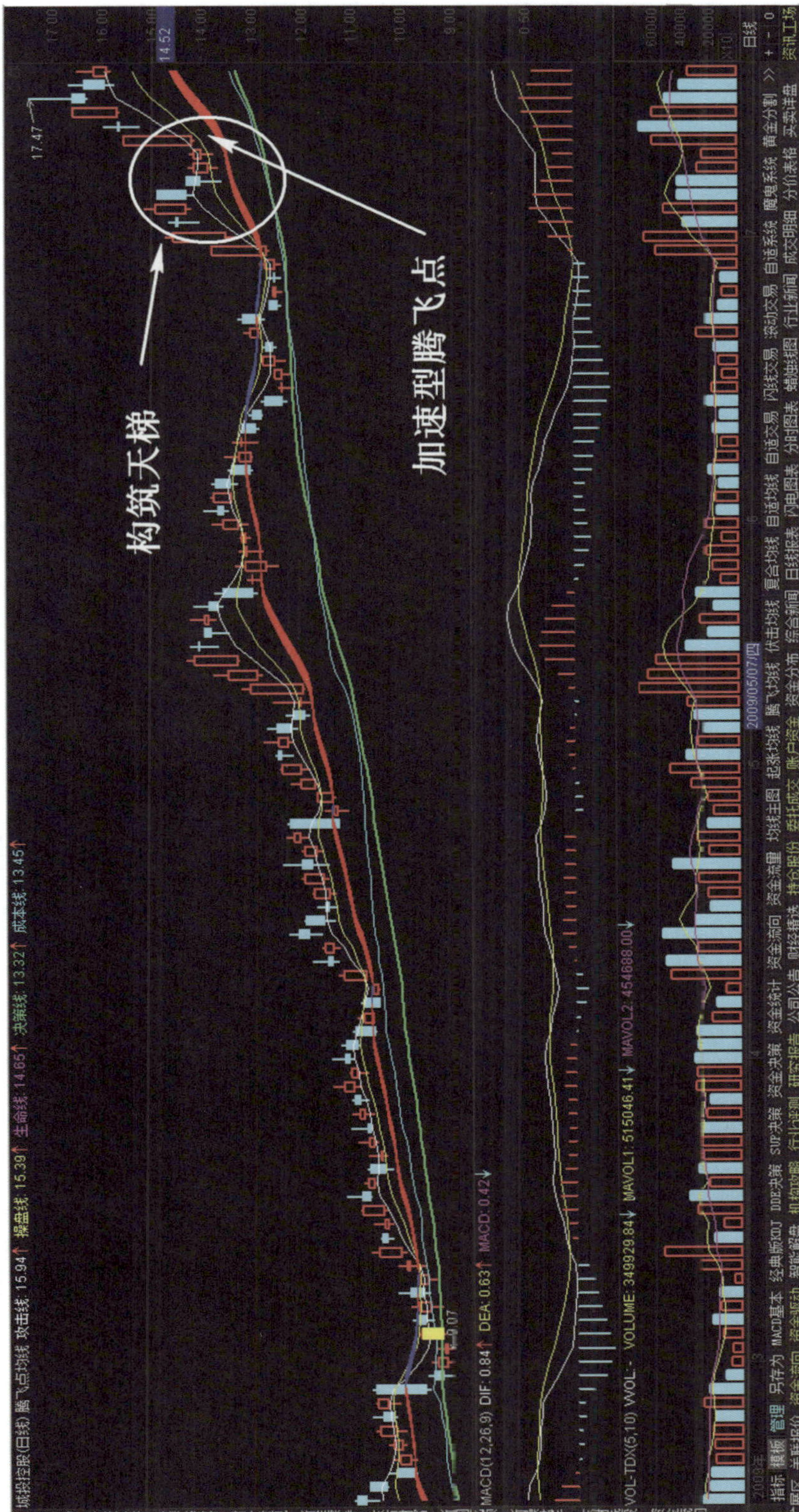

图例 139

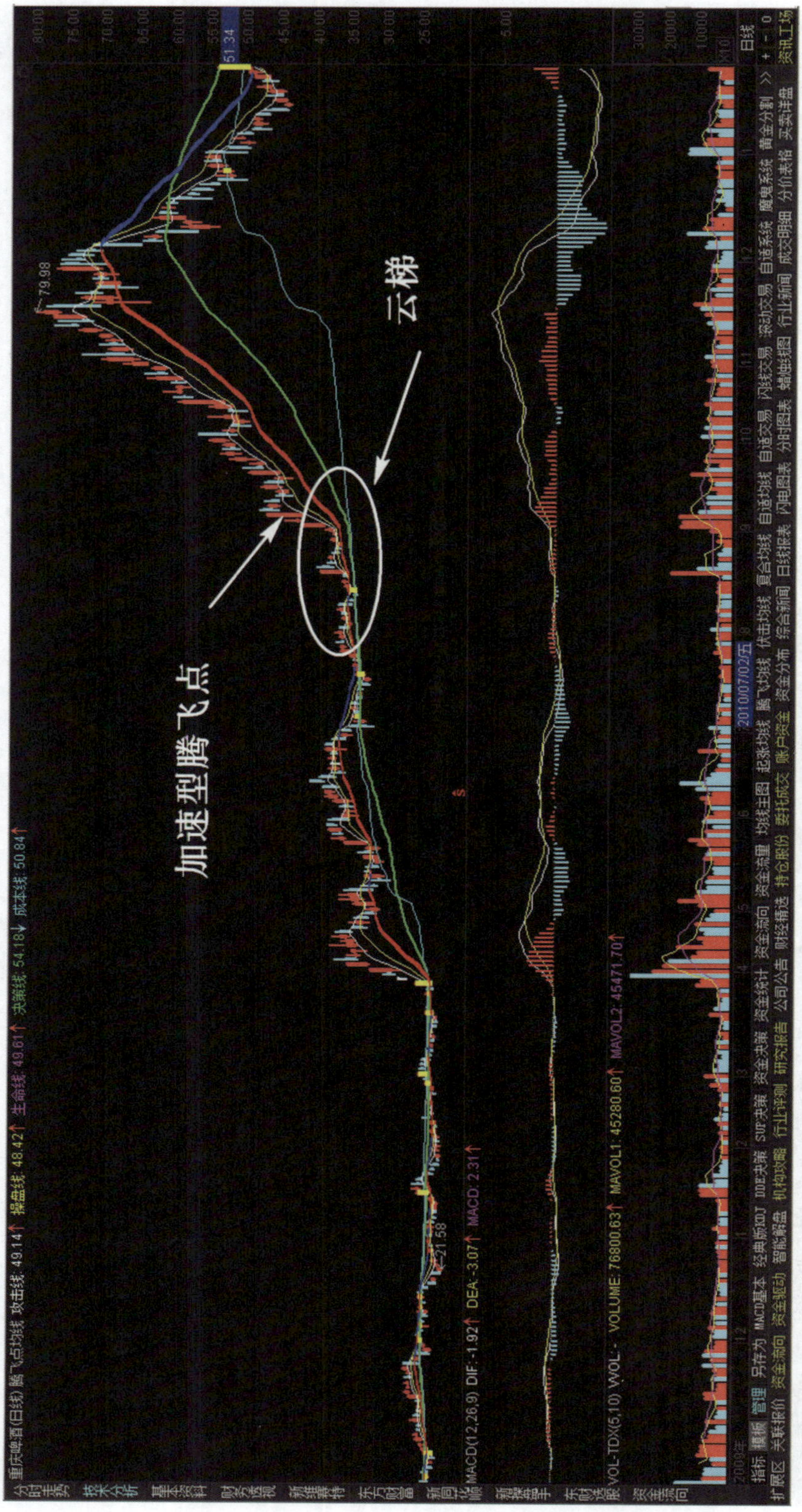

图例 140

第二节　加速型腾飞点腾飞之前主力有哪些操盘特证

一、平台结构

所有的行情主升段的股价，在之前必需要有一个适用于主力建仓的平台，平台结构通常具备多种形态，如斜钜形、长箱体、大三角、上升旗形等。而通过双底形、圆弧底形发动的行情，必需要以突破其颈线位为标准来判断和认证加速型腾飞点是否成立。

比如中国中期（000996），构建的是一个大平台的结构，它的腾飞点要在什么时候形成呢？估计它的腾飞点要到 21 元才能形成，所以这股用它的起涨点来参考就行了。

再如英力特（000635），它在上面走了一个空中加油的三角形，所以在这个阶段主力也在操作建仓，它一个阳线出来之后很厉害，现在估计又在构建天梯了吧？又在干哪个活，所以一看到这个家伙就知道它要玩什么招。说句笑话：腾飞点这个技术看来是不能普及的，如果全中国人民都知道了，主力就没法活下去了。参见图例 141、142 所示。

如何减少损失降低伤亡率？必须要具备两个能力才能获得你对资金安全与交易战果的责任保障。这两个能力是什么？就是一个优秀的操盘手必须要具备最杰出的操盘技术运作能力，同时，还要具备全面细致精确的股情判断分析能力。要具备这两个能力，必须要经过长期严格的执行力训练，饱受股市残酷的交易行情洗礼，在不断的交易过程中磨砺出来，这样，你就将成为股市远征军中最杰出的指挥官。这既是能力的升华，也更将是人格的升华。

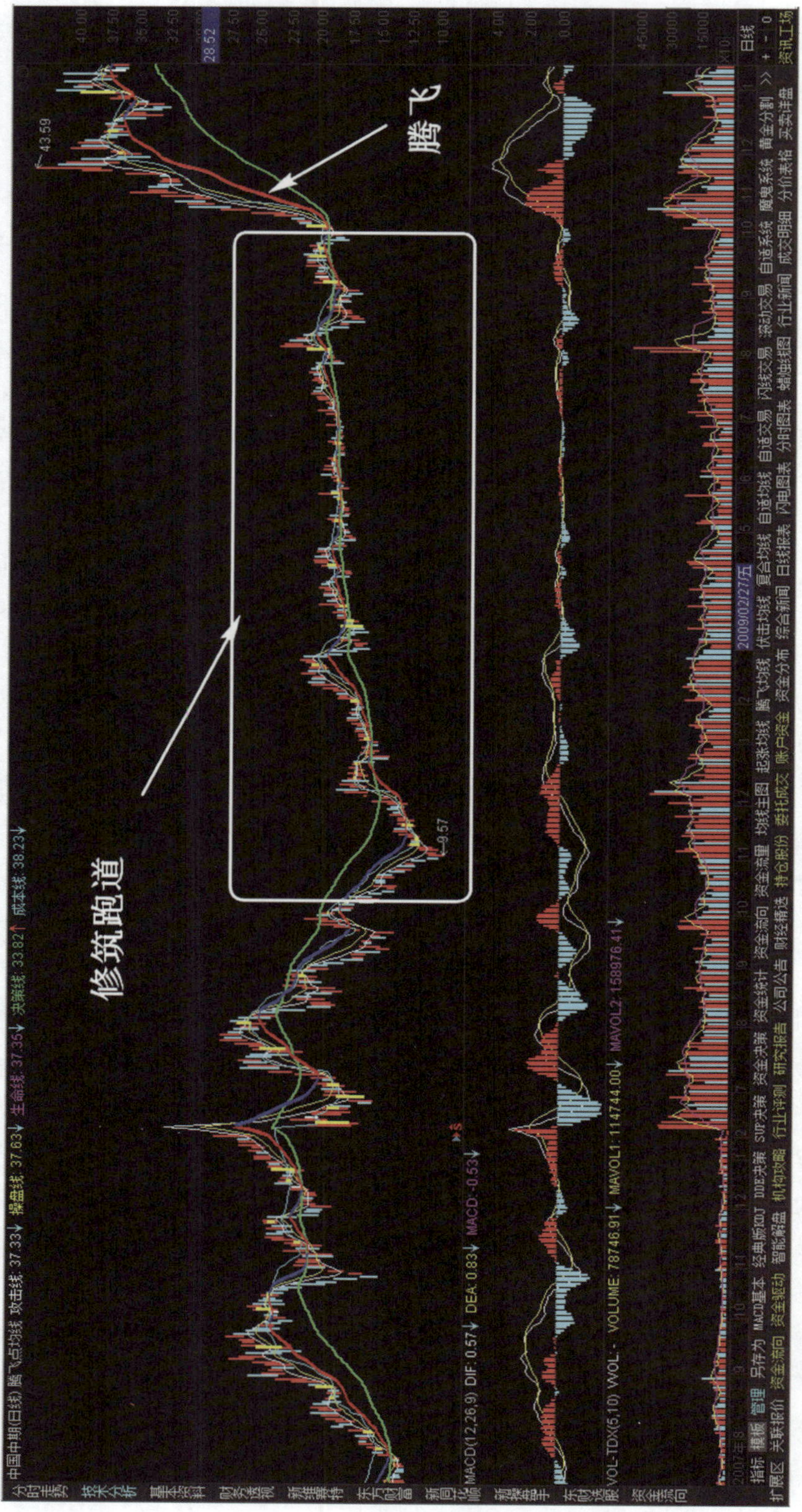

图例 141

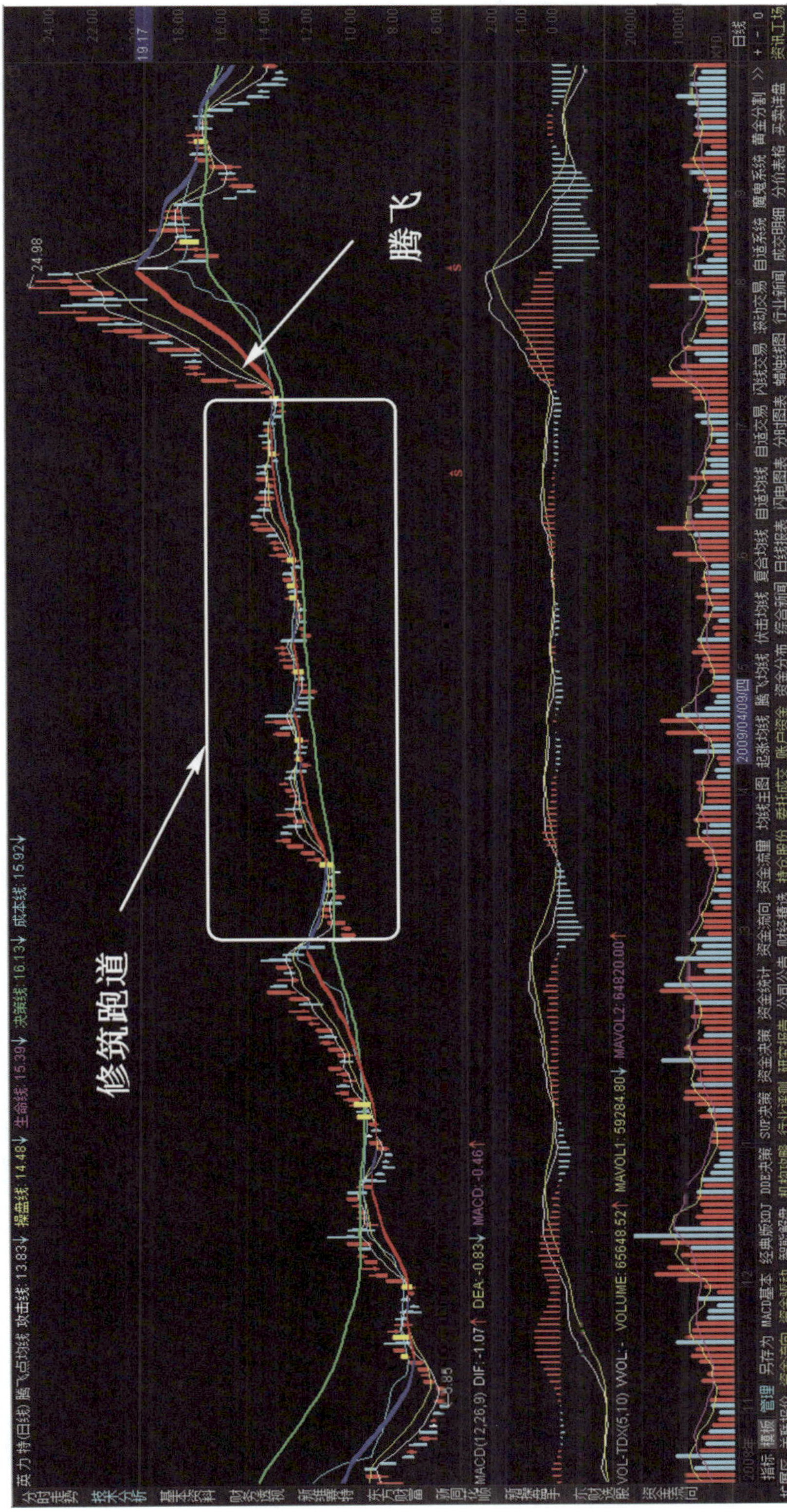

图例 142

二、跑道特征

首先要观察股价是否具有跑道特征，加速型的腾飞点要看它是否具有跑道，所有的跑道特征均是中线主力或长线主力动作的结果。主力志在长远，悄悄通过修建跑道，抬高场外中小投资者的成本。看到人家建机场的，同时在修建跑道的过程当中也可以消磨场内中小投资者的信心。注意场内交易筹码的流动性。有很多人就有那么贱，比如说我拿了这么个破股了，半天都涨不上去，你看人家神马实业，几天就40%，终于忍不住在某一天小阴线到操盘线的地方卖掉了，卖掉之后第三天涨停板，天啊！这是为什么呢？因为他不懂这是跑道。人家都在买钢材水泥建跑道，他也去帮忙。因此，当跑道出现的时候，应密切留意同一板块其他各股的表现。如果你发现西山煤电在修建跑道，你要注意，或者你发现新兴铸管在修建跑道，你看同类建材的钢管有没有在修建跑道。因此当跑道出现的时候，应密切留意同一板块其他各股的表现，如果形态基本上一致的话，那么超级大主力就潜伏在其中，后面的爆发力是可想而知的。跑道一完成，人家都弹射上天了。这就是超级大主力操盘的机密。

我们来看一下国恒铁路（000594），它在修建跑道我们是看不懂的，天天上影线，慢慢的修呀修，修到后期成交量就萎缩了，修得很好，花了很长的时间，花了一个月的时间修跑道，所以，跑道还没形成，就等待机会。这个指挥塔通知点火，倒计时升空了。如果没抓住时机，那就只有当看客的份。所以，进场时机的把握也很重要的。

一个军官的最高使命除了要严格执行军令，保障战役的实施，更重要的是如何保护每一个士兵的生命不受到伤害。要做到这一点，必须要具备最杰出的战术运作能力，同时，还要具备全面细致精确的战情判断分析能力。

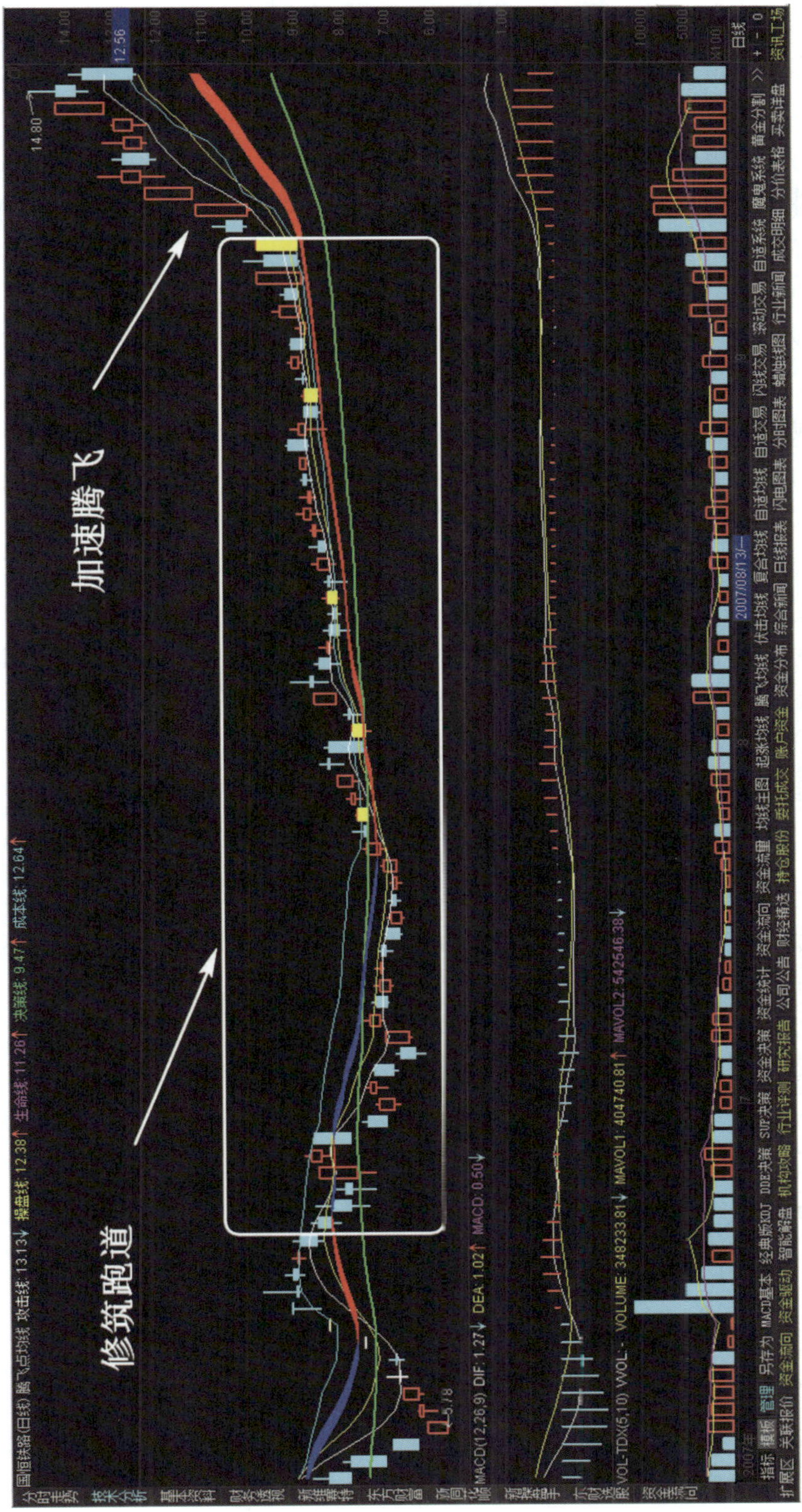

图例 143

三、天梯特征

第三个特征是观察股价是否具有天梯特征，所有的天梯均是最强悍的主力所为，你看两种不同的主力，这部分强悍的主力既包括做波段的公募基金，同时更包括了著名的私募或游资等机构。游资以敢死队为主，天梯是主力用来洗盘的重要手段。

天梯形成的初期，主力通常用大阳涨停，或用中阳巨量来化解平台所有的阻力。

天梯形成的中期，主力在进入滞涨状态，你满以为要爆涨了，买进去就买到天梯的是高点。滞涨了造成假突破特征，一看平台假突破，完蛋了，以迷惑技术型的投资者。所以某基金经理说，技术是没有用的，不要迷信它。

天梯形成的后期，主力通过阴线来清洗场内的中小投资者达到洗盘的目的。

你看初期干什么：化解阻力的；中期：迷惑技术性投资者的；后期：洗掉那些不坚定分子的。一个天梯有三个技术目标。在天梯形成的后期，成交量会大幅的萎缩，但操盘线向上的趋势仍然不变。这就是天梯的核心秘密。

比如辰州矿业（002155），打穿操盘线之后，又继续修复，第三天就修复了，天梯形成，等待腾飞，等待发出指令。参见图例 144 所示。

在所有类别的量峰中，只有“攻击性量峰”才是普通散户最值得研究和跟踪的。

这里有几个要点是值得注意的：

其一，攻击性量峰反映了主力与散户在资金投放力度上的共振；

其二，攻击性量峰反映了主力投放资金的决心很大；

其三，攻击性量峰反映了主力操盘的计划非常急迫；

其四，攻击性量峰往往是新一轮行情启动的前兆。

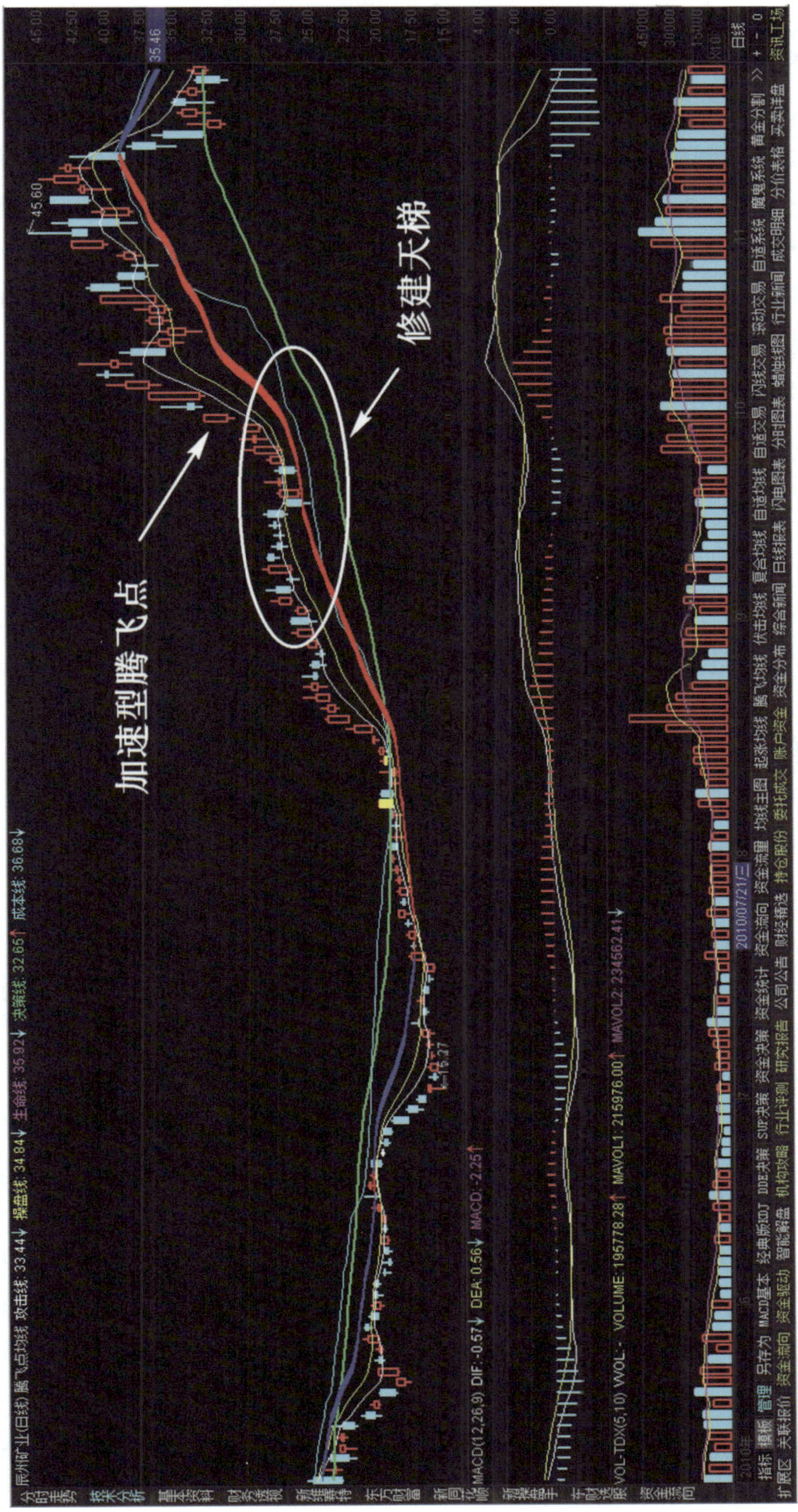

图例 144

和起涨型腾飞点一样，加速型腾飞点也是主力通过前期建仓、试盘、打压等等操盘动作完成之后的新一轮操盘行为。加速型腾飞点代表了主力新的第二轮的操盘计划已经进入到顺利实施之中。那么这种加速型的腾飞点完全展现了自己的操盘计划，以前是藏着腋着的，现在主力已经明确的告诉你，我的操盘计划和操盘方向是什么样子的，紧紧的吸引住了市场广大投资者或者专业分析师的强烈注意，很多分析师都在天梯完成之后展开拉升了，拉升的第三天他就喊了："强烈推荐某股票：中铁二局"，并完全达到利用市场群众的力量，持续推动股价加速上涨的目的。实际上，主力是不需要找分析师来吹的，分析师通常都会去找形态比较好的去吹，"今天我说过的嘛，这三支股票的估值偏低，昨天不跟，今天就涨停了"。

四、注意事项

跑道是加速型腾飞点之前，股价突破平台阻力之后的涨幅仅仅在10－20%之间（是指突破这个平台时的涨幅高度），跑道修建得越长，后续加速的涨幅就会越小，计算它的后续涨幅还有20－40%左右的空间。这是从腾飞的开盘价算起。这句话是什么意思呢？就是跑道型的涨幅都有10－20%，那么后面腾飞的涨幅也最多40%，一般情况下计算20%是比较合理的。

跑道越长，跑道的涨幅就已经很大了，一般一个腾飞点出现的话，后面的涨幅也就在30－40%之间，要看题材，也要看板块热点的爆发力。跑道的起点是按起涨点开始计算的，哪一天起涨就算哪一天跑道的开始。

天梯加速型的起涨点出现之前，如果这个天梯的涨幅是在20%以内，那么本波段后续涨幅应至少还有30%至50%的空间。因此天梯的爆发力与空间要比跑道型的腾飞点要高一点。

为什么跑道型的波段要小一点呢，因为跑道修建得越长，消耗的能量就越大，加速的时候后面的空间就会越小，这个波段就会很快的完成，因为是长线主力去运作的，一个波段不会拉太高的涨幅，然后就会横盘，准备做下一个波段，是这样来走的。

像天梯这样的，一般都是短线或中线主力来操作的，主要讲究的是爆发力，如果天梯是在20%以内的涨幅，那后面至少还有30%－50%的空间。而且很快就会在1－2周之内出现，有10个交易日就可以实现，一般情况下，做天梯的效果要比跑道的效果好得多。

要想跑道赚得更多的利润，就是第一起涨点你要买入，第二如果起涨点没发现到，第二天发现高开巨量，那时候可能就不要等到涨停买入了，在巨量高开时就干掉了。所以计算点是以加速型腾飞点当天出现的开盘价为依据，向上乘以相当比例的数值就可以了。

比如海印股份，跑道式的，后续的高点用当天的开盘价 11.8 ×0.382 就可以了，因为这个跑道从前面的起涨点来看，起涨点是那一天出现的，一定要去看，如果跑道已经完成了 20%，后面只能算到 20 - 40%；一般乘 0.382 比较好的。11.80 ×0.382就是反映海印股份这波整体涨幅。

再比如贵研铂业，天梯出现了，后面的爆发力应该比较强，所以要用最终的腾飞点开盘价来计算。现在有很多天梯，我们来看一下，本钢板材 000761 是天梯；天地科技不是的；西飞国际，天梯的，60 分钟已经下来了，但是 KDJ 还没下到低位，可以搞一下了（是否按此设计公式）。天梯横盘的周期一般 5 - 13 天。

福耀玻璃，暂定为天梯，因为这天是个起涨型的腾飞点出来的，腾飞点出来后并没有出现较大的涨幅就缩量横盘在这里了，构成一个天梯形态，如果这个末天梯到了规定的时间不爆发，很可能就会构筑成跑道，要注意了，假设你下周一去买进去，时间周期快到了，已经 6 天了，到第 7 天可以买了，第 8 天是时间之窗，第 8 天必需要出现爆涨，最迟也要 13 天，如果没有，你就在帮助人家修建中跑道去了。如果你稳健一点就等到第二个腾飞点出现再买，爆发力更强，我相信这只股没有那么强的爆发力，因为没有看到它所属的板块热点。

山东海化，可能构建跑道，就是起涨点出来的。

中粮地产已经快要见顶了，但是行情还没有完。

江淮汽车，正在构建天梯，现在正在洗盘，不是见顶了。

中华企业，这个跑道已经走波段了，已经出现过巨量大涨的走势，这个不能算天梯，一旦出现一个加速腾飞点出现，基本上就快见顶了。

上海汽车，跑道式的。

天津港，这里有跑道，注意港口股，有很多跑道的。

维柴动力，这是好股，腾飞点早在这天出现了，在这构建一个天梯。我们看到汽车板块，是不是有动作，从板块整体特征，都具备同一形态结构，是超级大主力在启动前（经典语言）。

太原重工，跑道，这个跑道已经有 13 天了。

山推股份的这个跑道比较好，已经化解了前方的阻力，这个地方一横盘，下周会突破的，现在的周线形态很漂亮。看到好股票就觉得自己钱少。

华电国际买进就会让你痛哭失声的。

中铁二局构建了一个小型的天梯结构。

晨鸣纸业，正在构建跑道。造纸板块在下半年要行业复舒的，目前正处在一个空中加油平台，晨鸣纸业业绩也是不错的，60 周均线是压不住的，构建跑道要慢慢消化一下 60 周线的阻力，爆发点没有那么快，但是肯定会出现的。

注意金融街在上涨之前，在前面搞了一个小型的小跑道。

华域汽车，一看汽车股，都是有动作的。

一汽夏利，已经走在上升通道中了，主力已经完成彻底的控盘，无量就可以涨上去，涨得很好一个小波段。

中信银行，新的腾飞点又出来了，这个股票还要再创新高。

广船国际，跑道正在修建，已经修建成功了，肯定会腾飞。

中国远洋能涨停，中国船舶，广船国际 2 个造船的公司，肯定后面有 N 个涨停，估值偏低，注意航运业复苏。

铁龙物流，正在走一个波段型的小天梯。

浙江龙盛，已经构建了一个跑道，他前面已经化解了，这下回调后应该很有源泉。

本钢板材是天梯结构，平如构筑了 13 天，我就在第 12 天进场，第二天就涨停。

调整时间的长短与爆发力没有多大的关系，主要是看做天梯之前是不是有板块热点，如果有板块热点，爆发力是很强的。你看本钢板材在做天梯之前有二个板，前面是有板块热点的，又加上有题材，报纸上说在本溪发现了全亚洲最大的铁矿，这下不用与力拓谈判了，当地有 2 个钢铁厂，本钢和鞍钢，所以这下发达了，所以 2 个板，后面应该再搞二个板才可以，所以二个板后横盘，大家以为都炒完了，人家在搞天梯，在操盘线上修建天梯，完成后就向上走，他的行情还没有走完，月线到生命线突破一下就到位了。天梯上去哪个地方上去就是 30－50%，走到 10 元就快 30% 了，按开盘价计算，8.03×1.382，估值到 10 元左右。

> 在实际操作意义上，攻击性量峰的背后往往显示了其操盘主力会具备如下特色：
>
> 其一，攻击性量峰显示主力气度非凡；
>
> 其二，攻击性量峰显示主力实力非凡；
>
> 因此，只有攻击性量峰的出现，将会给股价带来较好的短线收益或中级波段收益。
>
> 其实战价值当然不可估量！

第九章
腾飞点操作模式下的滚动操盘

本章学习要点

一、了解腾飞点与滚动操盘的关系。

二、了解实施滚动操盘的基本方法。

三、了解滚动操盘与操盘线的关系。

四、了解滚动操盘技术的选股方法。

五、在实战中反复演练腾飞点技术。

第一节　为什么要在腾飞点操作模式下滚动操作

一、实施滚动操盘的根本原因

因为你买股票的时候，你第一仓位的股票是60%，是属于重仓型的结构，你手上有有40%的资金。在什么时候买呢，在讲起涨点的时候说逢阴线加仓，在上涨的过程当中逢阴线加仓，阴线必然会回调的．阴线加仓在什么点的位置好呢？就是在操盘线，一洗盘，洗到操盘线的时候，你就把剩余的资金买进去。

在什么时候卖呢？因为你是剩余的资金买进去的，等于你的资金全部杀入到这支股票里去了，那么这40%的资金买进去的仓位，就等涨到10－20%的时候，你看到60分钟涨不动了，意思是60分钟的操盘线，如果一旦要打穿了，那么很简单，你就把40%那部分加仓的资金撤出来，你就卖掉了。因为60分钟一跌穿操盘线，这支股票调整不在所难免，短期内就不会再涨了，那40%仓位的资金就已经赚了，注意的是底仓60%始终都不要跑。

为什么滚来滚去底仓都滚没了？那是因为你没有按照我们的要求去做，你是用底仓高抛低吸的，当然你就会错误地把底仓卖了，而且一不小心就卖到最低价，又涨上去了，你肯定是不会买进去了，你是真的看到一匹黑马绝尘而去。

用你的40%或30%资金在里面，逢日K线的操盘线买进，逢60分钟跌穿操盘线就卖出；60分钟线如果再回调到60分钟的30均线又再买进，再拉升出现调整的时候再卖出，这就是滚动操盘。也就是在不同的时间段用不同的级别操作，滚动套利。

二、怎样实现滚动操盘增加盈利

比如大冶特钢（000708）起涨点这天买进，买进的时候第一仓位必需要重，走到6月26日时底仓不要卖，不要害怕，回调到操盘线位置我们就用60分钟来看，这时候60分钟就不要用MACD了，要用KDJ。KDJ是用来抄底的。请注意，60分钟回调到生命线的位置，KDJ的J值在底部。60分钟KDJ发生背离了，就是最佳的买入时机。看7月3日60分钟的KDJ，J值底部背离，这时剩余的40%资金就可以买入了。买了之后，这支股票的第二波就拉升了，再次回调打穿操盘线，三个小时不拉的话就把它卖掉。不修复操盘线就把仓位卖掉，这个底仓到这里是不是获利7－8%了。由于又展开调整了，卖掉之后这个上涨不要去追，仍然会回调的，回调下来在生命线再买。再次买入的时候60分钟的KDJ要到位，在7月9日10：30这里是不能买的，因为一是没有放量，二是它的均线是死叉的，要等回调到生命线再买进去。就是每一次60分钟回调到生命线或者决策线，KDJ的J值到达底部出现背离的时候，你的滚动仓再次进场。这次进去后拉大阳线，回调操盘线没跌穿不卖。这个40%的资金早就把你的底仓成本滚到底下去了，就是这样滚的。

这就是滚动操盘。

在这里，我们要特别提醒各位朋友需要注意的是：

1. 攻击性量峰只是一个参考，并不能提供最后的买进决策；

2. 在横盘阶段、下跌末期出现的意义要远远大于股价大幅上涨之后；

3. 攻击性量峰代表的只是资金博弈的态度与决心，并不能真实地反映主力持仓情况。

因此，对攻击性量峰的研究与应用一定要结合其他技术因素综合进行考虑，这样，才会达到最佳的应用效果。

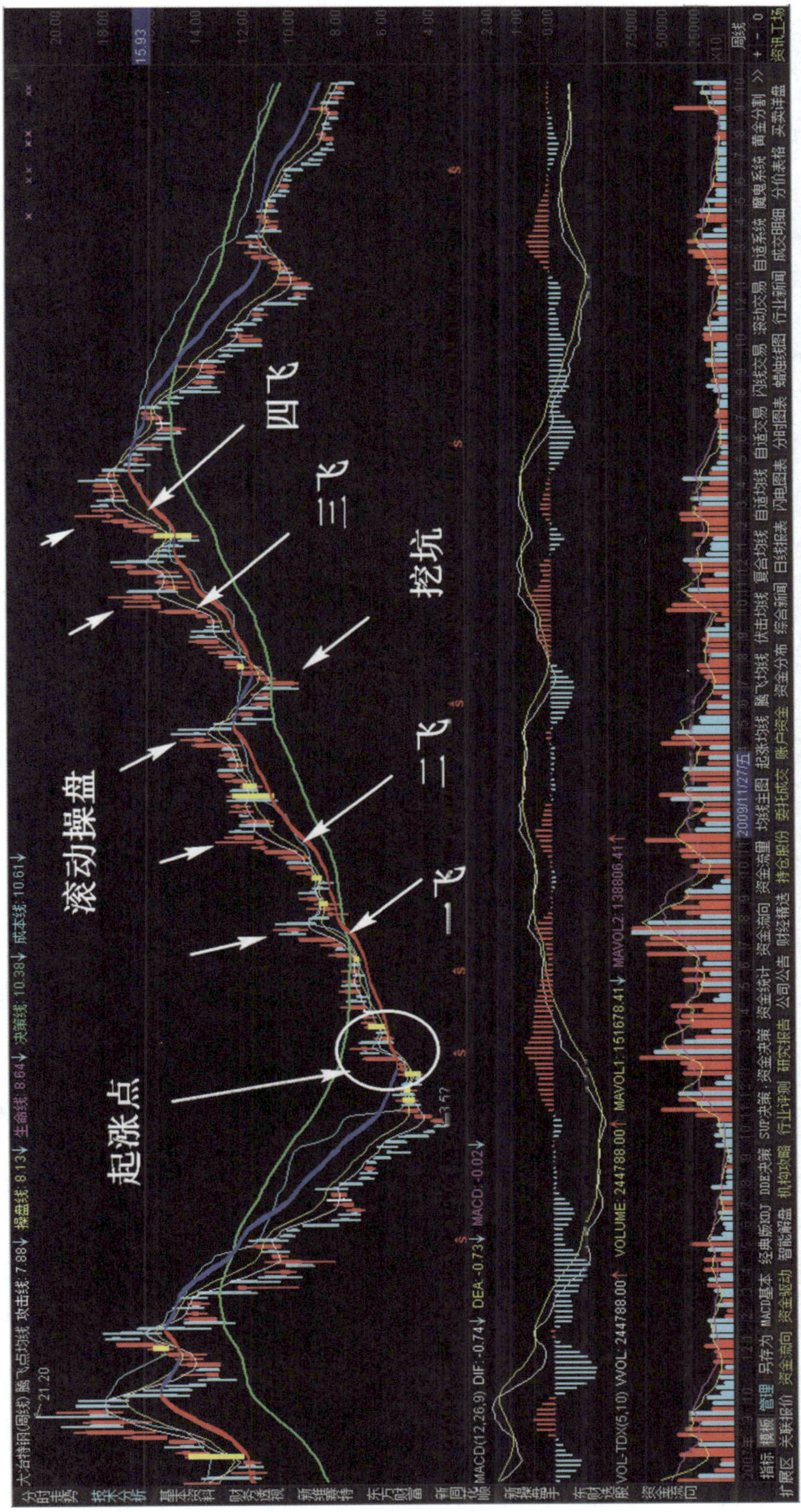

图例145

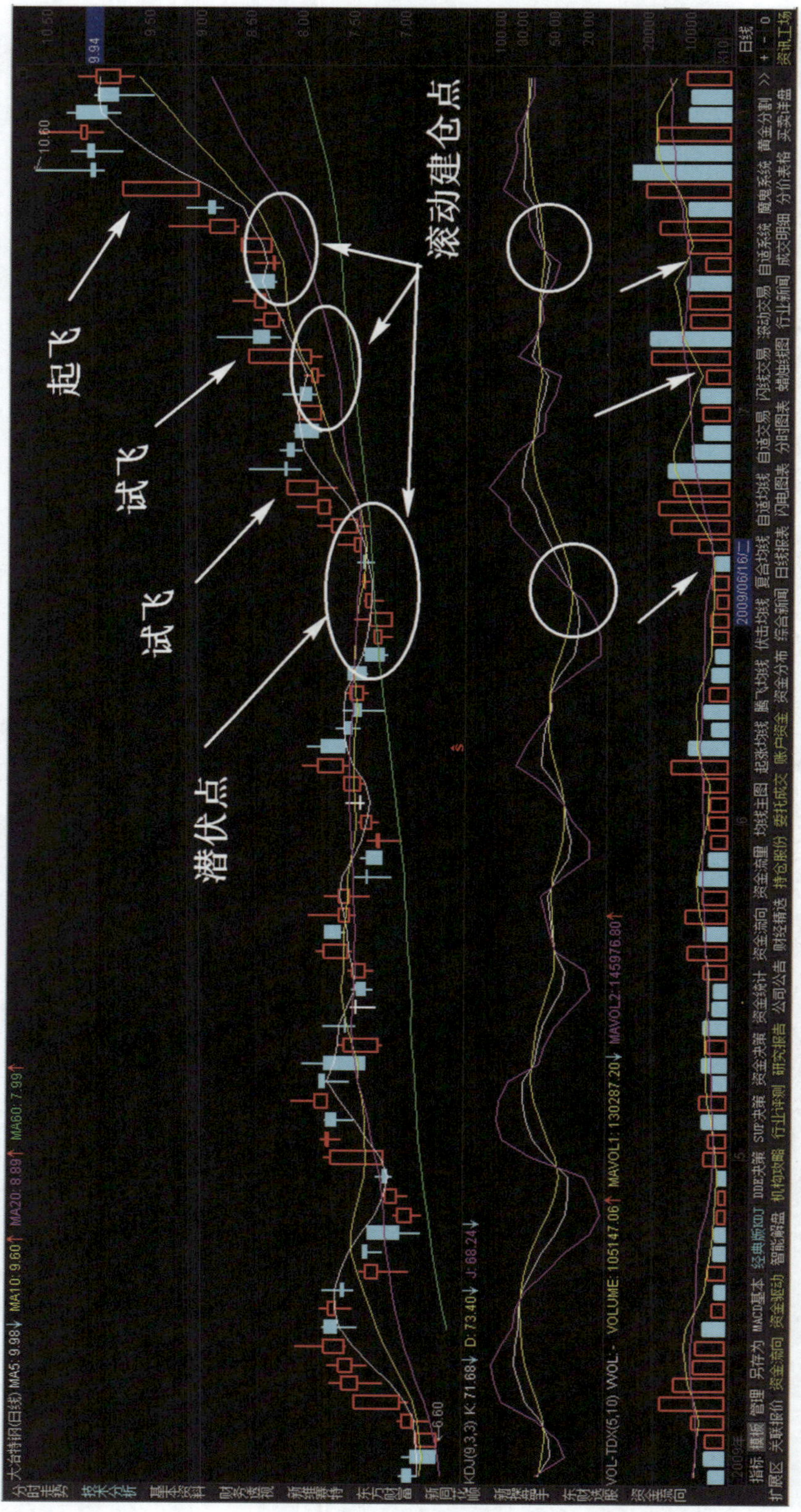

图例 146

第二节　滚动操盘需要注意的问题

一、时刻盯住操盘线的走向

在日 K 线里面，强势股终始不会跌穿操盘线。15 分钟修复指的是 30 和 60 均线没有金叉是涨不上去的。平时用 60 分钟线是比较好的，不要用太短的。在 60 分钟回调到生命线，KDJ 出现背离的时候买入，每支股票都是这样的（可以按此方法设计一个公式）。

比如中铁二局（600528）。第一次试盘拉下来回调，注意决策线与生命线已经金叉了，地量这个时候你没有买，不要紧，第二次放量涨停，由于不是腾飞点，也不是起涨点，也可以不用买，等回调，回调到地量，这里还是受到支撑，如果你已经发现了这个龙头，你当然可以在这个时候建仓，我们都是这个时候建仓的。

你看这个时候生命线与决策线是金叉持续向上的，那么这个时候还不具备攻击力，虽然突破了，但是还是没有攻击力，6 月 25 日这天操盘线跌穿了，请注意是缩量跌穿的，这个时候形态已经非常好看了，日 K 线的起涨点已经出来了，这个时候这个位置你就要把眼睁大点，回调到生命线就是买点。所以在 6 月 26 日早上开盘之后那个低点，11.20 元多点的位置就是买点，最差是在这点买进去，这二天，6 月 26 日到 6 月 29 日，有两个机会给大家，在这个地方要重仓，要全仓。

也不一定到生命线这个地方就要买，因为是缩量的。这个腾飞点出来，这个量一出来，你就要买，涨停前你也可以加仓的。你看第二天回调，注意回调不会跌穿操盘线的。这个地方有点滞涨，因为这个地方涨停是开了板的，再攻击的时候没有量，可能会跌穿操盘线，这个时候底下已经建了 60% 的仓位，他这次展开调整了，那怎么办？

不要卖你的底仓，剩余的资金就像第二攻城队一样的等待下跌，不要恐惧。那 60% 的仓位在那里盈利缩小了，如果你恐惧说明你没有成功，没有学到技术。

高手都是在等待下来吧，下来吧，下来后再低吸。这天注意这根阳线，你低开收阳线，肯定不会下来了，低点往上走，因此都在盼回调，这个地方呢，低开起阳线，最差的你也要买到这一点，不要再等回调到生命线了，一般情况不会轻易低开收长阳。

低点不断在抬高，生命线的乖离这个位置又可以买了，生命线又受到了支撑，是不会跌穿生命线的，向上走掉了。在这天的时候我看到各位都在叫赶快冲入，你等冲干什么呢？

你应该等到回调到生命线这个地方全仓出击。注意周五把生命线跌穿了，在这个地方加的仓，16 元卖点，那个 7 毛 9 就不要去贪了。16 元卖掉回头再到 15 元来接，你的底仓是不是越滚越低呀，对不对，就是这样操作的滚动操盘。

中粮地产（000031）也是这个样子的，终始没有跌穿生命线，每次都在这里，给了你第一次加仓，第一次滚进去加仓在这个地方6 月 12 日，然后6 月 22 日卖出，6 月 24 日买进，一直持有，一直持有到 7 月 16 日出来。全部出光，7 月 17 日把生命线跌穿了，注意生命线前二次是会受到支撑的，第三次支撑是没有力气的。每一根均线只能撑二次，第三次必然会破掉，第三次应该到决策线去买，因为这是第一次调到决策线，又可以抄底。

从我自己来讲，我是以短线交易模式开始起步的。为什么呢？因为那时我已经决定以股市投资作为终生的职业。我每天必须在股市里上班，因此，我必须要能每周每天赚钱以养家糊口啊。如果天天看股票的价格变化，而不能去获得交易收益，那你还在股市天天看什么？

因此，针对股市的交易变化特征，我必须制定好最佳的交易策略，并必须以铁的纪律严格执行。举个例子，当今天所买进的目标股票，明天涨幅达到5% 以上时，你是否卖出？那么我的交易策略是必须卖出！因为5% 就是我当初每周的收益目标。

后来，我的收益目标是每周 10%，每周不间断如是。

再后来，我的收益目标是每周 20%，每周不间断如是。

有人说短线是金。在我看来，短线怎么能是一个小小的金子所能比拟的？它的投资魅力与价值是远远无法用黄金来进行比拟的。曾经一段时间，我认为成功的短线交易者就是一个印钞员，只要一打开电脑，印钞工作就开始了。要达到这个境界也不难。它最大的困难乃在于你是否拥有这种能力。

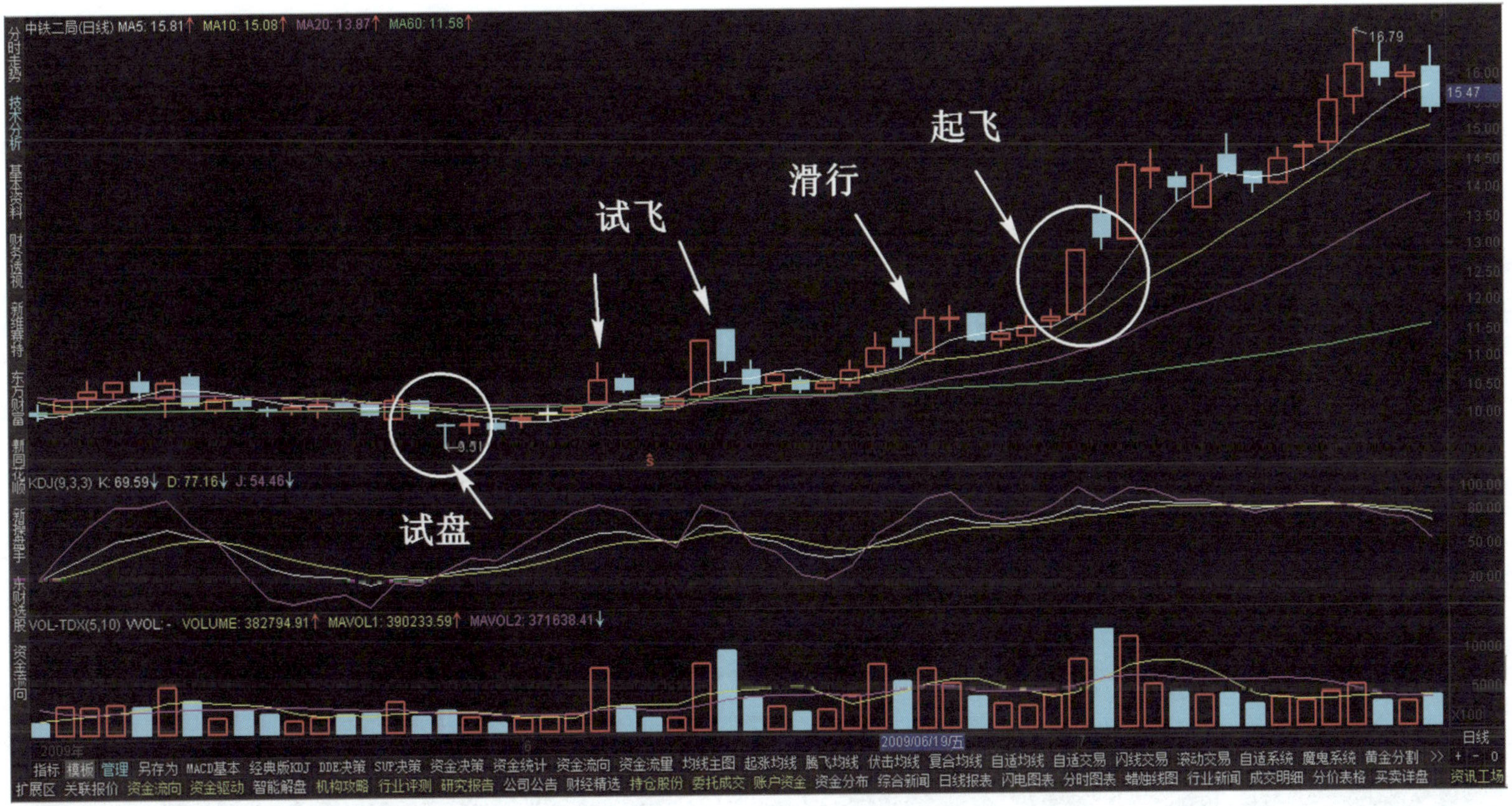
中铁二局(日线) MA5: 15.81↑ MA10: 15.08↑ MA20: 13.87↑ MA60: 11.58↑
试盘
试飞
滑行
起飞
16.79
15.47
KDJ(9,3,3) K: 69.59↓ D: 77.16↓ J: 54.46↓
VOL-TDX(5,10) VVOL: - VOLUME: 382794.91↑ MAVOL1: 390233.59↑ MAVOL2: 371638.41↓
2009/06/19/五

图例 147

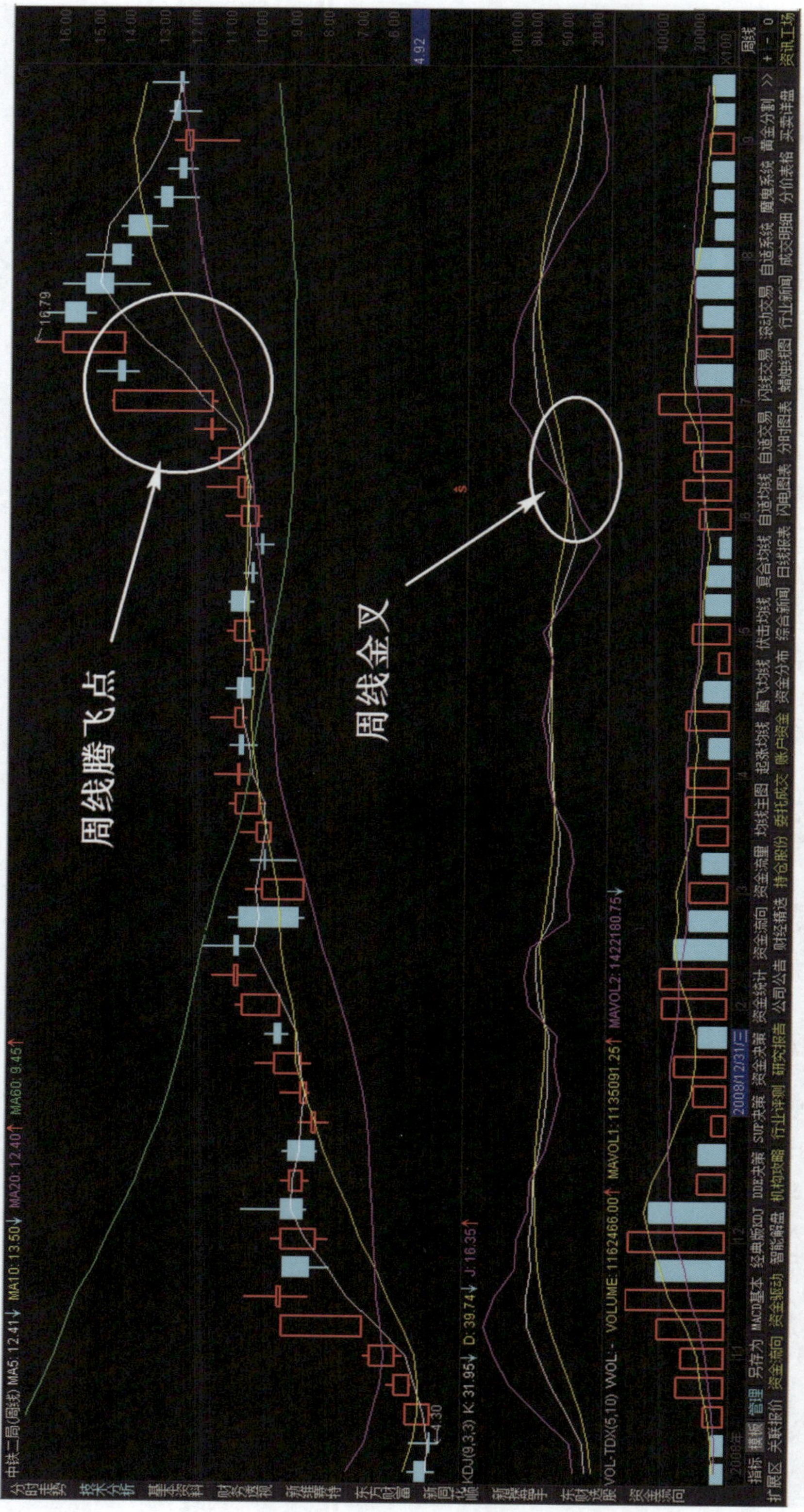

图例 148

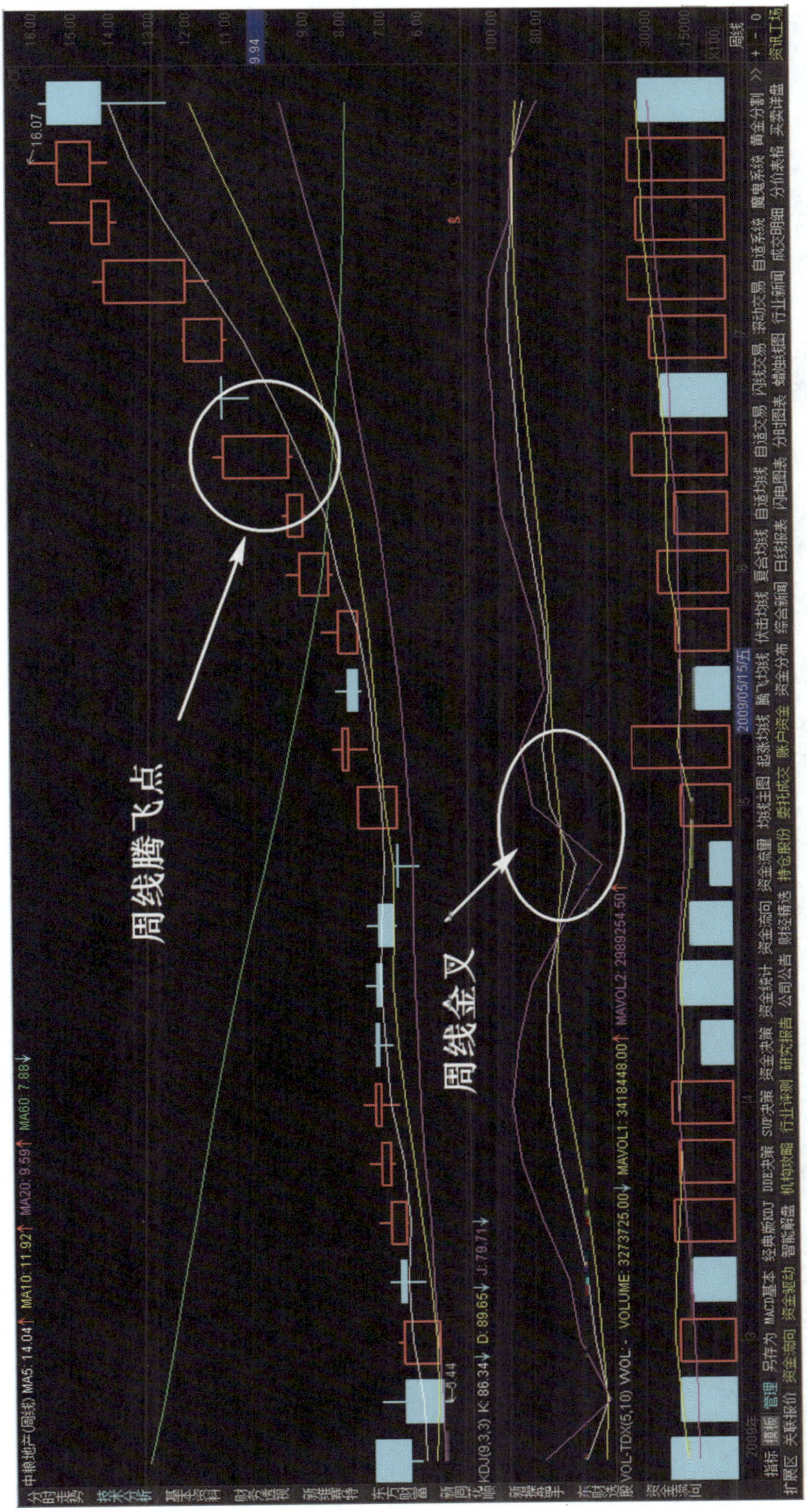

图例 149

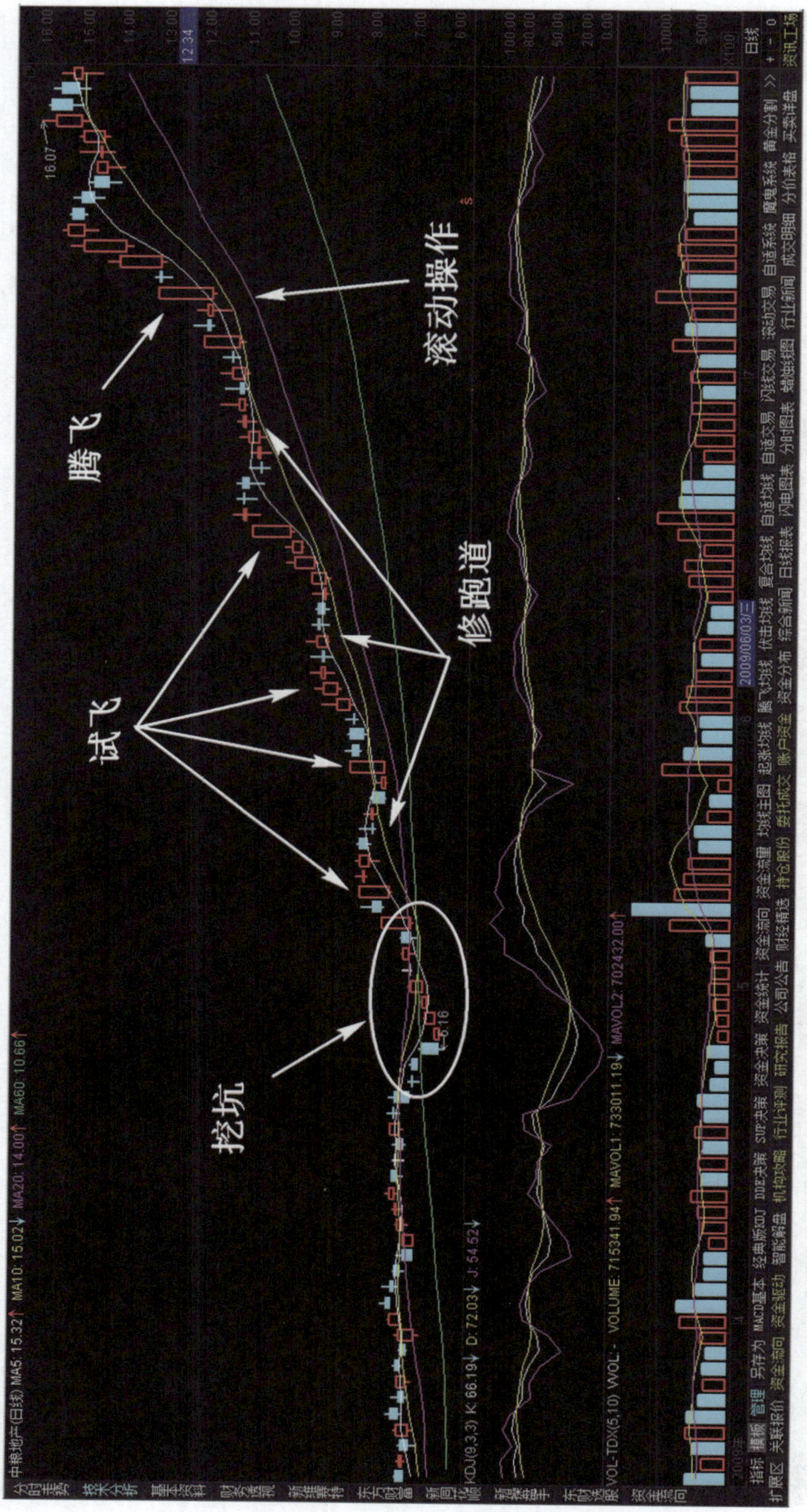

图例 150

二、滚动操盘的选股思路

关于这部分内容，因为涉及的面很广，就不做展开了。

可以参见《操盘学》有关章节关于滚动操作的叙述。

认真阅读图例151选股流程图，深刻领会它的实质，学会选股。

《心经》有云：色即是空，空即是色。色是指什么，空又是指什么？或又云：是故空中无色，无受想行是，无苦集灭道，无智亦无得。

佛性空灵，可渡我娑婆凡心。

股市投资既要有大智慧，也要有小技巧。技术一道包含智慧与技巧，可谓不胜枚举。

一些朋友来信，说到学习的困惑，总是无所得，不名所以，经常出错，导致损失惨重。这也难怪，佛祖悟道，岂在一天两天，而贵在坚持矣。

学习是一件很严肃的事情。

有些人总是不会认真地处理这个事情，对所有技术都抱有批判的眼光与态度，这虽然可以看作是自己的独立性格，但于学习一道，却是犯了大忌。

殊不知，你不能对学习抱有敬畏心，就无从认真心，更别说要站在大师的角度来看待问题了。你的失败就是很正常的现象。

去寺院拜香。我用一个拜字，表明了敬畏心、认真心。

其实，你跪下，你拜的并不是佛祖，而是你自己。

心，供在那个台上，法相庄严，不由你不拜。

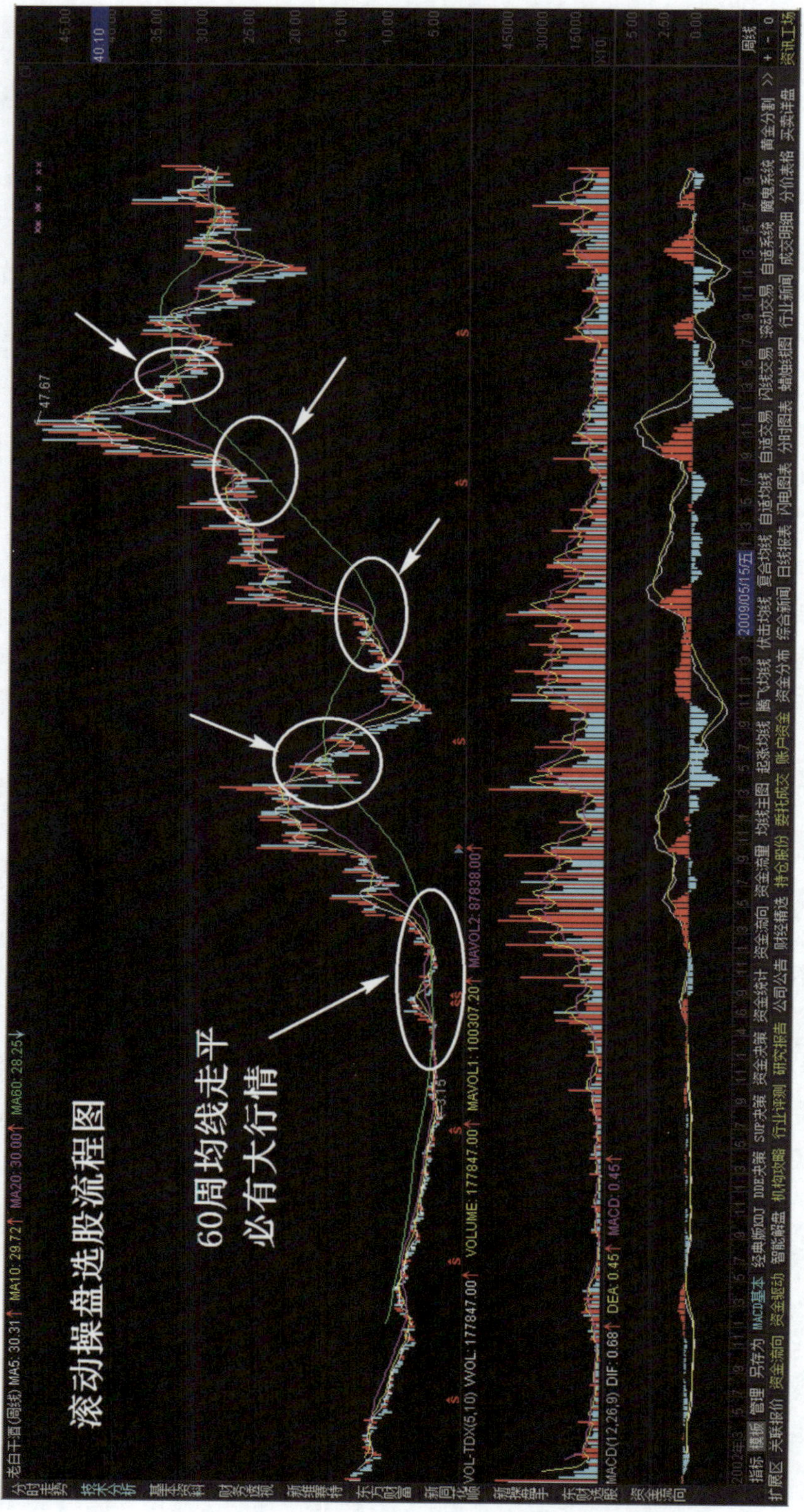

图例 151

后记　开悟

在股市中，人类永远只存在两种最失败的心理纠葛。第一种是贪婪，第二种是恐惧。贪婪的内在潜质是恐惧。因为贪，所以害怕既得利益的丧失。恐惧的内在潜质是贪婪。因为怕，所以担心自己的利益受到损失。

一只蝎子来到河边，想要过到河对面去。河水很深，蝎子不会游泳，在岸边急得团团转。恰在此时，一只青蛙一蹦一跳地路过这里。蝎子连忙喊道，青蛙大哥，等一等。青蛙停下来，很奇怪地看着蝎子，说，什么事？蝎子说，我想过到河对面去，你能帮我一把，背我过河吗？

青蛙摇摇头说，别开玩笑了。你是有毒的，要是突然把我蛰死了，不划算。蝎子说，我给你 50 个金币作为报酬，行不行？青蛙还是不答应。蝎子急了，大声说，放心吧，青蛙大哥。我怎么会弄死你呢？你背我过河，要是我蛰你，我不是也会沉到河中被淹死了吗？这种事，我是干不出来的。青蛙心里想，是啊。这蝎子是不会不顾自己性命的，何况还可以赚 50 个金币，很划算。且背它一次试试看。于是青蛙答应了蝎子的请求。渡到河中间，青蛙突然感觉到背上一阵疼痛，心想，糟了，该来还是来了。青蛙于是大声喊，蝎子，你蛰我干什么呀，不想活了？蝎子抱歉地说，不好意思啊，青蛙大哥，我看你的头一伸一缩的，忍不住就蛰了你一下。青蛙说，我靠，这种事你都干得出来！青蛙身上一阵发麻，全身无力，向河底沉去。

人类在股市修行的过程中，他们的心路历程与交易行为，就是寓言故事中两个主角所表现的一切。因而，他们的最终结局也是高度一致的。

2000 多年前，佛祖释迦牟尼放弃掉优裕的王室生活独自出家修行。他先是在森林中跟随名师苦苦修行了六年，无一所获。后来走出森林，来到一棵菩提树下通过冥想进行痛苦地反思。在菩提树下这个反思的过程，佛祖见证了人生在六道轮回的种种苦难。六个昼夜之后，佛祖已然大彻大悟，因而成佛。打坐，冥想，是进行内在灵修的一种有效方式。这种成功的修行方式，已经被历代众多高僧所验证。

你不要总是对着一台电脑，去反复思考那些股票图谱。这样的方式，除了享受电脑的辐射之外，于事基本无益。在练习过程中，你必须严格执行操盘手培训课程训练中针对交易模型的那些要求。更多的时间，一定要反复思考。有些人会问，如何建立一个优秀的交易模型呢？也许，操盘大智慧系列丛书精准系列会给你相关答案。关键是什么？是你的开悟！

伍朝辉

2012 年 10 月 28 日